国家自然科学基金项目（编号：41671396）
华东师范大学学科建设资金　　资助
河南大学杰出人才科研基金

乡村公共设施优化布局的地理计算

王　铮　陈玉龙　著

科学出版社
北　京

内 容 简 介

本书基于山区乡村财政支出水平有限、交通通达性低和居住分散的特点，采用计算地理学的设施区位设计方法，解决乡村公共服务设施的优化布局问题。本书构建包含只利用已有道路网络、假设已有道路网络可升级以及假设道路网络可升级且可修建的多目标设施区位设计模型，分别对基于重心模型、覆盖模型以及邻避模型的设施区位设计问题进行多目标模型构建，并将模型和算法应用于乡村学校、医疗急救中心和垃圾转运站的优化布局问题，同时使用鲁棒优化方法来解决考虑不确定性的设施区位设计问题，最终开发出乡村公共服务设施优化布局系统，为乡村地区公共服务设施的科学合理规划布局提供辅助决策支持。本书采用“问题分析——模型构建——算法设计——软件开发——案例分析”这一思路，很好地验证了模型和算法的有效性和可行性；深入浅出，图文并茂，结构严谨且文字流畅，全面展示了计算地理学的优势与用途。

本书可供计算地理学、计算经济学和运筹学等学科科研工作者、教师及工程技术人员教学、科研参考使用。

图书在版编目（CIP）数据

乡村公共设施优化布局的地理计算/王铮，陈玉龙著. —北京：科学出版社，2020.6

ISBN 978-7-03-065407-6

Ⅰ.①乡… Ⅱ.①王… ②陈… Ⅲ.①乡村–服务设施–规划布局–中国 Ⅳ.①TU982.29

中国版本图书馆 CIP 数据核字(2020)第 093560 号

责任编辑：丁传标 白 丹 / 责任校对：樊雅琼

责任印制：吴兆东 / 封面设计：图阅盛世

科学出版社 出版

北京东黄城根北街 16 号

邮政编码: 100717

http://www.sciencep.com

北京虎彩文化传播有限公司 印刷

科学出版社发行 各地新华书店经销

*

2020 年 6 月第 一 版 开本：787 × 1092 1/16

2020 年 6 月第一次印刷 印张：12

字数：280 000

定价：118.00 元

(如有印装质量问题，我社负责调换)

序

1982年，我一个张姓同学在大学毕业实习时，被问到在一个区内应该在哪里设立菜市场。我和张同学开始接触这个区位问题，但是还未想通模型，我们就毕业离开了。1989年我在一本加拿大杂志上看到如何设计一个计算机主板防止相互干扰问题还能在有限范围内有效集成的文章。不久后我得到了一本书 *Facility Location*，我开始认识到之前接触的这些是一类问题，我就是这样接触到设施区位问题的。后来我知道了一个词，叫计算复杂性，一个设施布局在哪里，涉及计算复杂性。

设施区位的选择，是计算复杂性问题，同时又是地理学经常碰到的问题，而我和张同学碰到的菜市场问题，是一个较为简单的问题，主板的元器件定位就比较复杂了。一个村野中垃圾站的定位，这是典型的地理问题，也是设施区位问题。后来我们又接触到导弹发射场的选址，电信中转站设立这些听起来高大上的问题，都是区位问题的具体化，于是我带领学生研究这种问题的算法和应用，并将其用在了区域学校的选址、旅游区集散中心的选址和中心城市商场的扩建。我的学生周鬼、陈建国、张颖、肖小文、彭永明、廖悲雨、顾高翔、蔡砥、韩伟一、闫阁、陈俞友先后参与了这项工作，完成本书主要研究的陈玉龙是参与这项研究的代表人员。实际上，我一直记得自己上山下乡的经历，农村最缺乏的就是公共服务设施，在国家多方面提出乡村振兴战略时，我把自己的精力投入到了乡村发展的设施区位选择上，指导我的学生陈玉龙研究乡村公共服务设施的布局原理问题，因为这是我有限力量可以为乡村振兴所做的，科学的良心也要求我去做。我很高兴陈玉龙完成了书的初稿，最后我们预期修改完成了，并奉献给读者。在研究中，我主要在于制定并修改提纲，提供并改进研究的模型，讨论算法和对此软件工程设计开发，我的学生周鬼、张颖、彭永明、闫阁、顾高翔等也为这个研究积累了经验，提供了某些原代码，也可以算是本书的若干作者之一，我仅仅作为我们这些年共同奋斗的代表，并向各位本书早期的参与者致谢。

本书研究了三种乡村公共服务设施类型：第一种是乡村学校优化布局问题；第二种是关于乡村医疗急救设施优化布局问题；第三种是乡村垃圾转运站选址优化布局问题。这些是目前最典型的乡村公共服务设施。其他设施区位模型，可以据此变形推广。

谢谢课题组所有成员，谢谢国家自然科学基金资助本项目，谢谢华东师范大学、河南大学部分地提供了出版资助，谢谢你们。

王　铮

2019年12月24日于中关村

前　言

如何科学合理布局乡村公共服务设施、提高乡村公共服务设施的服务水平是实现乡村振兴战略的重要任务之一。本书针对中国地处山地环境的乡村地区具有财政支出水平有限、交通通达性低和居住分散的特点，采用设施区位设计方法，解决乡村公共服务设施的优化布局问题。该方法不仅注重设施位置的选择更强调交通道路网络的优化布局和设计，同时对传统的设施区位设计模型做了改进，把原来的单目标划分为多目标，并引入多目标优化理论来解决设施区位设计问题。基于此，本书第 1 章主要介绍了研究背景和从事这项研究的意义。第 2 章对书中所用到的关键理论和技术进行了详细阐述，其中包括设施区位设计问题概述、多目标优化理论及考虑不确定性的设施区位问题。第 3 章针对基于重心模型的乡村公共设施区位设计问题，以乡村中小学区位优化作为研究案例进行分析。在模型构建过程中主要考虑两方面的因素，一方面是学生上学的旅行成本（时间花费）最小，另一方面是学校设施建设和道路修建升级的成本花费最小。其中重心模型目标函数主要用来保证所有居民点学生到达距离其最近学校的时间总花费最少。基于此，以学生旅行成本最小化和道路修建升级的成本最小化为目的，构建包括 3 种道路情景的多目标设施区位设计模型。第 4 章针对基于覆盖模型的乡村公共设施区位设计问题，选择乡村医疗急救设施区位优化作为案例进行分析。在模型构建过程中考虑三个方面的因素，第一个方面是保证没有被覆盖到的居民点所受到的惩罚值最小；第二个方面是被覆盖所有居民点患者到达距离其最近的医疗急救中心的总消耗时间最短；第三个方面是医疗急救中心设施建设和道路修建升级的成本花费最少。第 5 章针对基于邻避模型的设施区位设计问题，选择乡村垃圾转运站区位优化作为案例进行分析。垃圾转运站的优化布局应该考虑三个方面的因素，第一个方面是垃圾转运站和居民点之间要保持一定距离；第二个方面是保证所有居民点的垃圾运输总成本最小；第三个方面是垃圾转运站建设成本和道路修建升级的成本花费最小。利用邻避模型中的反中心模型来刻画乡村垃圾转运站的邻避问题即保证距离垃圾中转站最近居民点（需求点）的欧氏距离最大，所以选择反中心模型的目标函数作为多目标邻避型设施区位设计模型的其中一个目标函数。基于此，构建包含 3 种道路情景的多目标邻避型设施区位设计模型。第 6 章针对公共设施布局问题中存在的很多随机的、不确定因素，引入不确定性理论来研究。以乡村医疗急救设施布局为例，主要考虑天气状况的变化及其他自然条件对医疗急救时间的影响，以最小化没有被覆盖到居民点所受到的惩罚值、居民点患者的旅行成本、医疗急救中心建设成本及道路修建升级成本为目标构建多目标模型。将多目标模型转化为单目标，然后在 p-鲁棒优化的基础上构建旅行成本不确定条件下的鲁棒优化模型，该模型同样包含 3 种道路情景。第 7 章运用地理信息科学方法，以 Visual Studio. Net 2010 为开发平台，使用 C#语言和 ArcGIS Engine 10.0 组件库，同时结合 MATLAB 编程，开发出乡村公共服务设施优化布局系统，并将其作为应用成果，使用该系统分别计算了贵州省某镇的乡村中小学布局问题、贵州省松桃苗族自治县的医疗急救设施优化布局问题，以及贵州省某镇的垃圾转运站布局问题，为乡村地区公共服务设施的科学合理规划布局提供辅助决策支持。

另外，在地理计算方法方面，本书结合了经典遗传算法和模拟退火算法的优点和缺点，在模拟退火算法的基础上吸收了遗传算法的群体搜索、变异和交叉思想，并结合快速非支配排序提出改进的多目标模拟退火算法。改进后的算法克服了传统多目标模拟退火算法单个个体进化、搜索效率低、精确度有限的问题。通过实例应用可发现，该算法能够有效求解多目标的设施区位设计模型。

本书的研究工作得到了国家自然科学基金项目（编号：41671396）、华东师范大学地理信息科学教育部重点实验室及河南大学的资助。

影响乡村公共设施布局的因素有很多，有些影响因素还很难定量描述，所以该领域仍需要进一步深入研究。因为作者水平所限，书中难免存在不足之处，欢迎广大读者批评指正。

目　　录

第1章 绪 论

1.1 问题的提出

截至 2017 年，中国约有 41.5%的农村人口，而城乡发展不平衡、农村发展不充分是我国目前面临的发展状况。在此背景下，党的十九大报告提出实施乡村振兴战略；中央经济工作会议强调要科学制定乡村振兴战略规划。此外，2018 年 2 月 4 日国务院发布的题为《中共中央 国务院关于实施乡村振兴战略的意见》的中央一号文件，也对乡村振兴战略的实施进行了全面部署。基础公共服务设施作为承载基本公共服务的重要载体，同时也是保障社会正常运转不可或缺的一部分（李立清等，2005）。提高乡村基础公共服务设施的公共服务水平，科学布局乡村基础设施，是实现乡村振兴战略的重要任务之一。在我国，优质的公共设施资源，特别是教育和医疗设施基本上都集中在城镇，而偏远乡村地区的基础设施薄弱且服务能力有限，再加上一些乡村往往地处山地环境，交通通达水平低，这就使得广大乡村地区无法获取满意的服务，如在医疗设施中，应急医疗服务设施是我国卫生服务体系的重要组成部分，面临站点不足且布局集中于城市的问题，这就很有可能导致处于偏远乡村地区的病人错过医疗救助 15 分钟的最佳抢救时间；再如，针对教育设施，随着中国城镇化水平不断提升，大量人口从农村流入城市，为了实现教育资源的优化配置，提高规模效益，乡村地区进行了大规模的学校撤并，使得地处偏远山村地区的学生上学路途遥远、困难，所以长期以来我国的乡村公共服务设施就存在供给与需求的结构性失衡问题，这严重阻碍了乡村基本公共服务均等化的实现（庞金波等，2015；林万龙，2007）。

很明显，为了解决这些问题，加大当地政府财政支出并通过新建公共服务设施来提高设施服务水平显然是必要的。但与城市相比，乡村地区往往地广人稀、人口分布不均、村庄密度不同，大量农村劳动力向城市地区流动也影响了乡村公共服务设施的供需结构，公共设施的不合理布局和新建选址不当很有可能造成公共设施利用率低和资源的浪费。近年来，有很多地方出现公共设施建成后很快又遭到废弃的现象，造成政府财政支出的严重浪费，这与设施的不合理布局和建设密切相关。同时，区别于城市地区，乡村公共设施区位必须考虑道路的可通行性，而在城市中这种通达性则一般不用特别考虑。乡村地区政府的财政支出水平往往是很有限的，为了提高通达性，需要修建道路，而山地环境的道路崎岖度高，建设成本也高，因此设施的布局应尽量减少新建或升级设施和道路的数量以节约成本。针对乡村地区公共服务设施的优化布局问题，需采用与乡村自身特点高度结合的优化方法。本书结合地方政府的实际财政收入情况，通过新建少量公共设施并新建或升级道路，提高道路通达性，从而满足偏远地区的服务需求将更加切合实际。

总之，在乡村地区有限的财政投入下，如何对乡村公共设施进行优化布局，并提高交通的通达性水平，把有限的乡村设施资源与农村居民的实际需求有效结合起来，切实提高偏远地区的公共设施服务满意度，是实现乡村振兴战略的重要任务，也是迫切需要进行研究的课题。

1.2 公共设施区位问题的研究

1.2.1 设施区位理论

从科学上看，乡村公共服务设施优化布局是一个复杂空间的设施区位问题。设施区位（facility location）问题是计算地理学的一个重要领域，简单来说就是对设施（医院、学校、商场和公安局等）进行选址定位的问题（王铮和吴静，2016）。Weber（1909）是最早提出设施区位理论的学者，该理论最早用于选择仓库的地理位置，即使各个客户到仓库的总距离最小，也就是韦伯工业区位论。Teitz 和 Bart（1968）把韦伯区位问题进一步定义为在一个欧几里得空间上，已知所有需求点的位置，确定服务点位置的区位问题。从韦伯工业区位论里不难总结出设施区位问题包含三大不可或缺的因素：需求、设施及优化设施选址位置。ReVelle 和 Eiselt （2005）进一步对设施区位问题进行了总结，并认为设施区位问题可概括为 4 个基本要素：①离散点状分布的需求；②为需求点提供服务的设施，并确定设施需要布局的位置；③需求和设施所处的区域；④需求点在寻求服务设施过程中所要花费的成本，该成本一般可用距离或时间来进行度量。

由于涉及数学的计算复杂性，设施区位理论刚开始只是被一小部分学者所接受，并没有迅速得到推广。直到 20 世纪 60 年代，Hakimi（1964，1965）研究如何在通信网络中去寻找转换中心，从而把这个问题重新点燃。此后众多学者对设施区位理论产生了浓厚的兴趣（Daskin，1995；Drezner，1995a）。经过长达半个世纪的发展历程，众多模型和算法被广大学者提出，用于解决各种类型的设施区位问题。进一步，部分学者对设施区位问题进行了分类，其中比较权威的分类方法由 Owen 和 Daskin（1998）提出，他们按照设施区位模型的性质，认为韦伯型设施区位问题可总结划分为重心问题、中心问题及覆盖问题三大基本类型。王铮（2004）认为韦伯型设施区位问题包含自由选址问题和布局问题，同时在考虑设施点与需求点的分配配置时，可将设施区位问题分为空间有阻尼和空间无阻尼。其中，空间无阻尼是指距离的远近并不会影响设施点与需求点之间的相互作用；空间有阻尼是指设施点与需求点之间的相互作用力会随着二者间距离的改变而增加或减少。基于此，王铮（2004）提出了设施区位问题的一个分类体系，如图 1.1 所示。

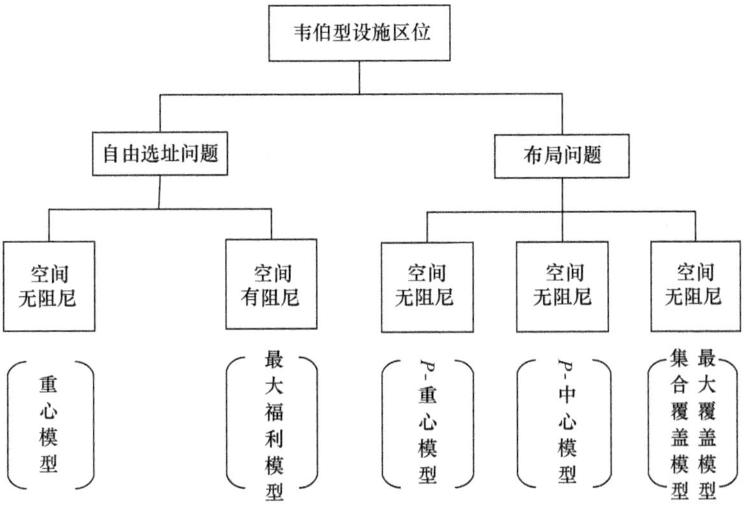

图 1.1　设施区位问题分类体系（据王铮等，2005）

1. 自由选址问题

自由选址问题是指在给定的空间内在任何位置都可以布置设施，设施布置不受限于网络（路径）约束，且需求点到设施点寻求服务不需要经过指定路径，可直接到达设施点，现实生活中移动通信网络发射塔的选址就属于该类问题。自由选址问题又可分为空间无阻尼和空间有阻尼，其中空间无阻尼是指需求点到某设施点获取服务是否受它们之间距离的影响。而空间有阻尼刚好相反，二者关系受相互间距离的影响，相互吸引力随距离的增大而减小。

2. 布局问题

布局问题是指设施的允许布局位置集合是给定的，不可以在任意位置进行选址，如必须布局在网络的节点之上。总的来看，设施区位布局问题主要包含重心、中心和覆盖这三类基本问题（Drezner，1995a；1995b）。

1）重心问题

重心问题考虑的是使设施尽可能靠近需求点布局，其目标是假设一共有 p 个设施点，那么所有需求点的需求要从这 p 个设施点中选择设施点寻求服务，并保证所有需求点到其最近设施的需求加权距离总和最小，这类问题也统称为 p-重心问题（p-Median Problem，pMP）。p-重心问题最早是由 Hakimi（1964）提出的，然后研究者证明了 p-重心问题是 NP-难问题（Garey，1979）。Hakimi（1986）进一步利用 p-重心模型解决竞争环境下的设施选址问题。之后，Drezner（1995a）对动态 p-重心问题进行了研究。在 p-重心问题的基础上，Chen 和 Handler（1993）又提出了条件重心问题即 PQ-重心问题，研究在已存在 Q 个设施的前提下，如何对新增的 P 个同类设施进行选址。p-重心问题要求福利最大化，该类问题特别适合用于解决服务型公共设施的选址问题，如学校、公园选址等。

2）中心问题

简单来说，中心问题是指让设施点布局在需求点的中心位置，尽量避免其中需求点偏离设施太远，即需求点与最近设施的最大距离最小化，我们称这类问题为*p*-中心问题（*p* -Center Problem，pCP）。*p*-中心问题最早也是由Hakimi（1964）提出的，随后Kariv和Hakimi（1979）证明了*p*-中心问题是NP-难问题。Megiddo和Supowit（1984）证明了基于直线距离和欧氏距离的*p*-中心问题都为NP-完全问题，也就是说，它是一个计算难问题。中心问题主要用于解决一些应急设施选址问题，如公安局、消防站及医疗急救服务中心选址等，主要目的在于能够在最短时间内到达目的地。

3）覆盖问题

通常把覆盖问题分为两类：集合覆盖问题（set covering problem，SCP）和最大覆盖问题（maximal covering problem，MCP）。其中集合覆盖问题目标是在某个空间范围内如何尽可能少地布置设施达到覆盖空间中所有需求点的目的，同时每个设施点都有其相应的覆盖半径。集合覆盖问题最早是为了解决消防站和救护车等应急设施的选址问题，由Roth（1969）和Toregas等（1971）提出。之后，在1972年已被证明为长普的21个NP-完全问题之一（杜立智，2015）。

区别于集合覆盖问题，最大覆盖问题的目标是在有限的设施数量条件下，如何通过设施布局将尽可能多的需求点覆盖到，该问题中各需求点的权重会对设施点的布局有重要影响。该问题最早是由Church和ReVelle（1974）提出来的，之后就被应用到应急设施及各种公共服务设施的选址问题中。Pirkul和Schilling（1989）在其基础上对模型进行了改进，研究了考虑备用覆盖和多级覆盖的容量限制最大覆盖选址模型。Daskin（1995） 证明了最大覆盖问题属于NP-难问题。之后，Berman和Krass（2002）对最大覆盖问题中需求点需求可以被部分覆盖的问题进行了推广，其中覆盖度设置为需求点到距其最近设施距离的非递增阶跃函数，并认为该模型对零售类设施的选址有重要的应用价值，此类问题相当于无容量限制的设施区位问题，但并没有提到逐渐覆盖的概念。直到Drezner于2002年明确提出了逐渐覆盖的概念，并详细地说明了需求呈线性递减的逐渐覆盖问题。Berman和Krass（2002）介绍了允许局部覆盖的广义最大覆盖设施区位问题，并定义覆盖度为距离设施远近的递减函数，结果表明该问题相当于无容量限制的设施区位问题。在该问题中，在较近的距离范围内，可充分满足需求；而在较远的距离范围内，需求得不到满足；在介于二者之间的情况下，考虑采用渐进覆盖的方法。Berman等（2009）提出了一个覆盖问题，即设施的覆盖半径受决策者控制，设施建设成本随着设施覆盖半径的增大而增加。该问题是通过布置最佳数量的设施，寻找合适的设施位置并确定相应的覆盖半径来达到覆盖所有需求点的目的。同时把模型分为平面和离散两种情况，提出使用启发式算法来解决大规模平面问题，并探讨了离散问题的数学规划公式和求解方法。Murali等（2012）以生物恐怖袭击作为实际研究案例，考虑在设施有容量限制的情况下如何通过覆盖模型来进行设施选址，最大限度地扩大设施覆盖范围以达到尽可能多的救助城市居民的目的。肖俊华和侯云仙（2015）通过构建有容量限制的覆盖模型来解决应急物资不合理存储所带来的政府财政支出负担。

3. 其他扩展问题

重心问题、中心问题和覆盖问题构成了设施区位的三大基本选址问题，在它们的基础上，众多学者又提出了许多扩展选址问题。

1）竞争型设施区位问题

其中竞争型设施区位问题是在 p-重心问题的基础上发展而来的，被广泛应用于超市、连锁店和商场等具有商业竞争性设施的选址中，是市场竞争环境下的选址问题。当市场中同时存在两个或两个以上且具有竞争关系的商业设施时，如何通过优化设施布局位置，提高自身的市场份额和设施利润，是竞争性设施区位需要解决的主要问题。该问题最早由 Hotelling（1929）提出，在他的研究中，假设市场中所有设施的吸引力没有差异，这时顾客自然会选择离自己最近的设施。随后，众多学者在 Hotelling 的基础上做了很多研究，如 ReVelle（1986）、Eiselt 等（1993）、Drezner（1995）。在 Hotelling 的模型的基础之上，Huff （1964，1966）使用牛顿引力模型来描述设施点和需求点之间的相互吸引力，二者之间吸引力越大，表示需求点到该设施点获取的服务的可能性越大。显然改进后的模型更适合实际生活，现实生活中人们更愿意到服务水平高的设施点获取服务。在此之后，众多学者利用改进后的模型对竞争性设施区位问题进行了研究，其中包括 Nakanishi 和 Cooper（1974）、Achabal 等（1982）、Ghosh 和 Craig（1991）、Drezner T 和 Drezner Z（2001），Okabe 和 Okunuki（2002）等。Wilson（1967）发现空间相互作用随距离呈指数衰减的规律，王铮等（1994）提出用牛顿引力模型来描述二维地理空间中设施点与需求点的吸引力是不准确的，之后很多学者在研究竞争型设施区位问题时都使用 Wilson 引力模型来解决空间中设施点与需求点的相互作用力问题（Williams et al.，1990；陈建国，2005；闫阁，2018）。

2）邻避型设施区位问题

邻避型设施区位问题（not in my back yard，NIMBY）也是生活中比较常见的问题，通常该类设施在为人们提供服务和便利的同时，也会给人们带来不满（Saameño Rodríguez et al.，2006），如垃圾站、核电站及信号发射塔等都属于邻避设施。邻避型设施遭到人们的抗拒的主要原因是其所产生的利益由全社会所共享，而带来的负外部性则由部分居民承担，这种利益和风险的配置并不公平（王铮等，2004）。在对邻避型设施区位问题进行模型构建的时候，既要考虑设施的服务效应，又要兼顾设施的邻避影响，所以该问题是多目标设施区位问题。张颖等（2006）和陈瑜有（2018）对邻避型设施区位问题进行了总结和深入研究。他们认为邻避型设施区位问题通常可分为邻避上限型、邻避下限型和邻避双限型问题，张颖等（2006）结合实际案例分别对这三类模型进行模型构建和求解。

3）层次型设施区位问题

层次型设施区位问题（hierarchical facility location problem，HFLP）也是现实生活中很容易碰到的一类设施选址问题，大部分情况下同种类型的设施都是分等级的，如在医疗服务系统中，低等级的医疗服务设施一般只能治疗一些较普遍的疾病，而高等级设施不仅能够治疗一般的疾病还能治疗罕见疾病。该类设施区位问题最早也是被 Schultz（1970）提出来并应用到医院的设施选址中，该研究把医院分为三个等级，其中社区医院被定为初等级，普通医院为中等级，中心医院为高等级。Narula（1986）从 p-中值问题角度进行了归纳，认为层次型设施区位问题是一个网络中的 k 层选址-分配问题，同时从服务结构角度对其进行了定义和分类。Church（1987）则从覆盖角度对层次型设施选址问题进行了梳理，并将部分网络模型分为引荐（referral）和非引荐（non-referral）两类。Sahin 和 Sural （2007）提出层次设施区位问题具有 4 种特征，即流形、服务种类、空间构型和目标。

1.2.2 设施区位设计问题

解决传统设施区位问题都是在给定的网络上布局若干个设施，用于满足不同需求点顾客的需求（Rahmaniani and Ghaderi，2013）。而解决网络设计问题（network design problem，NDP）是指在网络节点之间选择若干个潜在链接，以便最小化总的建设成本和旅行成本（Cocking，2008；Balakrishnan et al.，1989）。设施区位设计问题（facility location-network design problem，FLNDP）是传统设施区位问题和网络设计问题的结合（Daskin et al.，1993）。

目前来看，有关设施区位的研究已经有很多，而关于设施区位和网络设计相结合的文献较少。Daskin 等（1993）最早提出该问题，其认为构建新设施的成本花费可能比改变底层交通的花费成本要小得多，并假设底层网络配置并不是始终不变的，于是接着引入了无容量限制的设施区位设计问题（uncapacitated and facility location-network design problem，UFLNDP），该问题包含由很多节点和边组成的网络图，图中的节点不仅可以代表客户，也可以代表设施的潜在位置，而边代表从一个节点到另一个节点的潜在链接，主要考虑整体运营成本、设施和链接构建成本。之后，Melkote（1996）在他的博士论文中提到有关设施区位设计问题有三种模型：UFLNDP、有容量限制的设施区位设计问题（capacitated facility location-network design problem，CFLNDP）、最大覆盖设施区位设计问题（maximum covering location-network design，MCLNDP）。Drezner 和 Wesolowsky（2003）提出了有关潜在网络链接的网络设计问题，同时每一个链接可以被构造为一个单向或双向链接，还提出了利用下降算法、模拟退火算法、禁忌搜索算法和遗传算法来求解模型。Cocking（2008）的博士论文中引入许多算法来求解静态且具有预算约束的设施区位设计问题（FLNDP），包括贪心算法、局部搜索算法、模拟退火算法和变邻域搜索算法（variable neighborhood search，VNS），并运用了分支-切割法。之后，Bigotte 等

（2010）综合考虑了城市等级和交通网络规划问题，并提出了相应的优化模型。该模型能够计算出需提升哪些城市中心或道路网络链接等级，以便最大限度地提高需求点到设施点的可达性。

Contreras 等（2012）提出了一种新的设施区位设计模型，以尽量减少在网络中的最大行程时间，此外，还统计出了多达 100 个节点和 500 个候选链的计算结果。在另一项研究中，Contreras 和 Fernández（2012）提出了一个统一的网络设计问题架构，包含设施区位设计的几个经典问题。Ghaderi 和 Jabalameli（2013）提出了一种具有预算约束的动态无容量限制的设施区位设计问题（DUFLNDP），指出该问题的关键在于设施的最佳位置选址及网络设计问题，并考虑每个时期创建设施与链接的投资预算成本约束，其目标是尽量减少客户的总旅行成本及设施和网络链接的运营成本；此外，还提出了贪心启发式算法、基于模拟退火和精确方法（分支定界和切割法）的优化启发式方法来求解模型，并将这两种算法和 CPLEX 求解算法进行对比；把具有预算约束的 DUFLNDP 方法应用到医疗设施的可达性检验中。Rahmaniani 和 Ghaderi（2013）提出了一种混合整数模型，用于优化设施区位和基础的交通网络，以便最大限度地减少运输和运营成本。该研究还假设两节点间的链接可分为多种类型，且其运输能力、运输成本及建设成本都不一样，并运用一种基于改进萤火虫算法的固定优化启发式算法来求解模型。Rahmaniani 和 Ghaderi（2015）提出了基于变邻域搜索方法的元启发式算法来有效解决 FLND 问题，提高了求解效率。近年来，也有很多学者将设施区位设计方法应用于解决各种类型的设施选址问题中（Ghaderi，2015；Eskandarpour et al.，2017；Pearce and Forbes，2018；Crainic et al.，2018）。

现实生活中，布置大量设施在许多情况下是不可能的，那么最大覆盖模型用于解决该类问题，其目标函数是最小化未覆盖到的需求点所受到的惩罚，而针对最大覆盖设施区位设计问题的研究较少。Marianov 和 Serra（2002）认为覆盖模型主要用于应急设施选址服务及竞争性设施选址中。Murawski 和 Church （2009）分析了最大网络覆盖的改进问题，包括处理已有的固定设施区位和通过提升交通运输网络改善医疗设施通达性问题，同时把该模型应用到解决现实问题中。Bigotte 等（2010）提出了针对城市体系和交通网络规划的集成混合整数优化模型，把城市中心和网络链接提升到了另一新的层析结构，以便最大限度地发挥各类设施的可达性。Rahmaniani 和 Shafia（2013）提出了在原有的 MCFLNDP 模型基础上研究最大覆盖设施选址和不确定性网络设计问题，提出了综合优化模型——*p*-MCLNDP 模型。

在实际生活中，客户的需求往往是未知的，是随时间变化的，且运输和运营成本等参数也会随着时期阶段的不同而增加或减少。这就需要用动态设施区位模型来解决这些问题。部分学者已对该问题进行了研究，Current 等（1997）将动态选址模型划分为显式模型和隐式模型，在显式模型中，随着参数的变化，可打开或关闭设施。在隐式模型中，所有设施在规划周期开始的时候都是开放的，并在整个周期内保持开放状态。Manne（1961）和 Ballou（1968）第一次提出了动态设施区位模型。之后大量学者对该模型进行了改进，这些模型包括 Farahani 等（2009）提出的动态的单一设施选址问题，Dias 等（2007）提出的动态多设施选址问题，Mesa（1991）和 Drezner 等（1995a）提出的动态 *p*-中位问题，Chrissis 等（1982）提出的覆盖问题，以及 Albareda-Sambola 等（2009）、Hinojosa 等（2000）提出的动态多级设施选址问题。近年来 Lee 和 Dong（2009）、Ukkusuri 和 Paul（2009）也对动态的网络设计问题进行了研究，还针对动态的设施区位-网络设计问题进行了研究，目前来看有关动态的设施区位-网络设计问题研究还较少。

1.2.3　考虑不确定性的设施区位问题

决策问题可大概分为三种类型：确定型问题、风险型问题和不确定型问题。其中对于不确定型问题，优化模型中的部分参数并不是确定不变的，如在突发事件中往往信息获取难度较大，需求点的需求量及需求点到设施点的道路状况都是不确定的。解决不确定性问题的方法通常有两种，分别是随机优化和鲁棒优化。鲁棒优化的目标是保证最坏情景下的目标函数值最优，即最小化最大遗憾。Soyster （1973）首次提出了基于集合的鲁棒优化概念，指出当不确定参数属于一个凸集合时，可使用一个线性最优模型来构造可行解，但该方法过于保守且过于强调解的鲁棒性（Ben-Tal and Nemirovski，2000）。在此基础上，为了克服 Soyster 方法的缺点，部分学者（Ben-Tal and Nemirovski，2000；El-Ghaoui and Lebret，1997；El-Ghaoui et al.，1998）考虑“椭球”不确定集合，从而将线性规划模型的鲁棒问题转化为锥规划问题。Kouvelis 等（1992）首次提出了 *p*-鲁棒概念，并将其应用于制造系统的优化布局中，在该研究中，每个情景的相对遗憾都不大于鲁棒水平值 *p*。之后，有大量学者将该方法应用于解决设施区位问题中（Owen and Daskin，1998）。在此基础上，Snyder 和 Daskin（2006）结合随机优化与鲁棒优化的优缺点提出基于情景的 *p*-随机鲁棒优化。在 Snyder 和 Daskin（2006）的研究的基础上，近年来又有很多学者使用该方法解决不同类型的设施区位问题（de Armas et al.，2017；Fotuhi and Huynh，2017；Paul and Wang，2019；Wang et al.，2019）。

1.2.4　GIS 技术在设施选址中的应用

地理信息系统（geographical information system，GIS）研究了如何运用空间信息理论和方法（邬伦等，2001）。对空间信息的操作可包含描述、存储、分析和输出 4 个步骤，另外，从技术层面来说，GIS 是为地理研究等领域提供决策服务的计算机系统。由于空间数据是设施区位问题分析的主要对象，很多学者将 GIS 的空间数据管理、分析及显示技术应用到设施区位问题中，以达到辅助决策的目的。20 世纪 70 年代，Dobson（1979）最早将 GIS 技术应用到设施区位问题中，并对马里兰州的发电厂位置进行了选址。Taylor 等（1999）利用 GIS 技术对北卡罗来纳州的约翰斯顿县的学校和社区进行了整体规划布局，成功降低了学生上学的旅行成本花费。周鬼（2003）总结了韦伯型设施区位的分类体系，分析了不同类型的设施区位选址问题，设计了相应的算法，并结合 Visual Basic 编程语言和 GIS 二次开发工具 MapObjects 开发出韦伯型设施区位模型的计算分析系统。王远飞和张超（2005）将 GIS 和引力多边形方法相结合应用于公共设施的选址中。张颖（2007）分析了不同类型的邻避型设施问题，并通过 GIS 二次开发技术建立了邻避型设施区位分析系统。肖小文（2010）把设施区位理论和决策支持系统相结合，并使用 ArcGIS 的 Network Dataset 模型建立设施区位数据库子系统，最终完成设施区位决策支持系统的开发。陈旸（2010）将 GIS 的空间分析与辅助决策功能应用到社区体育设施的布局优化中，对湘潭市雨湖区的体育服务设施布局进行了优化分析。近年来，大量学者将 GIS 技术应用到各种类型的设施选址中，如 Vu 等（2018）将 GIS 技术应用于优化固体废弃物收集系统；Jeong 等使用 GIS 技术研究了生物质工厂的优化布局问题；Akgun 和 Erdal（2019）将多目标优化理论和 GIS 技术相结合，研究了弹药分配系统的优化问题；Sahoo 等（2018）将 GIS 技术应用于对沼气工厂的优化布局中；Jiang 等（2018）使用 GIS 技术研究了城市应急系统的优化问题；Saeidian 等（2018）结合 GIS 技术、聚类法和 TOPSIS 综合评价法研究了临时救援中心的优化布局问题。

1.2.5 乡村公共服务设施选址问题

基础公共服务设施不仅包括教育、医疗卫生、体育等社会性基础设施，也包括道路、机场和通信等公共设施。公共服务设施选址理论来源于传统的工业、农业及市场选址理论，和传统选址理论有密切关系，但其也有自身的特点。首先公共服务设施选址的首要目标是使社会福利最大化，即让尽可能多的人享受到相对的福利保障。其次，公共服务设施选址注重公共资源分配的公平性，保障在同等条件下每个人都可获取相同的设施服务。此外，公共服务设施选址的决策主体是政府，设施建设的成本花费主要来源于政府部门的财政支出，所以公共服务设施选址受政府财政预算支出约束。本书主要研究的是乡村基础公共设施选址问题，有别于城市地区，乡村地区的公共设施区位会受到多方面因素的影响，如乡村地区的地形地貌、人口和村庄分布密度及道路的可通行性等，所以乡村基础公共设施选址更注重设施服务的均等化，有其自身的特点。

目前来看，国内外众多学者已对公共设施选址问题进行了研究。在国外，最早提出公共服务设施选址理论的是 Teitz（1968），他强调公共设施公平配置和社会效益最大化，即兼顾公平和效率。20 世纪 70 年代，又有部分学者在 Teitz（1968）模型的基础上在设施距离、可达性等方面对公共设施选址问题进行了扩展研究（Hodge and Gatrell，1976；Austin，1974；Bigman and ReVelle，1979）。之后，Wolch 和 Dear（1993）及 Dear（1992）针对城市公共服务设施的不公平现象进行了深入研究。从 20 世纪 90 年代中期开始，众多学者开始从多目标、多层次及竞争型等角度来探讨公共服务设施选址问题（Drezner，1995b；Drezner and Hamacher，2002；Yasenovskiy and Hodgson，2007；Aboolian et al.，2007）。在国内，进入 21 世纪之后，为了构建社会主义和谐社会，党和国家日益关注民生问题，民生也是实现中国梦的基础。在此背景下，我国的公共服务设施得到了迅速发展，而如何实现对公共设施的科学合理布局，以达到社会福利最大化且资源分配公平的目的，成为研究的热点问题。陈鸿（2007）把 GIS 技术和定位-配给模型相结合对六安市的消防站进行空间布局优化。唐少军（2008）将 GIS 技术应用到城市公共设施选址中，对长沙市区公共厕所的空间布局进行了研究。结果证明 GIS 技术和设施区位相结合，具有其他研究方法所没有的优势，有很大的应用潜力。宋正娜等（2010）从空间可达性的角度来探讨公共服务设施空间布局的合理性，使用潜能模型和两步移动搜索法作为空间可达性的度量方法。韩增林等（2014）利用 GIS 网络分析技术，把最大阻抗模型和最大化覆盖范围模型应用于小学的选址中，经过对比分析，发现基于最大化覆盖范围模型的选址结果更加合理。宋正娜（2016）首次提出竞争型公共设施，指出竞争型公共设施的选址应坚持兼顾效率与公平的空间均衡原则，并构建基于概率分配规则的中 p-中值模型，以南京的综合医院为例对竞争型公共设施进行了研究。庞恩泽（2018）以保定市某城区为例研究了电动汽车充电站的优化布局问题。武田艳等（2018）对上海市长宁区的应急避难所布局问题进行了研究。徐敬海和秦骏（2018）以城市规划为背景，对城市地区避难疏散场所的选址问题进行了模型构建和求解。陆砚池和方世明（2019）探索了武汉市主城区公园绿地的空间优化布局问题。

可见有关公共服务设施选址问题的研究已经有很多，特别是针对城市地区和经济发达地区，但国外针对乡村公共服务设施选址的研究并不多。Adenso-Díaz 和 Rodríguez（1997）把最大覆盖模型应用到救护车医疗援助基地的选址中，使用禁忌搜索启发式算法解决了西班牙利昂省的救护车基地的定位问题。Chanta 等（2014） 使用双目标覆盖模型研究农村紧急医疗服务系统救护车的位置选择问题，使农村地区紧急医疗服务系统的服务更加公平。随着“城乡一体化”及“乡村振兴战略”的提出，国内乡村公共设施选址问题已受到很多学者的关注。孔云峰等（2008）使用 GIS 技术建立数据库，计算乡村学生上学的空间可达性指标，分析学生上学的便利程度，并指出可达性、公平和效率是乡村中小学合理布局的基本要素。吴建军等（2008）提出用 GIS 技术和空间可达性指标相结合的方法评估乡村医疗设施的区域分布特征，最终以兰考县乡级以上卫生院为研究对象，使用了 5 个空间可达性模型用于计算各乡镇、各村的医疗设施可达性指标，分析研究区的医疗设施空间布局特征。崔雅坤（2012）针对我国乡镇地区医疗资源分布不均衡的现状，使用 GIS 技术的区位配置优化方法对河南省兰考县的乡镇卫生院进行空间布局规划调整。王劲轲等（2015）探讨分析了西南山区乡村地区人口流失对一般乡村公共服务设施空间布局的综合影响。王飞飞和侯云先（2016）对地处复杂地形乡镇地区的应急设施问题进行了研究。

总的来看，国内外有关学校选址的研究已经有很多，但这些研究基本都忽略了地处山地环境的山村地区有限的财政支出和较低的交通通达性。乡村地区的这些自身特点对公共服务设施的优化布局有重要影响，这是本书将要重点探索的内容。

1.2.6 选址问题常用算法

正如我们讨论到的，设施区位的算法是一类空间运筹问题，在多年的发展中，人们发现这类算法往往具有计算复杂性，成了计算地理学中需要特别关注的问题（王铮和吴静，2016）。常见的算法如下所述。

1. 分支定界算法

分支定界算法（branch and bound）是运筹学中求解整数规划问题应用比较广泛的一种算法，其基本思想是将全部解空间反复分割为越来越小的子集，并对每个子集内的解集计算一个目标下界（针对最小值问题），在每次分割之后，把那些已知可行解集的目标值不满足当前界限的可行解集舍去。分支定界算法的优势在于能够求得全局最优解，是一种隐枚举法（姚恩瑜等，2001）。Papadimitriou 和 Steigliz（1988）指出一般情况下分支定界算法应该包含分支和定下界两个关键部分。其中分支是指将一个解集划分为一些互不相交的子集合，定下界表示定义一个算法，用于计算一个给定子集中所有解的下界。Jarvinen 等（1972）首次将分支定界算法应用到求解符合 p-重心模型的设施选址问题中。

2. 拉格朗日松弛算法

拉格朗日松弛算法（Lagrangean relaxation）具有计算速度较快、计算量随变量的增加只是呈线性增长而不是指数增长，且适用于解决大规模混合整数规划问题的优点（张宁宇等，2012），且能够通过松弛某些耦合约束，将原问题分解成能够求解的子问题，可定量评估解的质量，因此受到众多学者的关注（周炳海等，2016）。其基本原理是，对于现有约束条件下的 NP-难问题，通过减少其约束条件能够大大降低求解难度，然后在多项式时间内求得最优解。针对整数线性规划问题，可将 NP-难问题的约束条件吸收到目标函数中，则问题就变得容易求解。

尽管拉格朗日松弛算法是选址问题中学者使用较多的一种算法（Daskin et al.，2002；Miranda and Garrido，2006；Snyder et al.，2007），但拉格朗日松弛算法的缺点也很明显，当难约束（在一些组合优化问题中，在原问题中减少一些约束之后，该问题的求解难度大幅度下降，此时称这类约束为难约束）过多的时候用该算法很难求解，且随着问题规模的不断扩大，计算时间也在不断增加，这时该算法在计算精度上的优势也就没有太大意义了（马云峰，2005）。

3. Teitz-Bart 算法

Teitz-Bart（节点交换搜索法，vertex substitution heuristic）算法是求解 p-重心问题最有效的算法（Densham and Rushton，1992），该算法最早是由 Teitz 和 Bart 于 1968 年提出的。Teitz-Bart 算法的主要思想是：首先确定一个初始设施区位节点集合，然后逐一用其他节点尝试性地替代初始设施集合中的每一个节点，最终替换那些对加权总距离缩短贡献最大的那个节点。该算法计算的主要步骤如下。

（1）选择 p 个候选设施点 v_j 作为初始设施点子集 V_1，该子集包含设施点 $v_1, v_2, \cdots v_j, \cdots, v_p$。

（2）将所有需求点分配到与其距离最近的设施点，然后计算加权距离总和 d_1 。

（3）从除去设施点子集 V_1 的剩余设施点中选择某一候选点 v_b 。

（4）用 v_b 来试探性地去替换 V_1 中的每个设施点 v_j，然后计算总加权距离和的变化值 Δd_{bj} 。

（5）在设施点子集 V_1 中，找到满足以下条件的设施点 v_k ：

$$\Delta d_{bk} < 0$$

$$\Delta d_{bk} = \min d_{bk} \quad (j = 1, 2, \cdots, p)$$

（6）如果 v_k 满足上式，就用 v_b 来取代它，定义这个新的子集为 V_2，然后计算其总的加权距离和 d_2，如果没有 v_k 可以满足上式，则直接跳入步骤（7）。

（7）重复步骤（3）～（6），直到没有被选为设施点的集合为空，定义最终得到的设施点子集 V_t 。

（8）把设施点子集 V_t 作为 V_1，继续步骤（2）～（8），直到没有任何取代能够减少总加权距离和，这时 V_t 就是要找的设施点集合。

4. 遗传算法

遗传算法（genetic algorithm）是以达尔文进化论和 Mendel 的遗传说为基本思想的随机搜索与优化算法。遗传算法最早由 Holland 于 20 世纪 70 年代初提出，并于 1975 年在他的专著中对遗传算法的基本理论和方法做了详细的阐述（Holland，1975）。生物种群经过一段时间的激烈竞争，那些经过变异对环境适应能力强的个体被保留，那些环境适应能力差的、不具备变异能力的个体则会被淘汰掉，最终没被淘汰掉的个体就会有一定的概率把优良基因传递给下一代。接着新一代的群体会继续竞争和变异，从而不断进化（刘红军等，2003）。遗传算法的基本思想是从代表问题可能潜在解集的一个种群开始的，一个种群由经过基因编码的一定数目的个体组成，按照适者生存和优胜劣汰的自然进化规则，进行遗传和变异，并逐渐产生出适应度越来越高的个体（可行解）。依据问题域中个体的适应度（目标函数值）的优劣，选择每一代中适应度高的个体，等待整个优化过程结束，最终解码末代种群中的最优个体，就求得优化问题的近似最优解。

遗传算法的主要计算流程包括以下几个方面。

（1）编码：对于遗传算法来说，并不能直接处理问题空间的参数，所以必须将解空间转换到搜索空间之中，这就是遗传算法的编码过程。遗传算法的编码方法主要包括二进制编码、浮点编码、字符编码等，其中二进制编码是常用的编码方法，该方法编码方式简单，便于操作。以二进制编码为例，其编码参数 u 和编码之间的关系式可表示为

$$u = u_{\min} + \frac{a}{2^n - 1}(u_{\max} - u_{\min}) \tag{1.1}$$

式中，a 表示编码后的值；n 表示编码长度。

（2）初始种群的选取：对于遗传算法来说，初始群体中的个体是随机产生的，用来表示初始搜索点的初始群体数据。可随机选择 N 个染色体构成初始群体，这里的 N 就表示群体规模，通常来说种群规模越大，遗传算法将会搜索得更全面，但过大的种群规模也会导致运算时间过长，所以其取值要依据具体情况而定。

（3）个体适应度值计算：个体适应度值一般通过目标函数或者目标函数的转化函数计算而得，用于判断个体对环境的适应能力，然后对个体进行筛选，个体适应度值越大，则被保留的概率也越大，这也是自然界的优胜劣汰选择过程。

（4）选择操作：为了从当前群体中选择优良的个体（个体适应度值大）作为父代进行下一代繁殖就需要进行选择操作。被选择到的概率大小可通过以下公式计算：

$$p_i = \frac{f_i}{\sum_{k=1}^{n} f_k} \tag{1.2}$$

式中，p_i 表示被选择到的概率；f_i 表示某个个体 i 的适应度函数。

（5）交叉和变异操作：交叉操作是按照一定的基因交换方式，将两个父代个体的部分结构交换重组，从而形成新个体的过程。变异并不是按照指定的方式进行变换，是某个个体随机变动基因从而产生新个体的过程，目的是防止遗传算法陷入局部最优。在遗传算法搜索全局最优解的过程中，交叉和变异要协同工作才能达到目的。交叉和变异操作是遗传算法的重要步骤，将直接影响算法的整体性能。

（6）种群经过交叉与变异操作之后将会产生新一代种群，则返回步骤（2）重新开始进化过程，每一次进化过程的完成都会产生新一代群体，最终将得到的具有最大适应度的个体作为最优解输出，算法终止。

遗传算法采用群体搜索的方法，具有潜在的并行性，可对空间内的多个区域同时进行搜索，且能互相进行信息交流，具有较好的全局搜索能力，相比于传统的单点搜索方式，具有很大的优势。同时，遗传算法可操作性强，能够有效解决复杂的优化问题，是一种应用广泛的优化算法。但遗传算法也存在自身的缺点，其局部搜索能力较差，导致在进化后期搜索效率较低，在实际应用中也容易出现早熟收敛的问题。陈瑜有（2018）就是用遗传算法解决一个城市的多个垃圾站布局问题的。

5. 模拟退火算法

模拟退火算法（simulated annealing，SA）（MetroPolis et al.，1953；Kirkpatrick et al.，1983）是一种求解复杂组合优化问题的全局搜索优化方法，尽管它不能绝对保证能够获取全局最优，但其求解大规模并复杂的组合问题具有很高的效率，已得到众多学者的认可。SA 的主要思想是，首先设定一个初始温度，然后按一定的降温规则进行降温，在降温过程中，局部的最优解会以一定的概率跳出，并接受一个比当前解要差的解，并在解空间内找到最优解。SA 主要包括一个内循环和一个外循环，其中内循环表示在同一温度 T_k 下产生候选解的数目，而外部循环（算法终止准则）用于判断算法何时结束。SA 的基本步骤如下（Kirkpatrick et al.，1983。

步骤 1：设置开始退火的初始温度，随机生成初始解 x^0，并计算相应的目标函数值 $f(x^0)$。

步骤 2：令 T 等于冷却进度表中的下一个值 T_k。

步骤 3：根据当前解 x_k 进行扰动，产生一个新解 x'，计算得到对应的目标函数值 $f(x')$，得到 $\Delta f = f(x') - f(x^0)$。

步骤 4：若 $\Delta f < 0$，则新解 x' 被接受，作为新的当前解；反之若 $\Delta f > 0$，那么新解 x' 将按概率 $\exp(-\Delta f / T_k)$ 接受，T_k 为当前温度。

步骤 5：进行内循环，重复 L_k 次的扰动和接受过程，即执行步骤 3 和步骤 4。

步骤 6：进行外循环，判断 T_k 是否已到达 T_f，若 $T_k \geqslant T_f$ 则终止算法，否则转到步骤 2 继续执行。

1）初始温度 T_0 的选取

初始温度 T_0 的选取对模拟退火全局搜索性能有重要影响，初始温度设置越高，其搜索到全局最优解的概率也就越大，同时计算过程也将花费更长时间，反之，较小的 T_0 取值有可能导致搜索不到全局最优解。所以通常来说，在实际应用中需要根据实验结果进行多次调整。初始温度的确定方法如下。

步骤 1：随机产生 b 个初始解，然后计算出各个初始解所对应的目标函数值 f_i。

步骤 2：在这 b 个初始解中随机选择其中一个初始解，记录其对应目标值 f_{i0}，接着计算 f_i 与 f_{i0} 的差值，记为 $\varPhi_{i0} = |f_i - f_{i0}|$，令 $\varPhi = \sum \max(\frac{\varPhi_{i0}}{b-1})$。

步骤 3：初始温度 $T_0 = -\frac{\varPhi_{i0}}{\ln p_r}$，$p_i \in (0,1)$ 表示初始温度接受概率，一般选取 0.9～0.99。

2）温度更新函数的确定

通常 SA 的温度更新函数 $d(t_k)$ 采用等差和等比两种降温模式实现，即 $t_{k+1} = t_k - \Delta t$ 或 $t_{k+1} = t_k g\, \alpha$，其中 $\alpha \in (0.95, 0.99)$，且取值越大其温度下降越慢，等比降温模式应用越多。

3）Mapkob 链长度 L_k 的选取

Mapkob 链长度的选取原则是，在控制参数 T 的衰减函数已经确定的前提下，Mapkob 链长度的选取应保证控制参数的每一取值都能恢复准平衡。Mapkob 链长度 L_k 的确定存在多种方法，其中 Kirkpatrick 等（1983）使用的是直接指定方法，即 $L_k = n$；Johnson 等（1989）使用邻域规模的多项式函数，即 $L_k = mgR$；Aarst 等采用邻域规模的间接指定方式，即 $L_k = \varTheta$。根据 Kirkpatrick 等（1983）的研究，发现对于大部分组合优化问题（Combinatorial Optimization Proble），采用直接指定的方法（$L_k = n$）可获得较为理想的结果。

4）算法终止的准则

有关SA终止的准则，Nahar等采用Mapkob链个数或者迭代次数k作为终止准则，但该方法对解的质量控制较弱。所以大部分学者采用由Kirkpatrick等（1983）提出的根据计算得到的某些近似解判断当前解的质量有没有明显提升来决定算法是否需要终止。该算法终止准则不仅考虑了解的质量也考虑了计算机运行时间，保证了解的准确性和算法运行效率。

5）Metropolis接受准则

SA 使用 Metropolis 接受准则来判断接受新解的概率，Metropolis 准则可表示为（Metropolis et al.，1953）

$$p_t = \begin{cases} 1 & \text{if } f(x_{\text{new}}) < f(x_{\text{old}}) \\ \exp\left(-\dfrac{f(x_{\text{new}}) - f(x_{\text{old}})}{T}\right) & \text{if } f(x_{\text{new}}) \geqslant f(x_{\text{old}}) \end{cases}$$

SA 具有计算过程简单、通用性强，且能够有效解决复杂优化问题的优点。但 SA 参数难以控制，不能保证一次就收敛到最优值，通常需要多次尝试，但还是有可能会陷入局部最优值。

6. 贪婪算法

贪婪算法（greedy heuristics）又称贪心算法，是指在求解过程中并不从整体上考虑，仅仅根据当前来做出最好的选择，也就是说其寻找的只是某种意义上的局部最优解。其基本思想是，从问题的某个初始解逐步开始，依据某个测度，以确保进行的每一步都能得到局部最优解。贪婪算法可根据具体问题采用贪婪相加和贪婪相减两种策略来解决。其中贪婪相加的主要思路是，给定一个空的解集，逐步选取能够最大限度改变目标值的候选设施点加入到该解集中，一直循环下去，针对集覆盖问题来说，直到所选设施点全部覆盖需求点后算法终止，而针对最大覆盖问题来说，直到达到规定的设施个数后算法终止。贪婪减少策略的大概思路是，将所有的候选设施点都加入到解集中，并逐个对比这些候选设施点，把那些对目标值改变最小的候选设施点舍弃掉，一直循环下去，对于集覆盖问题来说，直到如果再舍弃一个候选设施点，就会有需求点不被覆盖情况出现，这时算法终止；而对于最大覆盖问题来说，直到剩余的候选设施点刚好为规定的个数时算法终止。贪婪算法在设施选址中也得到了重要应用，Sviridenko（2000）使用贪婪算法求解k个资源约束下的m个设施的选址问题。Bollapragada 等（2005）将贪婪算法应用到通信网络中，用于解决需求覆盖的期望值最大问题。

用贪心算法处理那些具有贪心选择性质和最优子结构性质的问题时其具有明显优势，具有容易理解、运行效率高且节省存储空间的特点。但贪婪算也有其局限性，在使用该算法之前必须证明待解决问题的贪心性质的正确性，另外，用贪心算法所求得的解并不能保证是全局最优解。

1.3 研究意义和研究内容

交通网络对设施选址和成本花费有重要影响，大部分情况下改变或改善交通条件比额外添加设施点更具有成本效益（Daskin et al.，1993），同时底层网络配置对优化设施选址具有重要意义（Berman et al.，1992；Peeters and Thomas，1993）。设施区位设计问题已得到广泛关注，本书将该问题应用于乡村公共服务设施的区位优化研究中具有现实意义。乡村地区，特别是地处山地环境的地区，具有财政支出水平有限和交通通达性低的特点。设施区位设计方法不仅注重设施位置的选择，更强调交通道路网络的优化布局和设计，所以设施区位设计方法可以有效解决乡村公共服务设施的选址问题，这也是传统的设施选址方法无法做到的。本书的研究意义主要体现在以下几个方面。

（1）在模型构建方面，在经典设施区位设计方法的基础上主要做了 4 个方面贡献：①在以往的方法中，目标函数为单目标，本书将单目标划分为多目标，并引入多目标优化理论来解决设施区位设计问题；②在以往的方法中没有考虑道路的升级情况，本书研究了包含三种道路情景的多目标设施区位设计模型（只利用已有道路网络、假设已有道路网络可升级，以及假设道路网络可升级且需要修建）；③针对地处山地环境的乡村地区，在模型构建过程中考虑了道路崎岖度对旅行成本及道路建设成本的影响（模型中引入了道路崎岖度系数）；④提出基于邻避模型的设施区位设计问题，将邻避模型和设施区位设计模型相结合，并应用于乡村地区邻避设施的优化布局中。

（2）设施区位设计问题属于 NP-难问题，计算的复杂度高，其求解和计算过程困难，所以很难将其应用于解决实际问题。本书结合了经典遗传算法和模拟退火算法的优缺点，尝试运用改进的多目标模拟退火算法来求解双目标的设施区位设计模型，提高计算效率和精确度，并最终把该算法应用到解决乡村公共服务设施的优化布局问题中。

（3）由于受天气等其他自然条件的影响，旅行成本往往具有不确定性，研究不确定的优化问题通常有两种方法：随机优化和鲁棒优化。通过扩展原有的设施区位设计模型，在 p-鲁棒优化的基础上构建旅行成本不确定条件下的设施区位设计模型，对该问题的研究有重要理论和实际意义。

（4）以地理学原理为出发点，从而确定用户的功能性需求。针对乡村公共服务设施优化布局问题，建立了乡村公共服务设施优化布局计算系统，为乡村地区公共服务设施的科学合理规划布局提供辅助决策支持。

本书通过构建设施区位设计模型来研究乡村基础公共服务设施的区位问题，全书共包含 8 章内容，各章内容可概括如下。

第 1 章，绪论部分，主要介绍了研究背景及国内外研究进展，并总结现有研究的不足，然后提出研究目的和意义。

第 2 章，关键理论与技术部分，对书中所用到的关键理论和技术进行了详细阐述，其中包括设施区位设计问题概述、多目标优化理论及考虑不确定性的设施区位问题。

第3章，基于重心模型的乡村公共设施区位设计问题部分，本章对基于交通网络的乡村中小学优化布局使用的设施区位设计问题的模型与算法进行了探讨，以最小化学生旅行成本、学校建设、道路修建和道路升级成本为目标构建多目标模型。分别在只考虑已有道路、假设道路可升级、假设道路可新建且可升级三种情景下进行模型构建和求解分析，并在多目标算法求解方面，结合模拟退火算法和遗传算法，提出了改进的多目标模拟退火算法。

第4章，基于覆盖模型的乡村公共设施区位设计问题部分，对乡村医疗急救中心优化布局使用的设施区位设计问题的模型与算法进行了探讨。以最小化没有被覆盖到居民点所受到的惩罚值、被覆盖各居民点患者的旅行成本、医疗急救中心建设成本及道路修建升级成本为目标，构建多目标模型。分别在3种情景下进行模型构建和求解分析。

第5章，乡村邻避型公共设施区位设计问题部分，针对乡村邻避型设施（垃圾转运站）使用的设施区位设计问题模型与算法进行了分析探讨，以保证垃圾中转站与居民点的最小欧式距离最大，最小化各居民点的垃圾运输成本、垃圾转运站建设成本及道路修建和道路升级成本为目标，构建多目标模型，并分别在三种情景下进行模型构建和求解分析。

第6章，考虑不确定性的乡村公共设施区位设计问题部分，本章增加考虑了旅行时间的不确定性对乡村公共设施布局优化的影响。另外，在第3～4章研究的基础上，本章构建了医疗急救时间变化不确定情况下的医疗急救设施布局和网络设计模型，并使用p-鲁棒优化方法来解决不确定性问题。

第7章，乡村公共设施布局的GIS系统设计与开发部分，本章使用GIS技术研制开发了基于 GIS 的乡村公共服务设施优化布局系统，很好地结合了设施区位理论和 GIS技术，将GIS的空间数据管理、分析、查询及显示功能用于辅助解决乡村公共服务设施的优化布局问题。所开发的系统能够更加直观、高效、科学地对山村公共服务设施优化布局提供决策支持。

第8章，结论与建议部分，对全书进行总结和展望。

第 2 章 关键理论与技术

2.1 设施区位设计问题概述

交通网络对设施选址和成本花费有重要影响，在大部分情况下改变或改善交通条件比额外添加设施点更具有成本效益，特别是针对交通通达性低的乡村地区来说，所以设施区位设计问题成为近年来研究的热点。设施区位设计问题涉及设施区位的选址，以及为满足客户需求所建立的需求点到设施点的链接。和大多数经典的设施选址模型不同的地方在于：①经典模型中，设施在给定的网络中进行选址，而在新的设施区-网络设计问题中，并没有给出固定网络，网络是可以被创建的。②每个客户有可能会经过很多节点才能获取服务，而不是直接从设施点获取服务。目前，网络设计问题被广泛应用于优化网络构建中，一般来说，设施区位设计问题主要包括在网络节点间选择一些候选链接，以便最大限度地缩小设施建设成本和旅行成本。

设施区位设计问题是传统设施选址问题和网络设计问题的结合。有关传统的设施选址问题已在前文进行了详细介绍，网络设计问题（network design problem，NDP）最早衍生于道路网络规划问题，其数学模型属于混合整数规划模型，Sheffi 于 1985 年给出了 NDP 问题的经典模型。Sheffi（1985）指出交通网络规划问题是 NDP 问题中的一项热点，其涉及的内容主要是在有限投资情况下决策现存交通网络中新道路的构建规划或已存道路的扩建等。

2.1.1 无容量限制的设施区位设计问题

无容量限制的设施区位设计问题（uncapacitated facility location network-design problem，UFLNDP）最早是由 Daskin 等（1993）提出的，Daskin 构建了 UFLNDP 的基础模型，该模型属于混合整数规划公式。在构建 UFLNDP 模型之前，首先要提出一些假设：①每个节点代表一个需求点；②设施点只能位于网络中的节点上；③每个节点只可能有一个设施；④该网络是一个“customer-to-server”系统，即要求客户到达指定的设施点获取服务；⑤设施无容量限制，即设施可以提供无限的服务需求；⑥网络中的所有链接都是有方向的，同时假设所有的参数都是非负值，那么最终构建的 UFLNDP 模型如下。

目标函数：

$$\text{minimize} \sum_{(i,j)\in E} t_{ij}Y_{ij} + \sum_{i\in N} f_i Z_i + \sum_{(i,j)\in E} c_{ij} X_{ij} \tag{2.1}$$

约束条件：

$$\sum_{j\in N} Y_{ji} + d_i = \sum_{j\in N} Y_{ij} + W_i, \forall i \in N, \tag{2.2}$$

$$W_i \leqslant MZ_i, \forall i \in N, \tag{2.3}$$

$$Y_{ij} \leqslant MX_{ij}, \ \forall (i,j) \in L, \tag{2.4}$$

$$Y_{ij}, Y_{ji} \geqslant 0, \ X_{ij} \in \{0,1\}, \forall (i,j) \in L, \tag{2.5}$$

$$W_i \geqslant 0, \ Z_i \in \{0,1\}, \forall i \in N, \tag{2.6}$$

首先要假设模型中的所有参数都为整数值。模型中 N 表示网络中的节点集合；L 表示网络链接集合；d_i 表示节点 i 的需求量；M 表示网络中所有节点的需求量之和，且 $M = \sum_{i\in N} d_i$；t_{ij} 表示链接 (i,j) 中单位运输流量的花费成本，需要特别指出的是，t_{ij} 并不是指起讫点的旅行成本花费，而是指网络中某一段链接的旅行成本（在 UFLNDP 中，网络并不是提前确定的，所以只能计算某段链接的旅行成本），这也区别于传统的设施选址问题；Y_{ji} 表示链接 (i,j) 上的流量；W_i 表示需求点 i 被某个设施所服务；f_i 表示在节点 i 修建一个设施的成本花费；c_{ij} 表示修建链接 (i,j) 的成本花费；Z_i 表示节点 i 是否有设施，如果有，则 $Z_i = 1$，否则 $Z_i = 0$；X_{ij} 表示链接 (i,j) 是否存在，如果存在，则 $X_{ij} = 1$，否则 $X_{ij} = 0$。目标函数表示最小化旅行成本、设施建设成本和网络链接建设成本。式（2.2）为流量守恒公式，即节点的流入量必须等于节点的流出量，其中节点的流入量包括从其他节点流入该节点的需求量和该节点自身的需求量之和，节点的流出量包括总的需求流出量及被该节点服务的需求量之和。需要特别指出的是，对于无容量限制的设施区位设计问题，如果某个节点为设施点，该节点没有需求流出量，因为所有流入该设施点的需求都会被其所服务。式（2.3）表示在节点 i 只能到存在设施的节点处获取服务，同样，式（2.4）表示只有在已被创建的链接上才会有流量。同时，Melkote（1996）也证明了该问题属于 NP-难问题。

在此基础上，为了能够更有效地解决大规模问题，Melkote（1996）在 Daskin 等（1993）的基础上对 UFLNDP 模型做了改进。改进后的模型可定义如下。

目标函数：

$$\text{minimize} \sum_{k\in N} \sum_{(i,j)\in L} t_{ij}^k Y_{ij}^k + \sum_{(i,j)\in L} c_{ij} X_{ij} + \sum_{i\in N} f_i Z_i \tag{2.7}$$

约束条件：

$$Z_i + \sum_{j\in N} X_{ij} = 1, \forall i \in N \tag{2.8}$$

$$\sum_{j\in N} Y_{ji}^k = W_i^k + \sum_{j\in N} Y_{ij}^k, \forall i,k \in N : i \neq k \tag{2.9}$$

$$Z_k + \sum_{i\in N: i\neq k} W_i^k = 1, \forall k \in N \tag{2.10}$$

$$W_i^k \leqslant Z_i, \forall i,k \in N \tag{2.11}$$

$$Y_{ij}^k \leqslant X_{ij}, \forall k \in N : i \neq k, (i,j) \in L \tag{2.12}$$

$$X_{ij} + X_{ji} \leqslant 1, (i,j) \in L \tag{2.13}$$

$$\sum_{i \in N} Z_i = p \tag{2.14}$$

$$Z_i \in \{0,1\}, \forall i \in N \tag{2.15}$$

$$Y_{ij}^k \geqslant 0, \forall (i,j) \in L, k \in N : i \neq k \tag{2.16}$$

$$W_i^k \geqslant 0;\ \forall i,k \in N : k \neq i \tag{2.17}$$

$$X_{ij} \in \{0,1\}, \forall (i,j) \in L \tag{2.18}$$

在该模型中，N 表示网络中的节点集合，其中，$i,j,k \in \{1,2,\cdots,|N|\}$；$L$ 表示已有道路和潜在道路网络链接集合，且 $(i,j) \in L$；d_k 表示节点 k 的需求；t_{ij}^0 表示 k 需求点在链接 (i,j) 的单位旅行成本；t_{ij}^k 表示 k 节点需求在链接 (i,j) 的旅行成本，且 $t_{ij}^k = t_{ij}^0 d_k$；f_i 表示节点 i 处建设设施的成本花费；c_{ij} 表示修建链接 (i,j) 的成本花费；p 表示新建设施个数；Z_i 表示节点 i 处是否有设施，如果有，则 $Z_i = 1$，否则 $Z_i = 0$；X_{ij} 表示链接 (i,j) 是否存在，如果存在，则 $X_{ij} = 1$，否则 $X_{ij} = 0$；Y_{ij}^k 表示 k 节点需求在链接 (i,j) 上的流量；W_i^k 表示 k 节点需求到 i 设施点寻求服务的权重。另外，通过观察，不难发现 $Y_{ij}^i = X_{ij}$，即 i 需求点到其他节点寻求服务就等价于 (i,j) 链接必然存在，同时也有 $W_i^i = Z_i$，即 i 需求点到 i 节点，寻求服务就等价于 i 节点必然存在设施。需要注意的是，模型中包含两大种类型的节点，一类是设施节点，即所有流入设施节点的流量都不会再流出去；另一类是需求节点，即节点本身处没有设施，需求节点又分纯粹需求点和中转节点，其中中转节点是指节点本身必须是需求点，且流入该节点的流量要到其他地方寻找服务，而纯粹需求节点只有流出量没有流入量。模型的目标函数意义是最小化所有需求的旅行成本，以及设施建设和网络链接修建成本。其中式（2.8）表示需求点要么被 i 节点服务，要么从该节点流出去；式（2.9）保证流量守恒，即 i 节点的流入量等于 i 节点的流出量；式（2.10）保证所有需求点的需求都要被服务到；式（2.11）保证只有在有设施的节点处才能获取服务；式（2.12）表示只有在已创建的网络链接上才有流量；式（2.13）保证为单向链接，即各需求点的需求不做重复往返运动；式（2.14）表示新建设施个数为 p。

另外，需要注意的是，为了区别 k 需求点自身的需求和经过 k 需求点的其他需求点需求，对目标函数中的 $i \in N$ 进行分类，分类为 $i = k$ 及 $i \neq k$ 两种情况，从而目标函数就等价于：

$$\text{minimize} \sum_{k \in N : i \neq k} \sum_{(i,j) \in L} t_{ij}^k Y_{ij}^k + \sum_{(i,j) \in L} t_{ij}^i X_{ij} + \sum_{(i,j) \in L} c_{ij} X_{ij} + \sum_{i \in N} f_i Z_i \tag{2.19}$$

同样约束条件式（2.9）中也可对节点 $j \in N$ 分类成 $j = k$ 及 $j \neq k$，从而约束条件式（2.9）就等价于：

$$\sum_{j \in N, j=k} Y_{ji}^k + \sum_{j \in N, j \neq k} Y_{ji}^k = W_i^k + \sum_{j \in N} Y_{ij}^k, \ \forall i, k \in N : i \neq k \tag{2.20}$$

又注意到当 $j = k$ 时，满足 $\sum_{j \in N, j=k} Y_{ji}^k = Y_{ki}^k = X_{ki}$，故式（2.16）又可改写为

$$X_{ki} + \sum_{j \in N, j \neq k} Y_{ji}^k = W_i^k + \sum_{j \in N} Y_{ij}^k, \ \forall i, k \in N : i \neq k \tag{2.21}$$

接着，又可对式（2.21）中 (k,i) 是否网络链接上进行分类，故式（2.21）又等价于式（2.22）和式（2.23）。

$$X_{ki} + \sum_{j \in N, j \neq k} Y_{ji}^k = W_i^k + \sum_{j \in N} Y_{ij}^k ; \ \forall i, k \in N : i \neq k, (k,i) \in L \tag{2.22}$$

$$\sum_{j \in N, j \neq k} Y_{ji}^k = W_i^k + \sum_{j \in N} Y_{ij}^k ; \ \forall i, k \in N : i \neq k, (k,i) \notin L \tag{2.23}$$

2.1.2　最大覆盖设施区位设计问题

最大覆盖设施区位设计问题（maximum covering location-network design problem，MCLNDP）可看作经典的最大覆盖设施区位问题（maximum covering location problem，MCLP）和网络设计问题的结合。MCLNDP 问题最早也是由 Melkote（1996）提出的。经典的最大覆盖问题被认为是设施选址的有效手段之一，并得到了广泛的研究和应用。

其中经典的最大覆盖设施选址模型可定义如下。

目标函数：

$$\text{(MCLP)} \ \text{minimize} \sum_{i \in N} d_i V_i \tag{2.24}$$

约束条件：

$$\sum_{j \in N_i} Z_j + V_i \geqslant 1, \forall i \in N \tag{2.25}$$

$$\sum_{i \in N} Z_i = p \tag{2.26}$$

$$Z_i \in \{0,1\}, \ V_i \in \{0,1\}, \forall i \in N \tag{2.27}$$

模型中 N 表示网络中的节点集合；d_i 表示 i 需求点没有被覆盖到所受到的惩罚；h_{ij} 表示节点 i 和节点 j 之间的距离；N_i 表示能够覆盖节点 i 的节点集合（$j \in N : h_{ij} \leqslant D_i$）；$Z_i$ 表示节点 i 是否有设施，如果有，则 $Z_i = 1$，否则 $Z_i = 0$；V_i 表示节点 i 是否被覆盖到，如果被覆盖到，则 $V_i = 1$，否则 $V_i = 0$。该模型的目标函数表示最小化没有被覆盖到的节点需求所受到的惩罚，即最大化覆盖需求量，约束条件式（2.25）表示需求点 i 节点要么被覆盖到，要么没有被覆盖到，i 节点被覆盖到分两种情况，一是 i 节点本身存在设施点，二是被其他节点处的设施所覆盖，且 i 节点可以被多次覆盖。约束条件式（2.26）

表示需要新建的设施数量为 p 。

MCLNDP 问题是在经典的最大覆盖问题基础上增加考虑了设施及道路的升级或修建成本，其要达到的目标是新建 p 个设施，并对道路网络进行设计，最终实现最小化所有没有被覆盖到的节点需求所受到的惩罚，以及网络链接与设施的修建成本。在构建 MCLNDP 模型之前，首先也要提出一些假设：①每个节点代表一个需求点；②设施点只能位于节点（现实生活中候选点一般都在人口中心）；③每个节点只可能有一个设施；④所有网络链接都是定向的。

同时假设所有的参数都是非负值，那么最终构建的 MCLNDP 模型如下。

目标函数：

$$\text{minimize}\sum_{i\in N} d_i V_i + \sum_{(i,j)\in L} c_{ij} X_{ij} + \sum_{i\in N} f_i Z_i \tag{2.28}$$

约束条件：

$$Z_i + \sum_{j\in N} X_{ij} + V_i = 1, \forall i \in N \tag{2.29}$$

$$\sum_{j\in N} Y_{ji}^k = \sum_{j\in N} Y_{ij}^k + W_i^k, \forall i,k \in N : i \neq k \tag{2.30}$$

$$Z_k + \sum_{i\in N: i\neq k} W_i^k + V_k = 1, \forall k \in N \tag{2.31}$$

$$\sum_{(i,j)\in L} t_{ij}^0 Y_{ij}^k \leqslant D, \forall k \in N \tag{2.32}$$

$$Y_{ij}^k \leqslant X_{ij}, \forall (i,j) \in L, k \in N \tag{2.33}$$

$$W_i^k \leqslant Z_{ij}, \forall i,k \in N : i \neq k \tag{2.34}$$

$$X_{ij} + X_{ji} \leqslant 1, \forall (i,j) \in L \tag{2.35}$$

$$\sum_{i\in N} Z_i = p \tag{2.36}$$

$$Y_{ij}^k \geqslant 0, X_{ij} \in \{0,1\}, \forall (i,j) \in L, k \in N \tag{2.37}$$

$$W_i^k \geqslant 0,\quad Z_i \in \{0,1\}, \forall i,k \in N : i \neq k \tag{2.38}$$

$$V_i \in \{0,1\}, \forall i \in N \tag{2.39}$$

在模型中，N 表示网络中的节点集合；L 表示网络链接集合（包含潜在链接）；d_i 表示节点 i 没有被覆盖到所受到的惩罚（可用各节点的需求量来表示）；h_{ij} 表示节点 i 和节点 j 之间的距离；D 表示各个节点的临界覆盖距离；N_i 表示可以覆盖节点 i 的节点集合（$j \in N : h_{ij} \leqslant D_i$）；$f_i$ 表示在节点 i 修建一个设施的成本花费；c_{ij} 表示修建链接 (i,j) 的成本花费；Z_i 表示节点 i 是否有设施，如果有，则 $Z_i = 1$ ，否则 $Z_i = 0$ ；X_{ij} 表示链接 (i,j) 是否存在，如果存在，则 $X_{ij} = 1$，否则 $X_{ij} = 0$ ；V_i 表示节点 i 是否被覆盖到，如果被覆盖到，则 $V_i=0$，否则 $V_i=1$；Y_{ij}^k 表示 k 节点需求在链接 (i,j) 上的流量；W_i^k 表示 k 节点需求到 i 设施点寻求服务的权重。另外，通过观察，不难发现 $Y_{ij}^i=X_{ij}$，即 i 需求点到其他节点寻求服务就等价于 (i,j) 链接必然存在，同时也有 $W_i^i=Z_i$，即 i 需求点到 i 节点寻求服务就等价于 i 必然存在设施。式（2.28）为目标函数包含了所有未被覆盖的点受到的惩罚最小，网络链接修建成本花费及设施修建成本花费最小化；式（2.29）表示需求点 i 要么被 i 点的设施所覆盖，要么被其他设施点所覆盖，或者 i 点没有被覆盖到；式（2.30）为流量守恒公式；式（2.32）表示如果客户 k 的所需商品在任意链接上存在流量，那么从节点 k 到某个设施点的距离必须小于等于该设施点的临界覆盖距离；式（2.33）和式（2.34）表示在设施和网络链接没有被创建的情况下，是不能使用的；式（2.35）表示网络为单向链接；式（2.36）表示需要创建 p 个设施服务点。

同样需要注意的是，为了区别 k 需求点自身的需求和经过 k 需求点的其他需求点需求，在约束条件（2.30）中可对节点 $j\in N$ 分成 $j=k$ 及 $j\neq k$ 两类，从而约束条件（2.30）就等价于：

$$\sum_{j\in N,j=k} Y_{ji}^k+\sum_{j\in N,j\neq k} Y_{ji}^k=W_i^k+\sum_{j\in N} Y_{ij}^k,\quad \forall i,k\in N:i\neq k \tag{2.40}$$

又注意到当 $j=k$ 时，满足 $\sum\limits_{j\in N,j=k} Y_{ji}^k=Y_{ki}^k=X_{ki}$，故（2.40）式又可改写为

$$X_{ki}+\sum_{j\in N,j\neq k} Y_{ji}^k=W_i^k+\sum_{j\in N} Y_{ij}^k,\quad \forall i,k\in N:i\neq k \tag{2.41}$$

接着，又可对式（2.41）中 (k,i) 是否在网络链接上进行分类，故式（2.41）又等价于式（2.42）和式（2.43）。

$$X_{ki}+\sum_{j\in N,j\neq k} Y_{ji}^k=W_i^k+\sum_{j\in N} Y_{ij}^k,\quad \forall i,k\in N:i\neq k,(k,i)\in L \tag{2.42}$$

$$\sum_{j\in N,j\neq k} Y_{ji}^k=W_i^k+\sum_{j\in N} Y_{ij}^k,\quad \forall i,k\in N:i\neq k,(k,i)\notin L \tag{2.43}$$

2.2　多目标优化理论

2.2.1　多目标优化概述

多目标优化问题（multi-objective optimization problem，MOP）是指在一定的约束条件下，求解多于一个目标函数的优化问题，通常包含 n 个决策变量、q 个目标函数及 l 个约束条件，可以用以下形式来描述（顾守淮和李引珍，1997）：

$$\text{minimize } y=f(x)=\{f_1(x),f_2(x),\cdots,f_q(x)\} \tag{2.44}$$

$$\text{s.t. } g(x)=g\left[g_1(x),g_2(x),\cdots,g_l(x)\right]\geqslant 0 \tag{2.45}$$

$$\text{where}\quad x=(x_1,x_2,\cdots,x_n)\in X, X\subset R^n \tag{2.46}$$

$$y=(y_1,y_2,\cdots,y_k)\in Y, Y\subset R^{\mathrm{q}} \tag{2.47}$$

现实中大多数工程优化问题都可归结为多目标优化问题，通常对于多目标问题来说，各目标之间并没有统一的量纲，不能直接相互比较，即目标存在不可公度性。同时目标之间又是相互矛盾冲突的，其中一个子目标的改善将很有可能导致另一个子目标性能的降低，即并不存在能让多个目标同时达到最优的解（肖晓伟，等，2011），所以MOP问题很难找到最优解，可能根本不存在最优解，所能够获得的只是决策者认为满意的、能够被接受的解，即满意解。

由此可见多目标优化问题与单目标优化问题最主要的区别在于多目标优化所得的解并不是唯一的，而是存在一个最优解集合，这也就引出了Pareto最优解的概念，可称为最优解或非劣解。Pareto最优解的概念最早由Francis在1881年提出，之后Pareto于1896年进行了推广。Pareto最优可以看作一种资源分配的状态，是指在确保原有情况不会往更差的方向发展的同时，也不可能再出现另外的情况往更好的方向发展。需要注意的是，为了更好地解决实际问题，Pareto最优解一般要求解要尽可能多且尽可能均匀分布，以便于决策者根据实际情况及自身偏好选出最合适的Pareto最优解。当多个目标处于同等重要的地位时，Pareto最优解相互间是平等关系，没有孰优孰劣之分，只能根据决策者偏好及实际情况挑选出满意解。同时Pareto最优解之间不存在支配关系，其中一个目标性能的改善必定是以牺牲其他目标性能为代价的。

Pareto最优的概念可定义如下。

1. Pareto 支配（Pareto dominance）

假如x^*和x都是式（2.44）所示的多目标问题的两个可行解，如果满足$f(x^*)$在任意目标上均不大于且至少在一个目标上小于$f_i(x)$，就可称x^*支配x或者x被x^*所支配，记做$x^*\succ x$。Pareto支配关系用数学公式可描述为

$$\forall i\in\{1,2,\cdots,q\}, f_i(x^*)\leqslant f_i(x),\quad \wedge\forall k\in\{1,2,\cdots,q\}, f_k(x^*)<f_k(x)\quad \Rightarrow x^*fx \tag{2.48}$$

2. Pareto 最优（Pareto optimal）

假如x^*是式(2.44)所示的多目标问题的可行解，如果不存在其他可行解x使得xfx^*，那么就可称x^*是式（2.44）所示的多目标问题的Pareto最优解，而由所有Pareto最优解组成的集合称为Pareto最优解集（Pareto optimal solution set），可记作PS。

3. Pareto 前沿（Pareto front）

Pareto前沿是指那些由Pareto最优解集PS中的所有Pareto最优解所对应的在目标空间中映射所形成的矢量所组成的曲面,被称为Pareto前沿面，用公式可表示为

$$\mathrm{PF}=\{y=[f_1(x),f_2(x),\cdots,f_q(x)]^{\mathrm{T}}\,|x\in\mathrm{PS}\} \tag{2.49}$$

根据上述 Pareto 的各种概念，可得到多目标优化问题的最优解，如图 2.1 所示。

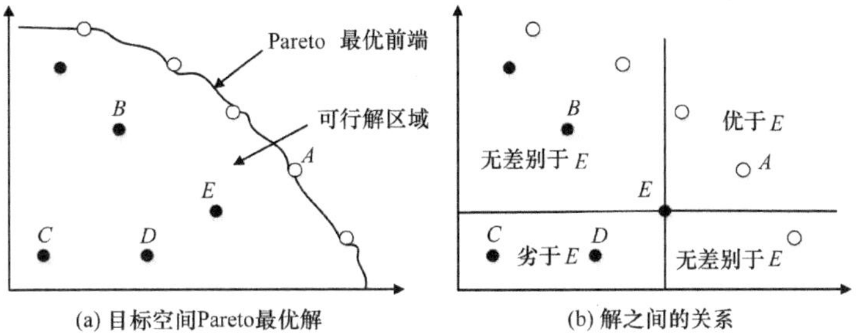

图 2.1　多目标优化问题的最优解

在 A、B、C、D、E 的所有点中，A 点为最优点，与其相关的决策变量 α 优于其他决策变量，且对于 α 来说，指标性能不能再进一步被提高，那么就可称像 α 这一类的决策方案为 Pareto 最优解（满意解或非劣解）。

2.2.2　多目标优化问题的求解方法

通常来说，可把多目标优化的求解方法分成三大类：事先评价法、事中评价法和事后评价法（解强，2010），其中事先评价法是指在进行多目标优化之前，决策者可以提前确定偏好信息，然后依据偏好信息来求解，该方法主要包括评价函数法和目标规划法；事中评价法是一种交互规划算法，指在多目标优化过程中，决策者要不断提供自己的偏好信息，直到求解结果能够让决策者满意；事后评价法相对来说比较简单，直接进行多目标优化，决策者从最终得到的最优解集中选择自己偏好的最优解，其中 ε-约束法属于事后评价法。

1. 传统的多目标优化方法

1）评价函数法

对于多目标优化问题，通过决策者的偏好信息将问题转化为单目标来处理，然后按照求解单目标函数的方法求解原模型的最优解，就称为评价函数法。其大概思想是：对于多目标优化问题，通过构造评价函数 $h[f(x)]$ 求解问题：

$$\min\ h[f(x)] \tag{2.50}$$

$$\text{s.t.}\ \ x \in S$$

最终得到多目标优化问题的最优解。常用的评价函数法包括加权求和法、理想点法及平方和加权法。

a. 加权求和法

加权求和法是指根据各个目标函数 $f_1(x), f_2(x), \cdots, f_q(x)$ 的重要程度确定各自的权重系数 λ_j，且满足 $\lambda_j > 0, j = 1, 2, \cdots, q$ 及 $\sum_{j=1}^{q} \lambda_j = 1$ 的条件，那么评价函数可定义如下：

$$\min \sum_{j=1}^{q} \lambda_j f_j(x) \tag{2.51}$$

$$\text{s.t.} \quad x \in S$$

如何合理确定权重系数 λ_j 是加权求和法的关键所在，该方法也是处理多目标问题最简单的方法，该方法的局限性比较明显，由于相关映射关系是非线性的，即相应的目标空间和决策空间并不是均匀对应的，那么也就意味着仅通过一组均匀分布的加权系数很难找到一组均匀分布的解集；在实际应用中，λ_j 权重系数很难准确确定；若多目标优化问题的有效解是凹有效域，就会出现找不到所有 Pareto 最优解的情况，这也是该方法存在的最大缺陷。

b. 理想点法

理想点法是指求距离某个给定的理想点 $\overline{f} = (\overline{f_1}, \cdots, \overline{f_m})^{\mathrm{T}}$ 在某种范数意义下距离最短的可行解，也就是说在 S 中找到 $f(x)$ 与 $\overline{f}$ 偏差最小的点 x。其主要思想是求得各目标函数的极小值，并将其作为理想解，然后让各目标尽可能地贴近各自的理想解，$\overline{f}$ 可描述为

$$\overline{f}_k = \min\{f_k(x) | x \in S\} (k = 1, \cdots, m) \tag{2.52}$$

常用的偏差函数可描述如下。

（1）距离模评价函数，$h[f(x)] = Pf(x) - f^* P_2 = \sqrt{\sum_{i=1}^{m} (f_i - \overline{f})^2}$，其中 i 表示目标函数个数。

（2）p 模函数，$h[f(x)] = \left[\sum_{k=1}^{m} \lambda_k \left| f_k(x) - \overline{f_x} \right|^p \right]^{\frac{1}{p}}$，其中 $1 \leqslant p \leqslant +\infty$

（3）极大偏差函数，$h[f(x)] = \max\limits_{1 \leqslant k \leqslant m} \{\lambda_k \left| f_k(x) - \overline{f_k} \right\}$

2）ε-约束法

ε-约束法最早由 Haimes 于 1971 年提出，ε-约束法的主要思想是根据决策者的偏好保留多个目标函数中最重要的目标函数，而通过添加限制域 ε 将剩下的目标函数转变为约束条件，这样多目标函数就转变成了单目标函数。可以用如下形式来表示：

$$\min f_q(x) \tag{2.53}$$

$$\text{s.t.} \quad f_i(x) \leqslant \varepsilon_i, 1 \leqslant i \leqslant k, i \neq h \tag{2.54}$$

$$x \in S$$

式中，$f_i(x) (i = 1, \cdots, k)$ 表示有 k 个目标的多目标问题的第 i 个目标；ε_i 表示目标函数 $f_i(x)$ 的上界。与其他多目标优化方法相比，ε-约束法具有能够高效获取 Pareto 解且不需要额外设置参数或者统一各目标间的量纲等优点。在优化过程中可通过设置不同的 ε 取值获取不同的最优解。但决策结果过于依赖 ε 取值也会导致决策结果的偏差，同时 ε 信息更

多是根据未来的信息做出判断的，也就导致决策难度大大增加。

3）分层序列法

分层序列法是指并不将所有目标函数同等对待，而是按照各目标的重要程度进行分层，然后再逐层进行求解，如假设存在 m 个目标函数，其中 f_1 最重要，f_2 次之，剩下的以此类推，然后逐个求解 m 个单目标优化问题。其基本的函数形式可描述为

$$\min_{x\in R}\left[P_1 f_1(x), P_2 f_2(x), \cdots, P_L f_L(x)\right]^{\mathrm{T}} \tag{2.55}$$

$$\text{s.t.}\quad g_j(x) \geqslant 0,\quad h_k(x) \geqslant 0 \tag{2.56}$$

式中，L 表示有 L 个优先级；P_i 表示优先层次，然后根据层次排序逐层进行求解，且在求解过程中后一目标在前一目标的决策空间内寻找最优解，最后获得原多目标优化问题的 Pareto 最优解。

2. 多目标智能算法

传统的多目标优化方法一般是从一个给定的初始点出发，接着按照梯度等下降信息计算出下一个迭代点，所以其搜索效率和收敛速度较好，能够很好地应用到求解部分方便计算梯度信息的优化问题。相反，对于那些梯度信息很难通过计算获得的优化问题，传统方法也就失去了其优势。传统方法把多目标问题转化为单目标进行求解的思路，处理多目标优化问题 Pareto 最优前沿有很多局限性，且传统的多目标优化方法解的质量过于依赖初始点的选择，每次迭代仅能获取一个单一解，因此很难用于求解复杂的多目标优化问题（Jin et al.，2008），同时传统方法需要进行的各次优化过程是相互独立的，优化结果也很难一致，计算效率很低。另外，加权值的分配主观性太强，与决策者的主观意识联系紧密，这样得到的解并没有代表性。

相比于传统的多目标优化方法，多目标智能算法搜索能力更强，对优化目标的设定几乎无限制，所以得到了众多学者的广泛应用。这些智能算法中包括使用 Pareto 等级的个体选择方法，基于适应度共享机制的种群多样性保持策略的第一代多目标智能优化算法，以及基于精英保留策略的第二代智能优化算法。第一代多目标智能优化算法主要包括多目标遗传算法（multi-objective genetic algorithm，MOGA）（Fonseca and Fleming，1993）、非支配排序遗传算法（non-dominated sorting genetic algorithm，NSGA）（Sriniva and Deb，1995）及小生境 Pareto 遗传算法（niched Pareto generic algorithm，NPGA）（Hom et al.，1994）。第二代多目标智能优化算法主要包括 NSGA-II（Deb et al.，2002）及多目标粒子群优化（multi-objective particle swarm optimization，MOPSO）（Coello et al.，2004）等。

1）多目标模拟退火算法

多目标模拟退火算法（multi-objective simulated annealing，MOSA）也是求解多目标问题的智能算法之一，该算法的主要步骤如下（朱昌锋，2014）。

步骤 1：初始化 MOSA 算法的各种参数，其中包括初始温度 T_0 及迭代次数等。

步骤2：计算初始可行解 X^0 所对应的各个目标函数值 $f_1(x^0)$，$f_2(x^0)$，…，$f_k(x^0)$，然后加入到Pareto解集中。

步骤3：通过随机扰动生成 X^0 的邻域解 X'，计算邻域解 X' 所对应的各个目标函数值 $f_1(x')$，$f_2(x')$，…，$f_k(x')$，以及 Δf_1，Δf_2，…，Δf_k。

步骤4：按照Pareto支配关系对比邻域解 X' 与Pareto解集中的各个解，然后重新更新Pareto解集。

步骤5：如果经过对比后新邻域解 X' 能够进入Pareto解集，就用 X' 替换 X^0，然后转入步骤7。

步骤6：如果经过对比后新邻域解 X' 没能进入Pareto解集，就依据Metropolis准则判断是否接受新解，如果接受则更新Pareto解集，否则保留当前解。

步骤7：每间隔一定的迭代次数，就从Pareto解集中再随机抽取任意解当作初始解重新进行搜索。

步骤8：根据给定的降温函数，执行一次降温。

步骤9：重复步骤3～8，在达到最低温度之后，算法终止。

2）NSGA-II算法

NSGA-II算法是Deb等（2000）在NSGA算法的基础上提出来的，增加考虑了精英策略、快速非支配排序策略及密度值计算策略，从而很好地解决了NSGA算法计算复杂度过高、非精英策略及收敛性慢等问题，保证了种群的多样性，提高了计算效率。该算法的主要原理是，首先随机产生初始种群 P_n，之后经过重组和变异操作得到下一代种群 Q_n；然后合并种群 P_n 和种群 Q_n 生成一个新的种群 R_n，对种群 R_n 进行快速非支配等级分类操作，接着生成新的种群 P_{n+1}，同时要维持种群规模为 n；最后通过遗传算法的基本操作产生新的子代种群，以此类推，直到最终满足程序结束条件。

2.3　考虑不确定性的设施区位问题

Jonathan等（1972）认为决策问题大概可分为三种类型：确定型、风险型和不确定型。其中对于确定型问题，所有参数都是确定已知的，而不确定型问题中优化模型中的部分参数并不是确定不变的，如在突发事件中往往信息获取难度较大，需求点的需求量及需求点到设施点的道路状况都是不确定的。解决不确定性问题通常采用两种方法：随机优化和鲁棒优化。在随机优化中不确定参数的概率分布是已知的，目标是最优化目标函数的期望值，能得出平均期望成本最小的方案，但并不能保证所有情景下的方案都较优，会出现部分情景下方案较差的情况。鲁棒优化是指不确定参数的概率分布未知，目标是求得一个解，对可能出现的所有情况，约束条件均满足，确保最坏情况下的目标函数值最优。

2.3.1 随机优化

1. 期望值模型

随机优化的期望值模型是指使用已知的不确定参数分布概率，从而把不确定性问题转化为确定性问题，最终求得目标函数的概率期望值并达到最优的模型，如对于线性规划问题：

$$\min y = \sum_{j=1}^{n} c_j x_j \tag{2.57}$$

$$\text{s.t.} \quad \sum_{j=1}^{n} a_{ij} x_j \geqslant b_i \quad i = 1,2,\cdots,m \tag{2.58}$$

$$x_j \geqslant 0 \quad j = 1,2,\cdots,n \tag{2.59}$$

式中，若 c_j 、 a_{ij} 及 b_i 常数中不存在随机向量，那么上式就属于线性规划问题，问题较为简单。反之，在随机因素作用下，这个模型可描述为

$$\min Ey = \sum_{j=1}^{n} Ec_j(\xi) x_j \tag{2.60}$$

$$\text{s.t.} \quad \sum_{j=1}^{n} Ea_{ij}(\xi) x_j \geqslant Eb_i(\xi) \quad i = 1,2,\cdots,m \tag{2.61}$$

$$x_j \geqslant 0 \quad j = 1,2,\cdots,n \tag{2.62}$$

式中， x 作为决策向量并不包含随机因素； ξ 作为离散型随机变量，其分布概率可记作 $p\{\xi = \xi_k\} = \theta_k (k \in I)$ ，则又有

$$Ec_j(\xi) = \sum_{k \in I} c_j(\xi_k) \theta_k \tag{2.63}$$

$$Ea_{ij}(\xi) = \sum_{k \in I} a_{ij}(\xi_k) \theta_k \tag{2.64}$$

$$Eb_j(\xi) = \sum_{k \in I} b_j(\xi_k) \theta_k \tag{2.65}$$

在期望模型中，当满足条件 $\sum_{j=1}^{n} Ea_{ij}(\xi) x_j - Eb_i(\xi) \geqslant 0$ 及 $x_j \geqslant 0\ (j = 1,2,\cdots,n)$ 时， $x = (x_1,\cdots,x_n)^{\mathrm{T}}$ 是一个可行解。如果其中一个可行解 x^* 对其他任一可行解都有 $Ec(\xi)x^* \leqslant Ec(\xi)x$ ，我们就称 x^* 是期望模型的最优解（庞碧君，2009）。

2. 机会约束规划

机会约束规划（chance constrained programming）是指模型的约束条件中包含随机变量，允许所作出的决策在一定程度上不满足约束条件，即只以较大的概率满足约束条

件，同时该决策也应保证约束条件的成立概率不小于某一置信水平。

1）置信水平相同的机会约束规划

$$\min Ey(x,\xi)=\sum_{j=1}^{n}Ec_j(\xi)x_j \tag{2.66}$$

$$\text{s.t.}\quad p\left\{\sum_{j=1}^{n}a_{ij}(\xi)x_j \geqslant b_i(\xi)\right\}\geqslant \alpha \quad i=1,2,\cdots,m \tag{2.67}$$

$$x_j \geqslant 0 \quad j=1,2,\cdots,n \tag{2.68}$$

式中，E 表示数学期望；$p\{\bullet\}$ 表示 $\{\bullet\}$ 中事件的概率；α 表示约束条件成立的最小概率，即可信度，当满足条件 $p\left\{\sum_{j=1}^{n}Ea_{ij}(\xi)x_j \geqslant Eb_i(\xi)\right\}\geqslant \alpha$ 及 $x_j \geqslant 0$ 时，x 就是可行解，最优可行解 x^* 可以保障 $y(x,\xi)$ 的数学期望达到最优。

2）混合机会约束规划

在现实生活中，一般并不能保证机会约束的置信水平都是相同的，所以就有混合机会约束规划模型，其可以描述为

$$\min Ey(x,\xi)=\sum_{j=1}^{n}Ec_j(\xi)x_j \tag{2.69}$$

$$\text{s.t.}\quad p\left\{\sum_{j=1}^{n}a_{ij}(\xi)x_j \geqslant b_i(\xi)\right\}\geqslant \alpha_i \quad i=1,2,\cdots,m \tag{2.70}$$

$$x_j \geqslant 0 \quad j=1,2,\cdots,n \tag{2.71}$$

式中，E 表示数学期望；$p\{\bullet\}$ 表示 $\{\bullet\}$ 中事件发生的概率；α_i 表示每个机会约束可能具有不同的置信水平。

2.3.2 鲁棒优化

鲁棒优化方法在近些年来得到了迅速发展，其是处理不确定参数问题的重要方法，并逐渐成为国际最优化领域比较前沿的研究方向之一。和随机优化不同，对于鲁棒优化来说不确定参数的概率分布未知，其目标是求得一个解，对可能出现的所有情况，约束条件均满足，并确保最坏情况下的目标函数值最优。以下是几种经典的鲁棒优化方法。

1. Soyster 鲁棒优化方法

鲁棒优化思想最早由 Soyster（1973）提出，并将鲁棒方法应用到解决最优化问题中。研究如下线性规划问题：

$$\max c^{\mathrm{T}}x \tag{2.72}$$

$$\text{s.t.}\quad AX \leqslant b \tag{2.73}$$

$$l \leqslant x \leqslant u \tag{2.74}$$

这里假设 c 和 b 为确定参数，而 A 为不确定参数，其中 A 为 $m\times n$ 矩阵，a_i 表示 A 的第 i 个行向量（$i=1,2,\cdots,m$），J_i 表示不确定数据 a_{ij}（$a_{ij}\neq 0$）的列下标 j 的集合，同时 a_{ij}（$j\in J_i$）可在区间 $[\overline{a}_{ij}-\hat{a}_{ij},\overline{a}_{ij}+\hat{a}_{ij}]$ 任意取值，且 $\hat{a}_{ij}\geqslant 0$。假设 a_{ij}（$j\in J_i$）为区间内对称分布的随机变量，独立同分布。那么对于约束条件（2.73）来说，x 要成为可行解的充分条件是 a_i 取所有可能值，$a^{\mathrm{T}}x\leqslant b_i$ 都被满足。基于此，Soyster（1973）构建了以上模型的鲁棒对应模型，如下所示。

$$\max c^{\mathrm{T}}x \tag{2.75}$$

$$\text{s.t.}\quad \sum_{j}\overline{a}_{ij}x_j+\hat{a}_{ij}y_j\leqslant b_i,\forall i \tag{2.76}$$

$$-y_j\leqslant x_j\leqslant y_j,\forall j \tag{2.77}$$

$$j\leqslant x\leqslant u \tag{2.78}$$

$$y\geqslant 0 \tag{2.79}$$

该模型就称为 Soyster 鲁棒模型，该鲁棒模型的基本思想是不确定参数在区间内的任意取值都符合约束条件，而且在最坏条件下也能保证目标函数最优。这个模型保证所有鲁棒最优解都符合约束条件，同时也是线性问题，没有增加模型的求解难度，但使用该方法求得的鲁棒最优解往往和实际最优解有很大差距，过于保守，并不能满足实际应用。

2. Ben-Tal 和 Nemirovski 的鲁棒优化方法

为了克服 Soyster 鲁棒优化存在的缺点，Ben-Tal 和 Nemirovski（1999，2000）提出了新的鲁棒优化方法，给出了新的鲁棒优化模型，使用该模型求得的鲁棒最优解往往和实际最优解相差不多，其缺点在于经过转化的模型非线性，模型求解变得更加困难。在该模型中不确定参数 a_{ij} 使用区间 $[-1,1]$ 上的对称分布随机变量 $\xi=a_{ij}-\overline{a}_{ij}/\hat{a}_{ij}(j\in J_i)$ 来表示，且其概率分布没有被考虑，并用 $E[a_ix]+\Omega[a_ix]$ 来替换 a_ix，其中 $E[a_ix]=\overline{a}_{ij}x$，且 $D[a_ix]=\sqrt{\sum_{j\in J_i}(\overline{a}_{ij}x_j)^2}$。那么该种鲁棒优化方法的模型可以描述如下：

$$\max c^{\mathrm{T}}x \tag{2.80}$$

$$\text{s.t.}\quad \sum_{j}\overline{a}_{ij}x_j+\sum_{j\in J_i}\hat{a}_{ij}y_{ij}+\Omega_i\sqrt{\sum_{j\in J_i}\hat{a}_{ij}{}^2z_{ij}^2}\leqslant b_i,\forall i \tag{2.81}$$

$$-y_{ij}\leqslant x_j-z_{ij}\leqslant y_{ij},\forall i,j\in J_i \tag{2.82}$$

$$l\leqslant x\leqslant u \tag{2.83}$$

$$y\geqslant 0 \tag{2.84}$$

式中，$\Omega(\Omega>0)$ 用于表示模型的保守程度，该值由决策者来定。

3. Ben-Tal 和 Slim 的鲁棒优化方法

为了进一步解决解鲁棒性和最优性之间存在的冲突问题，Bertsimas 和 Sim（2004）提出了新的鲁棒优化方法。该方法考虑了在自然条件下，出现所有不确定参数的取值同时导致目标函数值向最差方向发展的概率很小，所以假设模型中只存在至多有给定个数的不确定参数在发生波动，当然具体是哪几个参数发生了波动是无法确定的。该方法保证了鲁棒解的可行性与最优性。

4. 随机 *p*-鲁棒优化

综上所述，随机优化方法通常试图求得所有情景下的最小化总期望成本，使用随机优化方法得到的最优解只能保证在某些情景下最优，但对其他情景却并不能满足。鲁棒优化方法试图最小化最坏情况下的目标函数值，同时使用鲁棒优化求得的解对于所有情况都是有效的。然而，在实际生活中，由于最坏情况发生的概率非常低，传统的鲁棒优化解是非常保守的。很明显，随机优化和鲁棒优化方法在处理不确定问题上都有各自的缺点。于是在此背景下，为了规避那些发生可能性很低但遗憾值很大的场景，结合随机优化和鲁棒优化的优点，Snyder 和 Daskin（2006）提出了一种新的鲁棒优化方法，称为基于情景划分的随机 p-鲁棒优化。其目标函数和典型的随机优化问题相同，即最小化期望成本，在随机环境中，每个情景可以看作未来不确定因素的某种实现，同时限制各情景下相对遗憾不大于 p 。本书使用该方法来解决乡村公共服务设施区位的不确定性问题，具体方法在后文有详细描述。

第3章 基于重心模型的乡村公共设施区位设计问题

3.1 问题背景

党的十九大报告提出实施乡村振兴战略，乡村振兴的一个重要方面是发展乡村教育。随着中国城镇化水平不断提升，大量人口从农村流入城市，为了实现教育资源的优化配置，提高规模效益，我国从20世纪90年代中期就开始实施“撤点并校”政策。如何合理布局乡村中小学，并通过修建道路和道路升级解决偏远地区学生上学难的问题，成为迫切需要研究的课题。乡村学校作为一类非常重要的公共服务设施，其选址问题很早就引起了广大学者的关注。

在通常的地理计算中，人们通过空间运筹评价了学校的区位问题，如Dost（1968）、Pizzolato等（2004）。对于这个问题，在城市环境中，一般采用最小化居民点到达学校的路径距离，因为城市内的道路被认为是充分的，处处可达的。该计算往往是一个平面上的需求点到设施点直线距离和最小的问题，但是乡村道路有限，在布局学校时可能需要同时构建道路。这方面的研究较早的有：Tewari和Jena（1987）研究了印度农村中学的选址问题，他们使用最大覆盖模型分析具有固定数量的学校，研究如何最大限度地覆盖居民点；孔云峰和吕建平（2011）运用最近距离模型、引力模型和Huff模型，并结合ArcGIS软件对学校布局问题进行了分析，结果表明Huff模型能够较好地模拟义务教育供需现状；彭永明和王铮（2013）在p-重心模型的基础上吸收了p-中心思想，发展了平原地区农村中小学布局的设施区位模型。两个模型的联合利用是在完全覆盖的基础上同时节省成本；戴特奇等（2016）在彭永明和王铮（2013）的研究基础上还考虑了学校规模约束，对p-重心模型进行改进，对北京市延庆区的小学做了选址研究。

遗憾的是，目前这些工作仍然不能满足地处山地环境的中小学布局的特殊需要，这是因为山区道路通达性不好，山地乡村中小学的布局区位必须考虑道路的可通行性。山村道路崎岖度高，各地道路因为崎岖度不同，建设成本也不一样，道路分析必须考虑道路的崎岖度。更进一步，山地乡村地区政府的财政支出水平往往是有限的，而山地环境的道路建设成本高，因此学校的布局应尽量减少新建或升级设施和道路的数量，以节约成本，因而在乡村地区需要在布局学校过程中把道路成本计入，这样就使得计算变得更为复杂。总之，乡村学校布局优化是一个必须考虑道路崎岖度权重的设施区位-网络设计问题。

目前，国外针对UFLNDP的研究已经有很多，该问题最早由Daskin等（1993）提出，之后 Melkote（1996）、Drezner 和 Wesolowsky（2003）、Contreras 等（2012）众多学者进行了系统研究。另外，由于问题的复杂性，近年来随着设施区位研究的普及，Antunes 和 Peeters（2000）通过构建动态最优模型，模拟规划了葡萄牙许多学校的网络演变情况，在该模型中设施具有很大的灵活性，可以将设施关闭或者缩小设施规模，也可新建设施或扩张设施规模。Pizzolato 等（2004）把 ArcView 软件应用到学校选址问题中，分有容量限制和无容量限制的 p-重心模型两种情况对巴西学校布局现状进行了评价，并对最优的学校位置进行了选址规划。Teixeira 和 Antunes（2008）提出了基于嵌套式且带容量限制的分级中心模型，分别就单一分配、就近分配和路径分配三种空间分配模式进行了探讨。一种利用 GIS 技术规划中小学布局的趋势已经在国外出现，可惜国内针对这方面的研究还很欠缺。

在此背景下，本章将在前人研究基础上开展乡村中小学区位研究，构建山村中小学型设施区位设计模型。针对山村中小学区位优化布局，分别考虑了已有可利用道路、道路可升级、道路可升级且可修建三种假设情景。在地理计算方法方面，探索了改进的多目标模拟退火算法，以确定新建学校的最佳位置，以及新道路的修建和原有道路的升级路线。

3.2 模 型 构 建

学校优化布局应该考虑两方面的因素，一方面是学生上学的旅行成本（时间花费）最少，另一方面是学校设施建设和道路修建升级的成本花费最小。很明显，两个目标函数之间是相互矛盾的，学生旅行成本的最小化是以学校设施建设和道路修建升级的成本的增加为代价的。基于此，针对乡村中小学设施区位问题，我们在 Melkote（1996）的研究基础上，进一步以学生旅行成本最小化和道路修建升级成本最小化为目的，构建包括三种道路情景的多目标设施区位设计模型。

情景 1 考虑中小学布局只利用已有道路网络，这种情况出现在乡村道路建设比较发达的地区。

情景 2 假设已有道路网络可升级，这种情况大多数出现在乡村建设中，尤其是在山地环境中。

情景 3 假设道路网络可升级且可修建，这种情况多发生在我国西南部山地地区。

在构建模型之前，需要注意的是，在传统的设施区位问题中，需求点的需求直接到设施节点寻求服务，而在设施区位设计问题中，需求点需求可能需要中转到其他需求点才能到达设施点，我们称这类能起到中转作用的需求点为中转节点，所以模型中包含两大种类型的节点，分别是设施节点和需求节点。其中对于设施节点来说，设施没有容量限制，所以所有流入设施节点的需求流量都被该设施节点所服务，都不会再流出去；而对于需求节点，其节点本身处没有设施，所以区别于传统的设施区位问题，需求节点又分纯粹需求点和中转节点，其中中转节点是指节点本身必须是需求点，且流入该节点的流量要到其他地方寻找服务，而纯粹需求节点只有流出量没有流入量。另外，考虑到研究区地处山地环境的特殊性，并不能简单地以地图中的网络距离来表示实际距离，地处山地环境的道路网络必须考虑地表崎岖度，所以在模型构建过程中引入了崎岖度系数。

同时需要提出一些假设：①乡村体系构成网络体系，每一个网络节点代表一个自然村或者居民点；②每个节点可以为服务中心也可以为需求中心，即每个居民点都可建设小学且有需要上学的学童；③学校必须建设在网络节点（居民点）上；④每个节点上最多只需要建设一所学校；⑤所有的道路网络连接都是定向的；⑥考虑到当前乡村学生人数相对较少的现状，假设学校和道路网络连接均无容量限制，即每个居民点的学生都作为整体寻求服务，不能被拆分。

为了便于讨论，对模型所用到的符号约定如下。

N：道路网络中的节点集合，网络节点集合$i,j,k\in\{1,2,\cdots,|N|\}$；

F：设施节点集合（包含新建学校和已有学校）；

L：已有道路和潜在道路网络链接集合，$(i,j)\in L$；

L'：已有道路网络链接集合，$L'\in L$；

d_k：居民点k的需求（每个居民点的需求等于小学生人数）；

f_i：在节点i处建设学校的花费成本；

c_{ij}：修建或升级道路链接(i,j)的成本花费；

tr_{ij}：在道路链接(i,j)上每个学生的旅行成本；

tr_{ij}^k：k居民点需求在链接(i,j)间的旅行成本，且$tr_{ij}^k=tr_{ij}d_k$；

p：新建学校个数；

R：道路崎岖度系数；

决策变量如下。

$Z_i=1$，在i节点布置了设施（学校）；

$Z_i=0$，i节点无设施（学校）；

$X_{ij}=1$，如果道路链接(i,j)被修建或升级；

$X_{ij}=0$，如果道路链接(i,j)没有被修建或升级；

$E_{ij}=1$，如果道路链接(i,j)存在（包含修建升级道路和已有道路）；

$E_{ij}=0$，如果道路链接(i,j)不存在；

$Y_{ij}^k=1$，居民点k的学生需要经过道路链接(i,j)；

$Y_{ij}^k=0$，居民点k的学生不需要经过道路链接(i,j)；

$W_i^k=1$，居民点k的学生到学校点i接受服务；

$W_i^k=0$，居民点k的学生不到学校点i接受服务；

$Y_{ij}^i=E_{ij}$，i居民点学生经过(i,j)链接到其他地方寻求服务，表示(i,j)链接存在；

$W_i^i = Z_i$，i 节点到 i 节点寻求服务，表示在 i 节点存在学校设施。

进一步地，我们归纳 3 种道路情景的模型构建结果如下。

1. 情景 1（已有道路）

目标函数：

$$\text{Travel} = \min \sum_{k\in N}\sum_{(i,j)\in L'} Rtr_{ij}^k Y_{ij}^k \tag{3.1}$$

$$\text{Cost} = \min \sum_{i\in N} f_i Z_i \tag{3.2}$$

约束条件：

$$Z_i + \sum_{j\in N} Y_{ij}^i = 1, \forall i \in N \tag{3.3}$$

$$\sum_{k\in N:i\neq k}\sum_{j\in N} Y_{ji}^k d_k + d_i = \sum_{k\in N}\sum_{j\in N} Y_{ij}^k d_k, \forall i\in N, i\notin F \tag{3.4}$$

$$Z_k + \sum_{i\in N:i\neq k} W_i^k = 1,\ \forall k \in N \tag{3.5}$$

$$W_i^k \leqslant Z_i,\ \forall i,k \in N : i\neq k \tag{3.6}$$

$$Y_{ij}^k \leqslant E_{ij},\ \forall i,j,k\in N, (i,j)\in L' \tag{3.7}$$

$$Y_{ij}^i + Y_{ji}^j \leqslant 1, \forall i,j\in N,\ (i,j)\in L' \tag{3.8}$$

$$\sum_{i\in N} Z_i = p \tag{3.9}$$

$$Z_i \in \{0,1\}, \forall i\in N \tag{3.10}$$

目标函数中包含式（3.1）、式（3.2）两个目标函数，分别表示使所有学生上学的旅行成本和学校建设成本之和最小，式（3.3）～式（3.10）为约束条件。其中式（3.3）表示 i 居民点学生要么被 i 居民点服务，要么经过该居民点到其他居民点。其中当 $Z_i = 1$ 时，表明 i 居民点存在学校，i 居民点学生不需要到其他居民点寻求服务，即 $\sum_{j\in N} Y_{ij}^i = 0$；反之，$i$ 居民点不存在学校，即 $Z_i = 0$，i 居民点的学生就必须到其他居民点寻找学校，即 $\sum_{j\in N} Y_{ij}^i = 1$。式（3.4）保证流量守恒，即 i 节点的流入量等于 i 节点的流出量，其中 i 节点为中转节点。等式的左侧有两项，第一项 $\sum_{k\in N:i\neq k}\sum_{j\in N} Y_{ji}^k d_k$ 表示 k 居民点学生经过中转居民点 j 或直接（当 $j = k$ 时为直接流入）流入到 i 居民点的总流入量，第二项 d_i 表示 i 居民点本身的学生数量（需求量），二者相加表示 i 节点的总流入量。等式右边 $\sum_{k\in N}\sum_{j\in N} Y_{ij}^k d_k$ 表示 k 居民点及 i 居民点学生从 i 居民点流出到其他居民点寻求服务（即上学）。式（3.5）保证所有的小学生都有学校上学。式（3.6）保证只有在有学校的居民点处才能获取服务。

式（3.7）表示只有在已创建的道路链接上才有流量。式（3.8）保证为单向链接，这是因为学生如果从 i 居民点到 j 居民点，就不会再从 j 居民点到 i 居民点，即不会做重复往返移动。式（3.9）表示新建学校个数为 p 。式（3.10）中 Z_i 为（0，1）决策变量，表示在 i 居民点处是否需要学校，如果需要学校则为 1，否则为 0。

另外，需要注意的是，为了区别 k 需求点自身的需求和经过 k 需求点的其他需求点需求，可对目标函数中的 $i \in N$ 进行分类，分类为 $i = k$ 及 $i \neq k$ 两种情况，从而目标函数式（3.1）就等价于：

$$\text{Travel} = \min \sum_{k \in N: i \neq k} \sum_{(i,j) \in L} Rtr_{ij}^k Y_{ij}^k + \sum_{(i,j) \in L} tr_{ij}^i E_{ij} \tag{3.11}$$

2. 情景 2（道路可升级）

目标函数：

$$\text{Travel} = \min \sum_{k \in N} \sum_{(i,j) \in L'} Rtr_{ij}^k Y_{ij}^k \tag{3.12}$$

$$\text{Cost} = \min \sum_{(i,j) \in L'} Rc_{ij} X_{ij} + \sum_{i \in N} f_i Z_i \tag{3.13}$$

约束条件：

$$Z_i + \sum_{j \in N} Y_{ij}^i = 1, \forall i \in N \tag{3.14}$$

$$\sum_{k \in N: i \neq k} \sum_{j \in N} Y_{ji}^k d_k + d_i = \sum_{k \in N} \sum_{j \in N} Y_{ij}^k d_k, \forall i \in N, i \notin F \tag{3.15}$$

$$Z_k + \sum_{i \in N: i \neq k} W_i^k = 1, \forall k \in N \tag{3.16}$$

$$W_i^k \leqslant Z_i,\ \forall i, k \in N \tag{3.17}$$

$$Y_{ij}^k \leqslant E_{ij},\ \forall i, j, k \in N, (i,j) \in L' \tag{3.18}$$

$$Y_{ij}^i + Y_{ji}^j \leqslant 1, \forall (i,j) \in L' \tag{3.19}$$

$$\sum_{i \in N} Z_i = p \tag{3.20}$$

$$Z_i \in \{0,1\},\ \forall i \in N \tag{3.21}$$

$$X_{ij} \in \{0,1\}, \forall (i,j) \in L' \tag{3.22}$$

与情景 1 相比，情景 2 的目标函数式（3.13）还考虑了道路网络的升级情况，在约束条件中增加式（3.22），即 X_{ij} 为决策变量，表示道路连接 (i,j) 是否被升级，如果被升级，则为 1，否则为 0。

3. 情景 3（道路可升级且可修建）

目标函数：

$$\text{Travel} = \min \sum_{k \in N} \sum_{(i,j) \in L} Rtr_{ij}^k Y_{ij}^k \tag{3.23}$$

$$\text{Cost} = \min \sum_{(i,j) \in L} Rc_{ij} X_{ij} + \sum_{i \in N} f_i Z_i \tag{3.24}$$

约束条件：

$$Z_i + \sum_{j \in N} Y_{ij}^i = 1, \forall i \in N \tag{3.25}$$

$$\sum_{k \in N: i \neq k} \sum_{j \in N} Y_{ji}^k d_k + d_i = \sum_{k \in N} \sum_{j \in N} Y_{ij}^k d_k, \forall i \in N, i \notin F \tag{3.26}$$

$$Z_k + \sum_{i \in N: i \neq k} W_i^k = 1, \forall k \in N \tag{3.27}$$

$$W_i^k \leqslant Z_i, \forall i, k \in N \tag{3.28}$$

$$Y_{ij}^k \leqslant E_{ij}, \forall i, j, k \in N, (i, j) \in L \tag{3.29}$$

$$Y_{ij}^i + Y_{ji}^j \leqslant 1, \forall (i, j) \in L \tag{3.30}$$

$$\sum_{i \in N} Z_i = p \tag{3.31}$$

$$Z_i \in \{0,1\}, \forall i \in N \tag{3.32}$$

$$X_{ij} \in \{0,1\}, \forall (i, j) \in L \tag{3.33}$$

与情景 2 相比，情景 3 的式（3.24）目标函数还考虑了道路网络的新建情况，其中 L 表示已有道路和潜在道路网络链接集合，X_{ij} 为决策变量，表示道路连接 (i, j) 是否被修建或升级。

3.3 算法设计

本章提出的是山地中小学布局问题，是一个空间运筹的多目标优化问题。我们既要考虑学生上学的旅行成本最小，又要考虑设施建设及道路升级或修建的成本最小。同时两个目标是相互矛盾的，旅行成本的减少是以增加设施建设及道路升级或修建成本为代价的，两个目标不能同时达到最优，要有所取舍，这也是双目标优化的特点。

在计算数学中，NP 问题即非确定多项式问题，是指多项式算法能够解决的非确定性问题，而将需要超多项式时间才能求解的问题看作难处理的问题，称 NP-难问题。Melkote（1996）已经证明了设施区位设计问题属于 NP-难问题，较一般的设施区位问题求解更难，而本书在 Melkote（1996）的基础上构建了既考虑学生上学的旅行成本最小，又考虑设施建设及道路升级或修建的成本最小的多目标设施区位设计模型，该多目标模型是设施区位设计问题的扩展，也属于 NP-难问题，这就构成了地理学求解设施区位的难点，尤其是对多目标的学校区位和道路选择混合的“设计问题”（Rahmaniani and Ghaderi，2013），更是计算地理学的空间运筹的难题（王铮和吴静，2016）①。使用多目标优化（multi-objective optimization）方法来解决多目标设施区位设计问题，多目标优化问题与单目标优化问题主要的差别在于多目标优化的解不是唯一的，而是存在一个最优解集合，集合中的元素称为 Pareto 最优解或非劣解。针对多目标问题比较常见的智能求解方法是 NSGA（non-dominated sorting genetic algorithm），以及在其基础上发展而来的非支配排序遗传算法 NSGA-II（a fast and elitist multi-objective genetic algorithm）。二者都是以遗传算法为基础的，其交叉和变异率等参数的设置严重影响解的精度，但遗传算法具有同时处理群体中多个个体，即同时对搜索空间中的多个解进行评估的能力，具有较好的全局搜索性能，并易于并行化，搜索效率高。模拟退火算法（Metropolis et al.，1953；Kirkpatrick et al.，1983）具有跳出局部最优、收敛速度快的优势，但其单个个体进化的方式相对于遗传算法的群体进化方式，搜索效率有限。所以综合考虑，在模拟退火算法的基础上吸收了遗传算法的群体搜索、变异和交叉思想，并结合快速非支配排序（fast non-dominated sorting），提出了改进的多目标模拟退火算法（improved multi-objective simulated annealing，IMOSA），使用改进的多目标模拟退火算法对模型进行求解。

3.3.1　改进的多目标模拟退火算法整体流程

采用的改进多目标模拟退火算法的主要思路是随机初始化群体，群体中每个个体代表一种解决方案（新建学校位置、道路升级和修建方案），然后计算每个个体的学校建设成本、道路升级新建成本及学生旅行成本；利用快速非支配排序算法生成 Pareto 解集（学生旅行成本和建设成本）；在逐渐降温的过程中对当前群体所有个体随机配对进行交叉（单点交叉）和变异，依据 Metropolis 准则确定新个体，并更新 Pareto 解集；重复上述过程直到当前温度到达最低温度，算法结束，输出最终的 Pareto 解集。改进的多目标模拟退火算法的主要流程如图 3.1 所示，其中 popsize 表示群体规模；T_0 表示初始温度；T_f 表示终止温度；α 表示降温系数；rand 表示随机数；mapkob 表示马尔可夫链长度；L 表示当前马尔可夫链长。图 3.1 为改进的多目标模拟退火算法流程图。根据该流程图并结合 2.2.2 节对已有经典多目标模拟退火算法的详细介绍，可总结得到，相比于经典的多目标模拟退火算法单个个体进化方式，改进后的算法采用了遗传算法的群体搜索策略，并在逐渐降温过程中对当前群体的所有个体随机配对，进行交叉和变异操作，这大大提高了算法的求解效率和精度。

①计算地理学的空间运筹问题，一般有相对简单的所谓 p 问题，谋求效益最好的“菜市场问题”（p-重心问题）、相对计算困难的受达到时间约束的“救护站问题”（p-中心问题）、“中小学选址问题”（层次问题），这里是设计问题，同时考虑设施位置、道路选址一体化优化等，近年这类问题被统称为“设计问题”，是数学上所谓的 NP 难问题。

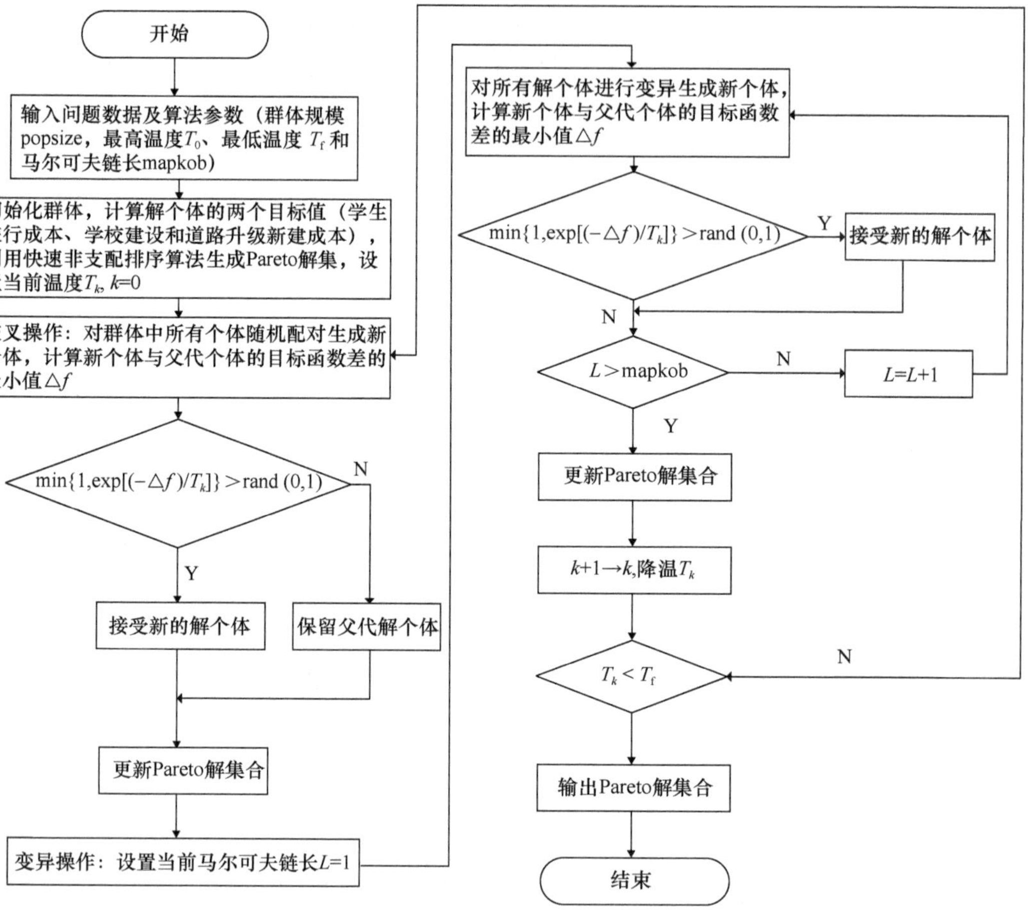

图 3.1 改进的多目标模拟退火算法流程图

3.3.2 快速非支配排序

在改进的多目标模拟退火算法中使用了快速非支配排序法。快速非支配排序的目的是，根据群体中所有个体的多维目标函数值，通过互相比较，按照互相之间的帕累托占优关系，将群体中所有个体分成多个集合。相同集合内的所有个体并不存在相互支配关系，而在不同集合之间，属于排序靠前集合内个体的帕累托占优于排序靠后集合内的个体。其主要计算流程是，对于给定的种群P包含的每个个体p，都要计算被支配次数n_p及支配集合S_p，其中n_p是指针对$p \in P$的每个个体在和其他个体进行比较的过程中，被其他个体支配的次数总和。S_p是指针对$p \in P$的每个个体和其他个体进行比较的过程中，其支配其他个体的集合。显然，对于所有$n_p = 0$的个体来说，没有被其他任何个体所支配，就认为是帕累托最优解。将这些个体存入集合F_1中，F_1就是第一等级解；然后考察F_1中的每个个体j所支配的集合S_j中的所有个体，将S_j集合所有个体的被支配次

数 n_k 减去 1 用来表示取出 F_1 集合后，剩余部分的种群个体对个体 k 的支配数。对于剩余的种群来说，所有被支配次数 $n_p=0$ 的个体就组成了第二等级解，并存入集合 F_2 中。重复执行上述步骤，直到所有个体都被存入相应等级的集合中。将 F_1 作为第一级非支配解集合，并赋予该集合内每个个体相同的支配序号 rank = 1， F_2 中所有个体 rank = 2。以此类推，直到种群中的所有个体都被排序。

3.3.3　解的编码

使用改进的多目标模拟退火算法得到的解由一个数组表示，这个数组的元素由新建学校的位置编号及 0 或 1 的数字组成。其中 1 表示升级低级、中级道路或新建潜在道路，0 表示没有道路进行升级或新建。新建设施编号、需要升级的道路（低级和高级道路）和需要新建的道路分别排列在数组的前部、中部和后部，如当道路网络中包含 3 个新建学校、5 条需要升级的道路及 5 条潜在道路时，那么该问题解的编码可表示为一个包含 13 个元素的数组（图 3.2）。该数组的前 3 个元素表示存在 3 个新建学校位于编号为 2、10 和 21 的居民点上；第 4～8 元素表示升级第 2 和第 3 条低级或中级道路；第 9～13 元素表示新建第 1、第 2 和第 4 条道路。

1	2	3	4	5	6	7	8	9	10	11	12	13
2	10	21	0	1	1	0	0	1	1	0	1	0
新建设施			需要升级的道路					潜在道路				

图 3.2　IMOSA 算法解的编码

3.3.4　初始解的生成

在该算法中初始群体的生成是随机的，选择初始种群作为基本解集。因为我们选择使用一个数组来表示由改进的多目标模拟退火算法求得的解，所以该数组通过约束条件中新建设施的数量随机生成。然后基本解集里面的所有解都要依据其相互支配关系被划分成不同类别的集合。而在不同集合之间，选择排序靠前的集合作为初始的帕累托最优解。

3.3.5　重组操作

重组操作的目的在于从父代中重新生成一个新的子代，也就相当于遗传算法里面的交叉操作。在这里，我们使用单点交叉方法生成一个新解，图 3.3 对单点交叉方法进行了详细介绍。如果重组后的解个体出现重复的设施点，先删除重复的设施点，再以随机方式补充一个新的设施点。

图 3.3 单点交叉方法

3.3.6 邻域解的生成

该算法中的邻域解的生成相当于遗传算法中的变异操作，是影响改进多目标模拟退火算法性能的主要因素之一，图 3.4 对算法中的邻域搜索生成过程给出了详细介绍。

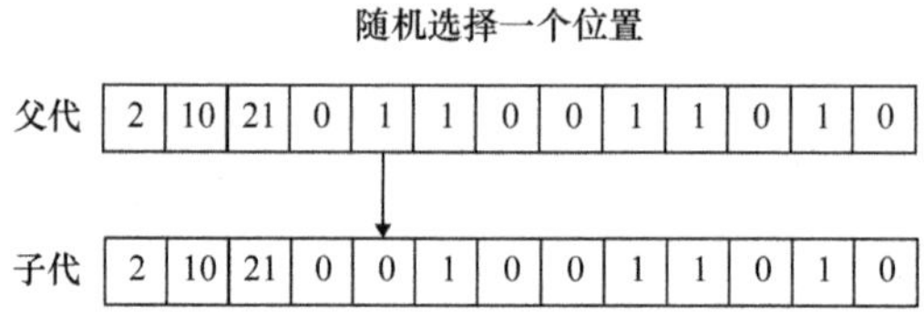

图 3.4 邻域解的生成

3.3.7 接受准则

在得到一个新的邻域解之后，接下来就要确定这个解在下一次迭代过程中是否会被接受。通过计算子代解所对应的目标函数值和父代解所对应的目标函数值二者间差的最小值，来判断新解能否被接受，如两个父代解 $X=(x_1,x_2,\cdots,x_n)$ 和 $Y=(y_1,y_2,\cdots,y_n)$ 生成的两个子代解为 $X'=(x_1',x_2',\cdots,x_n')$ 和 $Y'=(y_1',y_1',\cdots,y_n')$。那么父代解 X 所对应的学生旅行成本（目标函数 1）和建设成本（目标函数 2）值分别用 $f_{\mathrm{t}}(X)$ 和 $f_{\mathrm{c}}(X)$ 来表示；同样父代解 Y 所对应的学生旅行成本（目标函数 1）和建设成本（目标函数 2）值分别用 $f_{\mathrm{t}}(Y)$ 和 $f_{\mathrm{c}}(Y)$ 来表示；子代解 X' 所对应的学生旅行成本（目标函数 1）和建设成本（目标函数 2）值分别用 $f_{\mathrm{t}}(X')$ 和 $f_{\mathrm{c}}(X')$ 来表示；子代解 Y' 所对应的学生旅行成本（目标函数 1）和建设成本（目标函数 2）值分别用 $f_{\mathrm{t}}(Y')$ 和 $f_{\mathrm{c}}(Y')$ 来表示。然后，可分别根据以下两个公式计算 Δf_1 和 Δf_2，并使用 Metropolis 准则来判断子代解是否被接受。

$$\Delta f_1=\min\{f_{\mathrm{t}}(X')-f_{\mathrm{t}}(X),f_{\mathrm{t}}(X')-f_{\mathrm{t}}(Y),f_{\mathrm{c}}(X')-f_{\mathrm{c}}(X),f_{\mathrm{c}}(X')-f_{\mathrm{c}}(Y)\} \tag{3.34}$$

$$\Delta f_2=\min\{f_{\mathrm{t}}(Y')-f_{\mathrm{t}}(X),f_{\mathrm{t}}(Y')-f_{\mathrm{t}}(Y),f_{\mathrm{c}}(Y')-f_{\mathrm{c}}(X),f_{\mathrm{c}}(Y')-f_{\mathrm{c}}(Y)\} \tag{3.35}$$

3.4 计算实验

3.4.1 多目标优化算法评价指标

为了检验所提出改进多目标模拟退火算法（IMOSA）的可行性和有效性，通过计算实验将该算法和经典多目标模拟退火算法（MOSA）进行对比。考虑到多目标优化问题中的 Pareto 解集均为未知，可使用非劣解数目（non-dominance number，NN）、修正距离（modified generation distance，MGD）及分散性（spacing，SP）3 个应用性评价指标对算法优化结果进行评价。

（1）非劣解数目：只有在具有足够多数量非劣解的情况下，才能真实地反映 Pareto 前沿曲线，而过少的非劣解很难体现实际的前沿曲线，尤其是在 Pareto 前沿不均匀或不平衡的情况下。

（2）修正距离：该指标的计算结果可表明所得解与近似 Pareto 解集的逼近程度，其值可通过以下公式计算获得：

$$\mathrm{MGD}=\frac{1}{n}\sqrt{\sum_{i=1}^{n}d_i^2} \tag{3.36}$$

式中，n 表示计算结果中解的个数；d_i 表示第 i 个解到近似 Pareto 解集的最短距离。当 $\mathrm{MGD}=0$ 时表明所得解均隶属于近似 Pareto 解集。

（3）分散性：通过计算该指标值可反映 Pareto 前沿分布的均匀程度，该值可通过以下公式计算获得：

$$\mathrm{SP}=\sqrt{\frac{i}{n}\sum_{i=1}^{n}(\overline{d}-d_i)^2} \tag{3.37}$$

式中，n 表示计算结果中解的个数；d_i 表示第 i 个解所对应目标向量与其最近目标向量之间的距离；$\overline{d}$ 为 d_i 的平均距离。当 $\mathrm{SP}=0$ 时，说明算法运行所得解在 Pareto 前沿均匀分布。

3.4.2 算例分析

这里使用 Melkote（1996）研究中的 21 节点网络作为算例（图 3.5），图中给出了各节点的设施建设成本、需求量及各节点间网络链接距离（旅行成本），其中网络链接包含已有链接和潜在链接。假设新建设施个数为 2，在上文模型构建的基础上，使用改进的多目标模拟退火算法和经典多目标模拟退火两种算法进行计算，并对两种算法的性能指标进行对比分析。

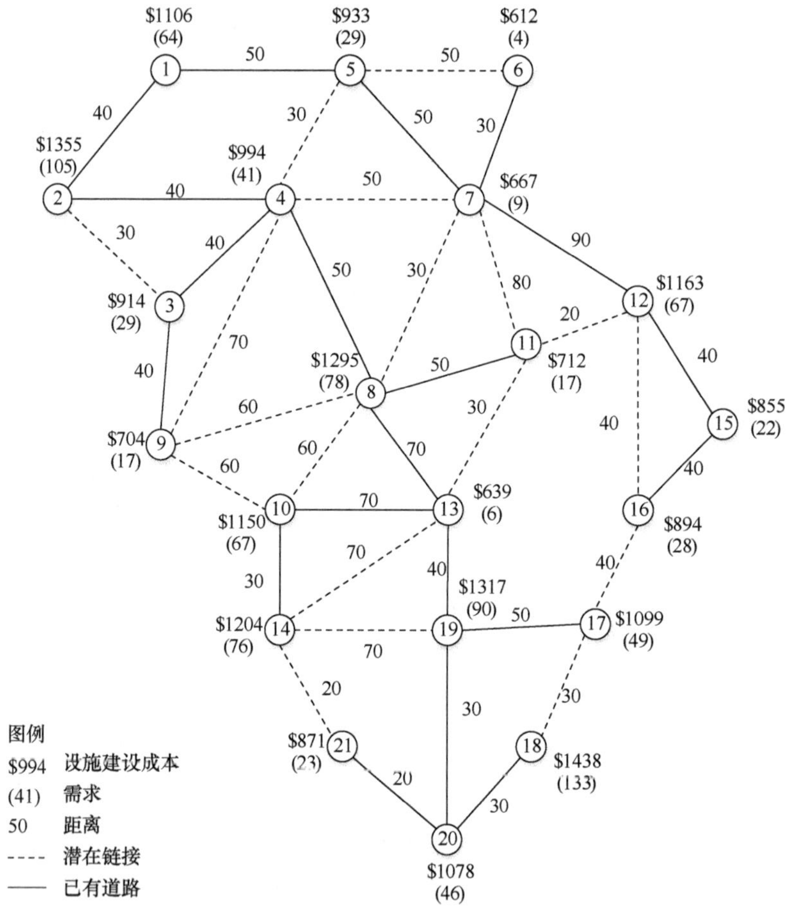

图 3.5　21 节点网络图

分别用 MOSA 和 IMOSA 两种算法随机运行一次得到两个 Pareto 解集，其空间分布情况如图 3.6 所示，从图中可看出利用 IMOSA 算法所求得的 Pareto 前沿解位于 MOSA 算法的左下方，结果明显优于 MOSA 算法。

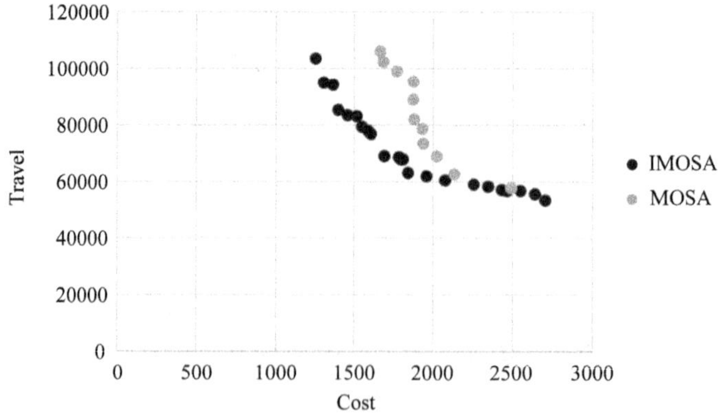

图 3.6　两种算法所得 Pareto 最优解集的比较

为了消除实验随机性对算法性能指标评价的影响，分别用改进的多目标模拟退火算法和经典多目标模拟退火算法重复计算 10 次，得到算例最终的 Pareto 最优前沿解集，然后使用 NN、MGD、SP 和计算时间 t 4 个指标进行算法性能对比分析，并分别运行 30 次,得到各指标的平均值和标准方差，最终计算结果如表 3.1 所示。

表 3.1　两种算法性能指标值对比

算法	NN		MGD		SP		平均时间/s
	平均值	总和	平均值	标准方差	平均值	标准方差	
MOSA	7	216	537.41	246.30	924.29	639.11	84.77
IMOSA	22	647	130.60	40.12	525.14	170.04	59.53

从表 3.1 中可看出，和 MOSA 算法相比，IMOSA 算法的计算时间大幅度缩短，且所获得的 Pareto 解数目更多，运算效率有了很大提升。对比两种算法分别运行 30 次后所得到的MGD和SP指标的平均值和标准差，可知IMOSA算法优于MOSA算法，IMOSA算法的计算结果能够更好地逼近真实情况，具有更好的收敛性和分布性，且目标空间分布更加均匀。

3.5　实 例 应 用

3.5.1　数据来源和参数设定

为了检验所提出模型和算法的可行性和有效性，以贵州省某镇进行实例研究，之所以选择贵州省是因为其作为乡村振兴的典型，贵州基本上地处山地环境，中小学布局问题具有典型性和迫切性。基础数据主要包括道路网络图层（高级、中级和低级道路）、居民点图层、已有学校布局图层和行政区划背景图层，具体如图 3.7 所示。在该实例中，该镇有 26 个自然村、24392 人，面积为 161.3 km^2，已有 2 所小学。使用 Google Earth 获得每个村庄的居民区面积，计算总的居民区面积。然后统计出各村居民区面积和总居民区面积的比例关系，根据此比例关系，利用该镇总人口数计算各村人口数量。根据国家统计局发布的统计信息第 10 项“教育、科学技术和文化的数据”，2015 年全国在校小学生数量为 9360.5 万人，国家统计局 2015 年发布的《2015 年国民经济和社会发展统计公报》的中国人口数为 137462 万人，两者相除得到比例系数为 0.068095。那么已知各个居民点的人口数据，假设该镇的小学生数与人口总数的比例和全国的比例系数相同，通过计算就可得到每个居民点的小学生人数，具体如图 3.7 所示。这里使用 Google Earth 的理由是，它比较容易获取，同时具有形象、易懂的特点，适合地方管理人员使用。另外，由于乡村的具体学生人数数据没办法通过官方统计数据直接获取，Google Earth 影像可以覆盖全国各个地区，利用 Google Earth 可估算出全国任一乡村居民点的学生数，相比于传统的调研访谈获取数据方法，Google Earth 估算方法可有效提高数据获取效率，更加方便快捷。

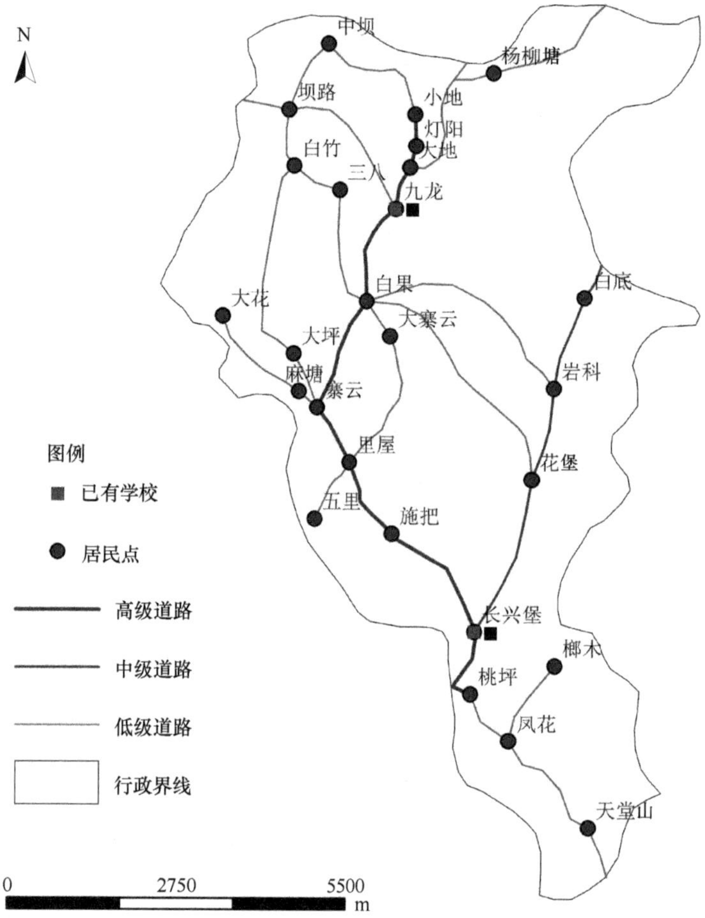

序号	村名	学生数
1	白竹	9
2	坝路	22
3	中坝	34
4	小地	202
5	灯阳	43
6	大地	101
7	九龙	18
8	三八	53
9	大花	84
10	杨柳塘	38
11	白底	22
12	白果	88
13	大坪	59
14	麻塘	91
15	寨云	43
16	大寨云	48
17	岩科	86
18	花堡	98
19	榔木	52
20	桃坪	13
21	凤花	39
22	施把	22
23	五里	65
24	里屋	40
25	天堂山	39
26	长兴堡	275

图 3.7 学校布局基础数据图层

利用 ArcGIS 软件将道路（已有道路和潜在道路）数据整理成道路图层，每条路段的属性包括道路长度和所需时间。依据道路等级（高级、中级和低级），赋予道路不同的速度，获取路段通行时间。在此基础上构建道路网络拓扑关系，然后创建网络数据集，计算出各个居民点间的最短网络距离（考虑到研究区域较小，距离单位为米）和最短通行时间，使用通行时间作为小学生旅行成本。需要注意的是，潜在道路（待修建道路）一定是高级道路，依据 Google Earth 中研究区的实际地形地貌，加入 6 条潜在道路，包含潜在道路的道路网络图如图 3.8 所示。假设小学生步行速度为 1m/s，低级道路速度为小学生步行速度，中级道路速度为步行速度的 3 倍，高级道路速度为步行速度的 4 倍。同样假设道路修建升级成本和道路距离成正比例关系，那么新建一条道路、低级道路升高级及中级道路升高级的成本分别设定为 130 乘以道路距离、65（130×0.5）乘以道路

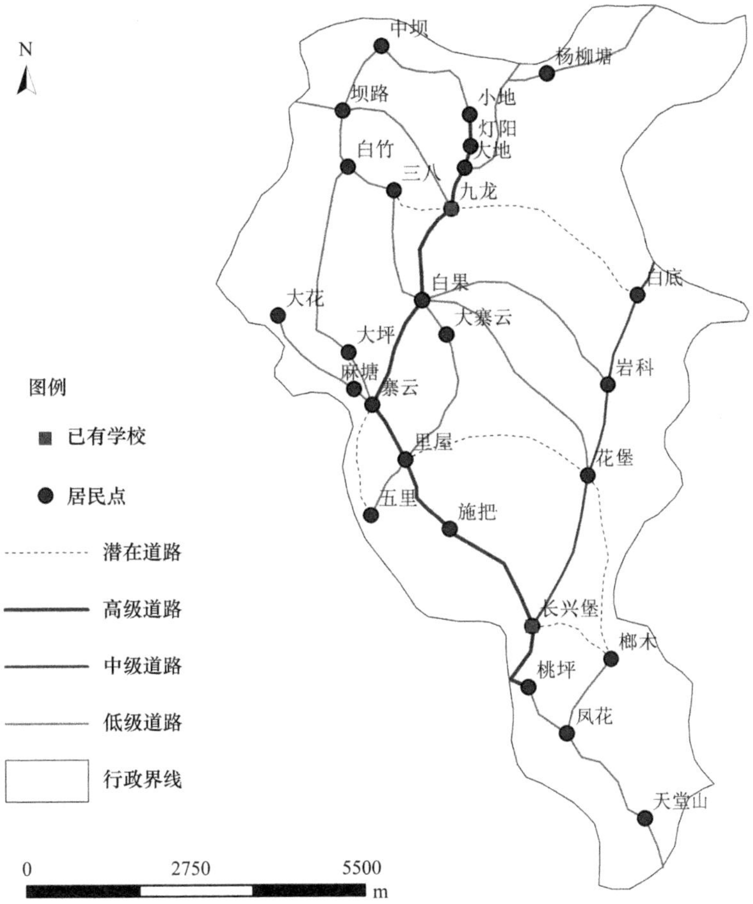

图 3.8　学校布局中包含潜在道路的道路网络图

距离和 39（130×0.3）乘以道路距离（道路距离单位为米）；依据各个居民点的人口数量确定各个居民点的学校建设成本（分 5 个等级，等级差为 5 万）为 40 万～60 万。在乡村地区，地形条件（高程和坡度）是影响道路建设成本的重要因素。通常在地势平坦、地面坡度较小的区域，道路土石方工程量会较小；而在地势起伏较大、地面坡度较陡的区域，土石方工程量会很大，在这种区域进行道路建设需要增加很多额外费用，如材料运输费、便道费等，有些地方甚至要考虑挡墙、护坡及桥梁隧道等，所以想要精确计算出不同地形条件下的道路建设成本是非常困难的。模型构建过程中引入了道路崎岖度系数，以体现不同地形条件下旅行成本及道路建设成本的差别。参照蒋轩和王铮（2017）对全国各县地表崎岖度的计算结果，针对该研究区设置模型中的崎岖度系数为 1.169。在蒋轩和王铮（2017）的研究中，把区域平均坡度和平均高程均方差进行加权合并，计算各地区的地表崎岖状况，能够满足本研究的需要。另外，根据模型的计算规模并参考既有研究，初始温度 T_0 取经验值 500；终止温度 T_f 设置为 0.1；降温系数 α 取值为 0.95；当前温度下将马尔可夫链长 L 设置为 30。

3.5.2 计算结果与比较分析

1. 情景 1 优化结果

通过计算得到分别将新建设施个数设置为 1 个、2 个和 3 个时，情景 1 双目标模型的 Pareto 最优解集，表中的每一个解都表示一种最优的选址方案。在求得 Pareto 最优解集之后，决策者可根据自己的偏好在这些决策方案中挑选最终的决策方案。由于篇幅所限，仅对新建 2 所学校的情况进行讨论。从表 3.2 中可以看出，新建 2 所学校所对应的决策方案编号为 3～6，旅行成本随着设施建设成本的增大而减小，这说明两个目标是相互矛盾的。旅行成本的减少是以增加设施建设成本为代价的，两个目标不能同时达到最优，要有所取舍，这也是双目标优化的特点。方案 3 能保证设施建设成本最低，而学生旅行成本则最高。方案 6 能保证学生旅行成本最低，但设施建设成本最高。根据研究区的实际情况，在保证学生上学旅行成本尽可能小的情况下，也要兼顾当地政府部门的财政支出状况，所以可从方案 4 或方案 5 中选择，这里选择方案 5 作为最终决策方案。在方案 5 中，新建学校位置是 15 和 21。小学生旅行成本总值（第一目标值）为 1315524 元，学校设施新建成本为 90 万元（在寨云和凤花新建 2 所学校），新建学校位置如图 3.9 所示。然后根据旅行成本值，计算可得平均每个学生的上学时间大概为 13.2 min。在这 26 个居民点中，其中 11 个居民点（白竹、坝路、中坝、小地、灯阳、大地、三八、杨柳塘、大寨云、白果和九龙）的 633 名学生到九龙小学就读；6 个居民点（大花、大坪、麻塘、五里、里屋和寨云）的 382 名学生到寨云小学就读；6 个居民点（白底、岩科、花堡、桃坪、施把和长兴堡）的 516 名学生到长兴堡小学就读；3 个居民点（榔木、凤花、天堂山）的 130 名学生到凤花小学就读。表 3.3 给出了各个居民点学生的上学路径和上学时间。教育部规定学生上学时间一般不超过 45 min，按此标准，白竹、榔木和天堂山的学生（占总学生数的 5.4%）上学时间都超过了 45 min，而坝路、杨柳塘、中坝和三八居民点的学生（占总学生数的 7.5%）上学时间在 40～45 min，其他居民点学生的上学时间都小于 40 min。

表 3.2　情景 1 Pareto 最优解对应的方案及目标值

方案	新建设施个数/个	设施选址位置	旅行成本（目标函数 1）/元	建设成本（目标函数 2）/元
1	$P=1$	1	1642335	400000
2	$P=1$	15	1488424	450000
3	$P=2$	1，22	1495064	800000
4	$P=2$	1，15	1331460	850000
5	$P=2$	15，21	1315524	900000
6	$P=2$	15，17	1303802	1000000
7	$P=3$	15，17，21	1130902	1450000
8	$P=3$	1，15，21	1158560	1300000
9	$P=3$	1，11，22	1379636	1200000

续表

方案	新建设施个数/个	设施选址位置	旅行成本（目标函数 1）/元	建设成本（目标函数 2）/元
10	$P=3$	1，11，15	1216032	1250000
11	$P=3$	9，15，17	1121438	1550000
12	$P=3$	1，15，17	1146838	1400000

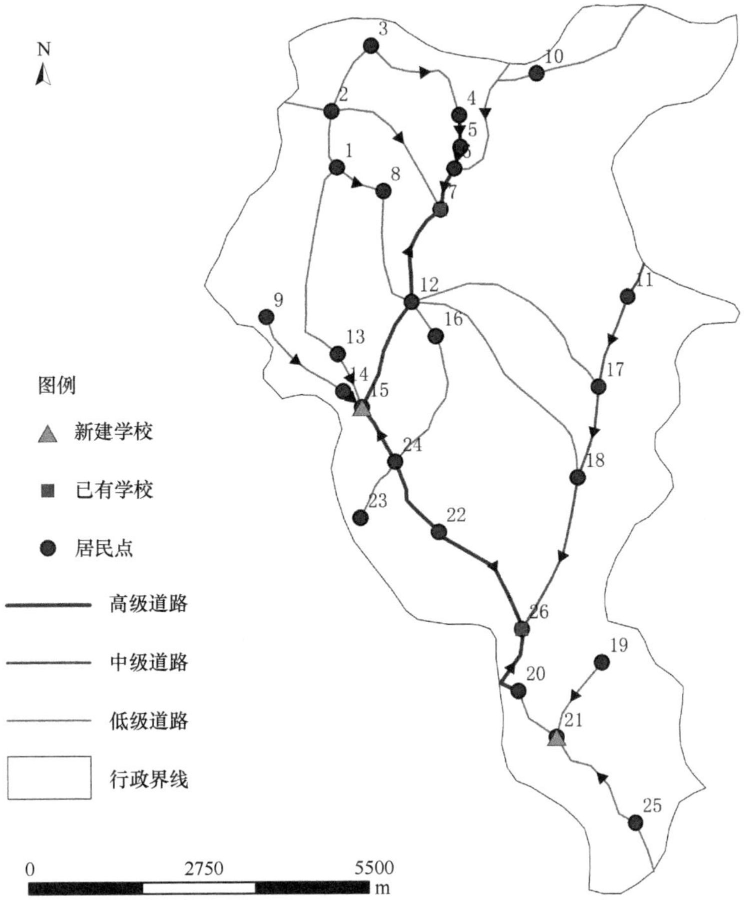

图 3.9　情景 1 下方案 5 的学校布局结果

表 3.3　情景 1 下方案 5 各居民点学生就学路径及时间花费

序号	上学路径	上学时间/min	序号	上学路径	上学时间/min	序号	上学路径	上学时间/min
1	1—8—12—7	54.3	10	10—6—7	44.3	19	19—21	23.7
2	2—7	43.3	11	11—17—18—26	31.3	20	20—26	5.4
3	3—4—5—6—7	40.8	12	12—7	6.9	21		0
4	4—5—6—7	6.5	13	13—15	15.6	22	22—26	9.0
5	5—6—7	4.4	14	14—15	6.6	23	23—24—15	22.1
6	6—7	2.9	15		0	24	24—15	4.3
7		0	16	16—12—7	18.1	25	25—21	33
8	8—12—7	40.1	17	17—18—26	22.8	26		0
9	9—14—15	36.2	18	18—26	14.5			

2. 情景 2 优化结果

表3.4给出了当新建设施个数分别设置为1个、2个和3个时，情景2双目标模型的Pareto最优解集，表中的每一个解都表示一种最优的选址方案。和情景 1 相同，选择新建 2 所学校，即从编号 7～15 的方案中选择。方案 7 能保证设施建设成本最低，而学生旅行成本最高。方案 15 能保证学生旅行成本最低，但设施建设成本最高。为了保证旅行成本尽可能小并兼顾乡村地区的财政支出，这时可从方案 10～12 中选择，这里选择方案 12 作为最终决策方案。在方案 12 中，新建学校位置是 15 和 17（在寨云和岩科新建 2 所学校），小学生旅行成本总值（第一目标值）为 622996 元，单个学校设施新建成本不到 100 万元，新建学校位置如图 3.10 所示。有 11 条道路由低级升为高级（中坝—坝路、坝路—九龙、三八—白果、大坪—寨云、大花—麻塘、麻塘—寨云、五里—里屋、桃坪—凤花、椰木—凤花、天堂山—凤花、大寨云—白果），升级成本为 981305 元。同样根据旅行成本值可计算得到平均每个学生的上学时间为 6.3 min，相比于情景 1，每个学生上学时间大概节约了 7 min，很大程度上提高了学生的就学效率，表 3.5 给出了各个居民点学生的上学路径和时间花费。情景 2 的道路升级情况及新建学校位置如图 3.10 所示。道路升级之后，各居民点学生上学时间均低于 45 min，其中白竹和椰木的上学时间分别由情景 1 的 54.3 min 和 23.7 min 减少到升级后的 26.5 min 和 15.4 min。另外，三八、大花的学生上学时间由原来的 40.1 min 和 36.2 min 减少到升级后的 15.2 min 和 9.05 min。

表 3.4 情景 2 Pareto 最优解对应的方案及目标值

方案	新建设施个数/个	设施选址位置	旅行成本（目标函数 1）/元	建设成本（目标函数 2）/元
1	$p=1$	15	1295687	559000
2	$p=1$	15	1132810	787155
3	$p=1$	15	1068135	890765
4	$p=1$	15	1002049	991840
5	$p=1$	15	864630	1271470
6	$p=1$	15	807618	1431305
7	$p=2$	15，17	1000392	1267605
8	$p=2$	15，17	855648	1466570
9	$p=2$	15，17	742158	1687960
10	$p=2$	15，17	713800	1736255
11	$p=2$	15，17	655768	1865215
12	$p=2$	15，17	622996	1981305
13	$p=2$	15，17	610746	2078610
14	$p=2$	15，17	593241	2195025
15	$p=2$	15，17	553786	2313000
16	$p=3$	1，15，17	857898	1712325
17	$p=3$	1，15，17	750337	1874305

续表

方案	新建设施个数/个	设施选址位置	旅行成本（目标函数 1）/元	建设成本（目标函数 2）/元
18	$p=3$	1，15，17	692305	2003265
19	$p=3$	1，15，17	580291	2118835
20	$p=3$	1，15，17	548536	2199760
21	$p=3$	1，15，17	536285	2297065
22	$p=3$	1，15，17	508400	2458200

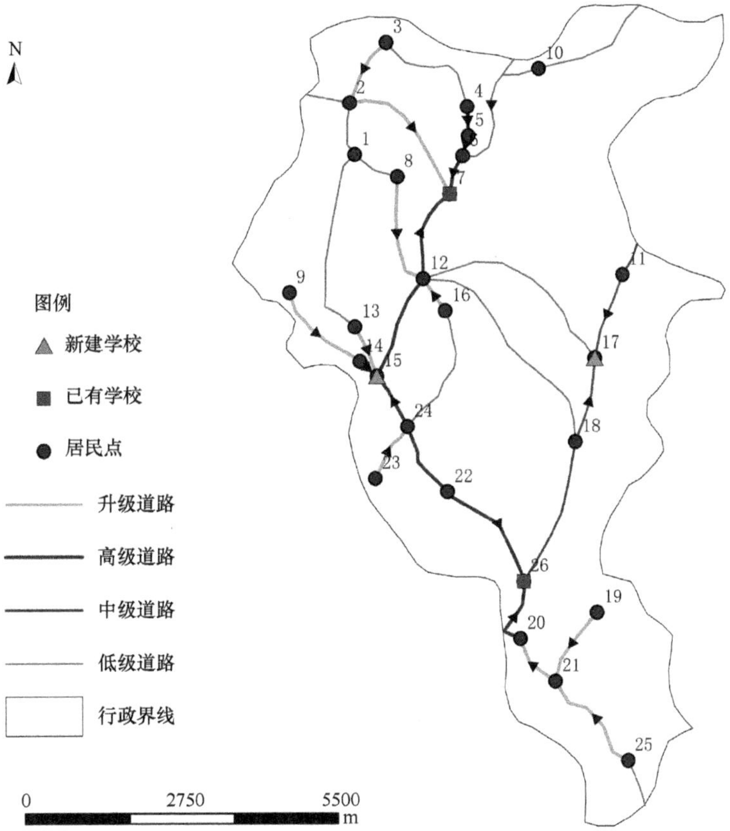

图 3.10　情景 2 下方案 12 的学校布局和道路升级结果

表 3.5　情景 2 下方案 12 的各居民点学生就学路径及时间花费

序号	上学路径	上学时间/min	序号	上学路径	上学时间/min	序号	上学路径	上学时间/min
1	1—2—7	26.5	10	10—6—7	44.3	19	19—21—20—26	15.4
2	2—7	10.8	11	11—17	8.5	20	20—26	5.4
3	3—2—7	16	12	12—7	6.9	21	21—20—26	9.6
4	4—5—6—7	6.5	13	13—15	3.9	22	22—26	9.0
5	5—6—7	4.4	14	14—15	1.6	23	23—24—15	8.7
6	6—7	2.9	15		0	24	24—15	4.3
7		0	16	16—12—7	9.7	25	25—20—26	17.8
8	8—12—7	15.2	17		0	26		0
9	9—14—15	9.05	18	18—17	8.3			

3. 情景 3 优化结果

表 3.6 给出了当新建设施个数分别设置为 1 个、2 个和 3 个时，情景 3 双目标模型的 Pareto 最优解集，表中的每一个解都表示一种最优的选址方案。与情景 1 和情景 2 相同，选择新建 2 所学校，即从编号 8～15 的方案中选择。方案 8 能保证建设成本最低，而学生旅行成本最高。方案 15 能保证学生旅行成本最低，但设施建设成本最高。为了综合考虑旅行成本和建设成本两个因素，可从方案 11～12 中选择，这里选择方案 12 作为最终决策方案。在方案 12 中，新建学校位置是 15 和 17（在寨云和岩科新建 2 所学校），其中小学生旅行成本总值为 567661 元，单个学校设施新建成本不到 100 万元。有 10 条道路（中坝—坝路、坝路—白竹、白竹—三八、大花—麻塘、白果—大寨云、大坪—寨云、麻塘—寨云、凤花—桃坪、天堂山—凤花、五里—里屋）由低级升成高级，同时修建了 2 条新道路（三八—九龙和长兴堡—榔木），升级和新建道路的成本花费为 932035 元。情景 3 的道路升级和修建情况及新建学校位置如图 3.11 所示，表 3.7 给出了各个居民点学生的就学路径及时间花费。升级并新建道路后，除了杨柳塘，其他居民点学生的上学时间都在 20 min 以内，相比于情景 2，各个居民点学生上学时间进一步减少。

表 3.6　情景 3 Pareto 最优解对应的方案及目标值

方案	新建设施个数/个	设施选址位置	旅行成本（目标函数 1）/元	建设成本（目标函数 2）/元
1	$p=1$	15	969011	1049911
2	$p=1$	15	909984	1176466
3	$p=1$	15	797970	1292036
4	$p=1$	15	764372	1420996
5	$p=1$	15	752155	1479340
6	$p=1$	15	720408	1560265
7	$p=1$	15	689716	1781031
8	$p=2$	15，17	861953	1458445
9	$p=2$	15，17	805014	1580320
10	$p=2$	15，17	717808	1753675
11	$p=2$	15，17	650227	1782035
12	$p=2$	15，17	567661	1932035
13	$p=2$	15，17	549277	2012960
14	$p=2$	15，17	521388	2174095
15	$p=2$	15，17	506368	2292070
16	$p=3$	15，17，21	897560	1859931
17	$p=3$	15，17，21	736467	2098156
18	$p=3$	15，17，21	646687	2308041
19	$p=3$	15，17，21	522456	2481955
20	$p=3$	15，17，21	515037	2549215
21	$p=3$	15，17，21	400220	2724416
22	$p=3$	15，17，21	372331	2885551

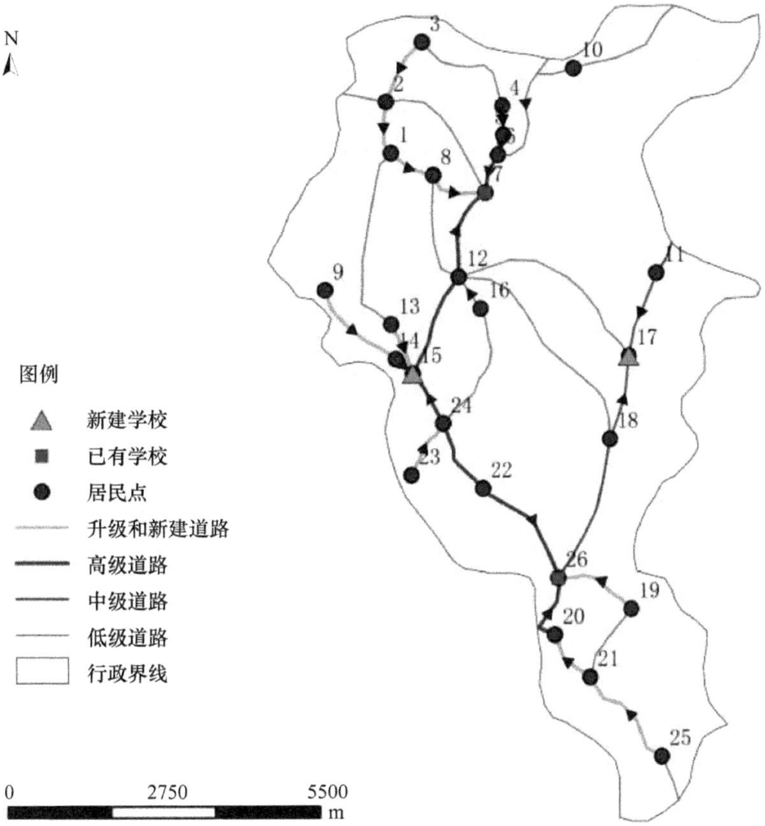

图 3.11 情景 3 下方案 12 的学校布局和道路升级及修建结果

表 3.7 情景 3 下方案 12 的各居民点学生就学路径及时间花费

序号	上学路径	上学时间/min	序号	上学路径	上学时间/min	序号	上学路径	上学时间/min
1	1—8—7	7.6	10	10—6—7	44.3	19	19—26	5.8
2	2—1—8—7	11.5	11	11—17	8.5	20	20—26	5.4
3	3—2—1—8—7	16.7	12	12—7	6.9	21	21—20—26	9.6
4	4—5—6—7	6.5	13	13—15	3.9	22	22—26	9.0
5	5—6—7	4.4	14	14—15	1.6	23	23—24—15	8.7
6	6—7	2.9	15		0	24	24—15	4.3
7		0	16	16—12—7	9.7	25	25—21—20—26	17.8
8	8—7	4.0	17		0	26		0
9	9—14—15	9.0	18	18—17	8.3			

4. 优化结果对比分析

在情景 1、2 和 3 的计算结果中，分别选择方案 5、12 和 12 综合考虑了旅行成本和建设成本两个因素的最终决策，接下来对这 3 个决策方案的优化结果进行对比分析。和情景 1 相比，情景 2 还考虑了道路升级，新建 2 所学校的选址位置发生了变化。情景 2

优化结果中有11条道路由低级升成高级，道路升级总共花费了981305元成本，但学生旅行成本相比于情景1有了大幅度下降，就学效率得到明显提高。其中情景2中由于8—12（三八—白果）道路路段从低级升到高级，居民点8（三八）学生的上学旅行时间分别由情景1的40.1 min下降到15.2 min；由于9—14—15（大花—麻塘—寨云）道路路段的升级，居民点9（大花）和14（麻塘）学生上学旅行时间由情景1的36.2 min和6.6 min下降到9.05 min和1.6 min；25—21—20（天堂山—凤花—桃坪）和19—21（榔木—凤花）道路路段的升级使得居民点19（榔木）和25（桃坪）学生上学旅行时间由情景1的23.7 min和33 min下降到15.4 min和17.8 min；2—7（坝路—九龙）和3—2（中坝—坝路）道路路段的升级使得居民点1（白竹）、2（坝路）及3（中坝）的学生上学时间由情景1的54.3 min、43.3 min和40.8 min分别下降到26.5 min、10.8 min和16.0 min；另外，13—15（大坪—寨云）、23—24（五里—里屋）及12—16（白果—大寨云）道路路段的升级也缩短了居民点13（大坪）、23（五里）和16（大寨云）学生旅行时间。

和情景2相比，情景3还考虑了潜在道路修建，优化结果中新建学校选址的位置没有变化，都为寨云和岩科，学生就学路径有所改变。情景3中增加了2条新建道路，分别是7—8（九龙—三八）和19—26（榔木—长兴堡），道路升级和修建的总花费为932035元，相比于情景2的升级花费有所减少，但学生旅行成本相比于情景2进一步降低，其中情景3中由于新建了7—8（九龙—三八）路段，居民点1（白竹）和8（三八）的学生上学路径由情景2的1—2—7（白竹—三八—坝路—九龙）、8—12—7（三八—白果—九龙）分别更改为1—8—7（白竹—三八—九龙）和8—7（三八—九龙），上学花费时间也由情景2的26.5 min和15.2 min下降到7.6 min和4.0 min；路段19—26（榔木—长兴堡）的新建使得居民点19（榔木）的学生上学路径由19—21—20—26（榔木—凤花—桃坪—长兴堡）更改为19—26（榔木—长兴堡），上学时间也由情景2的15.4 min减少到5.8 min。

5. 各情景下上学时间空间分布

把各情景下居民点学生上学时间花费分为4个等级（0～15min、15～30min、30～45min和45～60min），并进一步讨论各情景下居民点学生上学时间花费的空间分布变化，具体如图3.12所示。图3.12（a）中发现上学时间小于15 min的居民点有13个，学生数为1073人，占总学生数的63.7%，主要分布在高级道路沿线附近。上学时间处于15～30min的居民点有5个，学生数为310人，占总学生数的18.4%。上学时间大于30min的居民点有8个，学生数为301人，占总学生数的17.9%，主要分布在道路等级低、人口少的研究区外围地区，其中白竹的学生上学时间超过了45min。情景2中上学时间小于15min的居民点有20个，学生数为1459人，占学生总数的86.6%，相比于情景1多了居民点2（坝路）、9（大花）、11（白底）、13（大坪）、16（大寨云）、17（岩科）和23（五里）7个居民点，说明受道路升级的影响，这5个居民点的学生上学效率有了明显提高，如图3.12（b）所示。同时图3.12（b）中上学时间大于30min的居民点由情景1的8个减少到情景2的1个，学生数为155，占总学生数的9.2%，且情景2中没有最黑色点分布，表明所有居民点的学生上学时间都小于 45min。情景 3 中，有 23 个居民点的上学时间小于 15min，相比于情景 2 又多了 3 个，学生数为 1573 人，占总学生数的 93.4%，如图 3.12（c）所示。

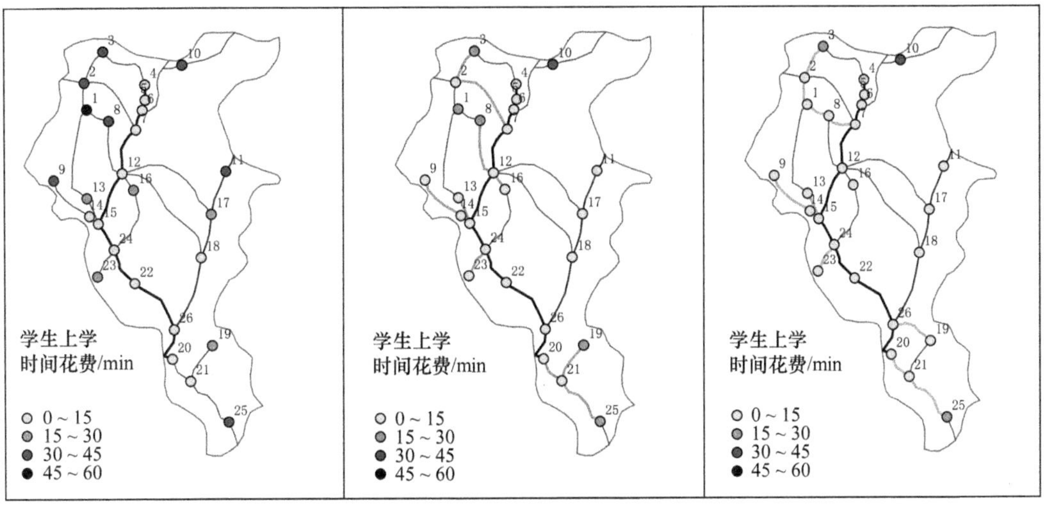

(a) 情景1 学生上学时间花费　(b) 情景2 学生上学时间花费　(c) 情景3 学生上学时间花费

图 3.12　各情景下各居民点学生上学时间空间分布

3.6 本章小结

本章对基于交通网络的山村中小学优化布局使用的设施区位设计问题的模型与算法进行了探讨，以最小化学生旅行成本、学校建设、道路修建和道路升级成本为目标构建多目标模型。分别在只考虑已有道路、假设道路可升级、假设道路可修建且可升级 3 种情景下进行模型构建和求解分析。研究结果表明，使用改进的多目标模拟退火算法可以解决处于山地环境的农村中小学布局的设施区位设计问题，且改进的多目标模拟退火算法吸收了遗传算法的群体搜索、变异和交叉思想，克服了传统的多目标模拟退火算法单个个体进化、搜索效率低、精确度有限的问题。利用 ArcGIS 和 Google Earth 图像可以解决山村设施区位的设计问题。作为应用成果，计算了山地省份贵州某镇的乡村中小学布局问题，发现相比于情景 1，情景 2 学生上学时间有所减少，情景 3 学生上学时间下降明显，学生的就学效率得到了大幅度提升。通过分析可知，交通网络条件对山村中小学布局优化具有重要影响，合理改善交通条件能够有效提高乡村学生的就学效率，也有利于合理配置和利用教学资源。

第 4 章　基于覆盖模型的乡村公共设施区位设计问题

4.1　问 题 背 景

发展乡村医疗服务也是实现乡村振兴的重要任务之一。长期以来我国乡村地区面临医疗资源短缺、医疗服务不足且城乡发展不平衡的问题。其中医疗设施中的医疗急救服务设施是我国卫生服务体系的重要组成部分，面临站点不足且布局集中于城市的问题，有可能导致处于偏远乡村地区的病人错过医疗救助 15 min 的最佳抢救时间。一些乡村地区往往地处山地环境，其交通通达水平低，这就使得广大乡村地区无法获取满意的医疗服务。显然，为了解决这些问题，加大当地政府财政支出，通过新建医疗急救设施来提高急救效率是很有必要的。但不同于城市地区，乡村地区，尤其是地处山地环境的偏远山村地区，往往地广人稀且农村人口和村庄密度的差异很大，医疗急救设施的不合理布局和新建都有可能导致资源的浪费。另外，乡村地区政府的财政支出水平往往是有限的，山地环境较高的道路崎岖度导致道路建设成本也高，所以应尽量减少新建或升级设施和道路的数量以节约成本。总之，乡村医疗急救设施的科学布局要着重考虑提高道路通达性和崎岖度，并节约乡村的财政支出，这是基于覆盖模型的设施区位设计问题。

国际上称医疗急救服务为 EMS（emergency medical service），该问题最早从 20 世纪 70 年代就有学者开始进行研究，其中大部分学者都是用覆盖模型来研究该问题。Marianov 和 Serra（2002）认为覆盖模型主要用于应急设施选址服务及竞争性设施选址。其中 Toregas 等（1971）研究了如何布局最少数量的设施来覆盖所有的需求点，即集合覆盖问题（set covering location problem，SCLP），并使用线性规划来解决该问题。Church 和 Revelle（1974）最早提出了最大覆盖模型（maximal coverage location Problem，MCLP），在此基础上，Daskin 使用 MEXCLP 模型。ReVelle 和 Hogan 把 MALP Ⅰ和 MALP Ⅱ等模型用于解决应急医疗急救设施选址问题。Dessouky 等（2006）论证了医药供应链中的两个重要问题，分别是设施布局和车辆路径选择。蔡砥等（2009）研究了城乡一体化地区的 120 医疗急救站点的优化布局问题，探讨了公众个人满意度和距离之间的衰减关系。结果发现基于最小个人满意度最大化的模型具有较好的公平性，能够在站点布局数量较少的情况下覆盖所有的需求点。陆相林等（2011）改进了考虑覆盖半径内需求满意度差异的设施区位模型，构建了设施点功能优化模型，并使用 Vogel 启发式算法进行求解，最终把该研究应用到小城镇应急医疗服务中心的优化布局中。Murali 等（2012）以大规模生物恐怖袭击为背景，提出了机会约束设施选址模型，分析了医疗中心的选址，以及在灾难期间如何把大量药物分发给民众，并使用位置分配启发式算法解决该问题。王海军等（2013）结合情景分析法，构建两阶段随机规划模型，并使用混合遗传算法对突发事件多发区域的应急储备库的选址和资源配置规划问题进行了研究。Chen 和 Yu（2016）为了提高灾后医疗急救的服务效率，提出使用考虑网络距离的设施选址整数规划模型。此外，又引入拉格朗日松弛和数据挖掘算法，以提高模型的可扩展性，接着把该方法应用到真实案例中，结果表明所提出的模型算法是可行的。

总的来看，使用集合覆盖模型和最大覆盖模型是众多学者研究医疗急救服务设施选址的常用方法。但这些研究同样不能满足地处山地环境的医疗急救服务设施布局的特殊需要，和乡村中小学布局类似，医疗急救服务设施布局也需要考虑道路的可通行性，以及乡村地方政府有限的财政支出水平。同时，山村道路崎岖度高，道路建设成本也偏高，那么在乡村地区有限的财政投入下，如何优化医疗急救设施区位，并通过新建或升级道路提高道路通达性，从而最大限度地扩大乡村医疗急救服务设施的覆盖范围，提高居民点到医疗急救服务设施点的可达性，是接下来迫切需要研究的课题。总之，乡村医疗急救设施布局优化也必须考虑道路网络条件，基于覆盖模型的设施区位设计问题刚好能够有效解决该类问题。

国外针对基于覆盖模型的设施区位设计问题的研究已经有很多，Melkote（1996）最早提出了基于最大覆盖模型的设施区位设计问题（maximum covering facility location and network design problem，MCFLNDP）。Murawski 和 Church（2009）分析了网络最大覆盖的改进问题，包括处理已有的固定设施区位和通过提升交通运输网络改善医疗设施通达性问题，同时把该模型应用到解决现实世界问题中。Bigotte 等（2010）提出了针对城市体系和交通网络规划的集成混合整数优化模型，把城市中心和网络链接提升到了另一新的层析结构，以便最大限度地发挥各类设施的可达性。Rahmaniani 和 Shafia（2013）在原有的 MCFLNDP 模型基础上，研究了最大覆盖设施选址和不确定性网络设计问题，提出了综合优化模型 p-MCLNDP 模型。

在此背景下，本章将在前人研究基础上开展乡村医疗急救中心区位研究，构建山村医疗急救中心设施区位设计模型。针对山村医疗急救中心优化布局，本章分别考虑了已有可利用道路、道路可升级、道路可修建并升级 3 种假设情景。在地理计算方法方面，使用改进的多目标模拟退火算法，以确定新建医疗急救中心的最佳位置，以及新道路的修建和原有道路的升级路线。

4.2　模 型 构 建

医疗急救中心区位优化应该考虑 3 个方面的因素，第 1 个方面是保证没有被覆盖到的居民点所受到的惩罚值最小；第 2 个方面是被覆盖到的所有居民点患者到达与其最近的医疗急救中心的总时间花费最短；第 3 个方面是医疗急救中心设施建设和道路修建升级的成本花费最小。很明显，第 1 个方面、第 2 个方面与第 3 个方面之间是相互矛盾的，没有被覆盖到的居民点所受的惩罚的最小化，是以医疗急救中心设施建设和道路修建升级成本的增大为代价的。基于此，针对乡村医疗急救中心设施区位问题，在 Melkote（1996）的研究的基础上，进一步以没有被覆盖到的居民点所受到的惩罚值最小化、患者到达医疗急救中心的时间花费最小化和医疗急救中心设施建设和道路修建升级的成本最小化为目的，构建基于覆盖模型的且包含 3 种道路情景的多目标设施区位设计模型。

情景 1 考虑医疗急救中心布局只利用已有道路网络，这种情况出现在乡村道路建设比较发达的地区。

情景 2 假设已有道路网络可升级，这种情况出现在大多数乡村建设中，尤其是山地环境中。

情景 3 假设道路网络可升级且可修建，这种情况多发生在我国南部山地地区。

和基于重心模型的设施区位设计模型相似，基于覆盖模型的乡村公共设施区位设计模型中也包含两大类型的节点，分别是设施节点和需求节点，同时需求节点又分纯粹需求点和中转节点，其中中转节点是指节点本身必须是需求点，且流入该节点的流量要到其他地方寻找服务，而纯粹需求节点只有流出量没有流入量。另外，由于研究区地处山地环境，所以在模型构建过程中引入了崎岖度系数。

同时需提出一些假设：①乡村体系构成网络体系，每一个网络节点代表一个自然村或者居民点；②每个节点可以为服务中心也可为需求中心，即每个居民点都可建设医疗急救中心且有需要治疗的患者；③医疗急救中心必须建设在网络节点（居民点）上；④每个节点上最多只需要建设一个医疗急救中心；⑤所有的道路网络连接都是定向的；⑥假设医疗急救中心和道路网络连接均无容量限制，即每个居民点的患者都作为整体寻求服务，不能被拆分；⑦各个节点的临界覆盖时间是相同的。

接下来对模型所用到的符号约定如下。

N：道路网络中的节点集合，网络节点集合 $i,j,k \in \{1,2,\cdots,|N|\}$；

F：设施节点集合（包含新建医疗急救中心和已有医疗急救中心）；

L：已有道路和潜在道路网络链接集合，$(i,j) \in L$；

L'：已有道路网络链接集合，$L' \in L$；

d_k：居民点 k 的需求（每个居民点的需求等于居民点人数）；

H_i：若居民点 i 没有被覆盖，则其将所受到的惩罚值；

f_i：在节点 i 处建设医疗急救中心的花费成本；

c_{ij}：修建或升级道路链接 (i,j) 的成本花费；

tr_{ij}：在道路链接 (i,j) 上每个患者的急救时间花费；

tr_{ij}^k：k 居民点需求在链接 (i,j) 间的急救时间成本花费，且 $tr_{ij}^k = tr_{ij} d_k$；

D：临界覆盖时间；

p：新建医疗急救中心个数；

R：道路崎岖度系数。

决策变量：

$Z_i=1$，在 i 节点布置了设施（医疗急救中心）；

$Z_i=0$，i 节点无设施（医疗急救中心）；

$V_i=1$，i 居民点没有被覆盖到；

$V_i=0$，i 居民点被覆盖到；

$X_{ij}=1$，如果道路链接 (i,j) 存在；

$X_{ij}=0$，如果道路链接 (i,j) 不存在；

$E_{ij}=1$，如果道路链接 (i,j) 存在（包含修建升级道路和已有道路）；

$E_{ij}=0$，如果道路链接 (i,j) 不存在；

$Y_{ij}^k=1$，居民点 k 的患者需要经过道路链接 (i,j)；

$Y_{ij}^k=0$，居民点 k 的患者不需要经过道路链接 (i,j)；

$W_i^k=1$，居民点 k 的患者到医疗急救中心点 i 接受服务；

$W_i^k=0$，居民点 k 的患者不到医疗急救中心点 i 接受服务；

$Y_{ij}^i=X_{ij}$，i 居民点到其他地方寻求服务，表示 (i,j) 链接存在；

$W_i^i=Z_i$，i 节点到 i 节点寻求服务，表示 i 居民点存在医疗急救中心。

进一步地，我们归纳 3 种道路情景的模型构建结果如下。

1. 情景 1（已有道路）

目标函数：

$$\text{Punish}=\min\sum_{k\in N}H_iV_i \tag{4.1}$$

$$\text{Travel}=\min\sum_{k}\sum_{(i,j)\in L'}Rtr_{ij}^kY_{ij}^k \tag{4.2}$$

$$\text{Cost}=\min\sum_{i\in N}f_iZ_i \tag{4.3}$$

约束条件：

$$Z_i+\sum_{j\in N}Y_{ij}^i+V_i=1,\ \forall k\in N \tag{4.4}$$

$$\sum_{k\in N:i\neq k}\sum_{j\in N}Y_{ji}^kd_k+d_i=\sum_{k\in N}\sum_{j\in N}Y_{ij}^kd_k,\forall i\in N,i\notin F \tag{4.5}$$

$$Z_k + \sum_{j\in N:i\neq k} W_i^k + V_k = 1,\ \forall k \in N \tag{4.6}$$

$$\sum_{(i,j)\in L'} Rtr_{ij} Y_{ij}^k \leqslant D, \forall k \in N \tag{4.7}$$

$$W_i^k \leqslant Z_i, \forall i,k \in N \tag{4.8}$$

$$Y_{ij}^k \leqslant E_{ij}, \forall (i,j)\in L', k \in N \tag{4.9}$$

$$Y_{ij}^i + Y_{ji}^j \leqslant 1, (i,j)\in L' \tag{4.10}$$

$$\sum_{i\in N} Z_i = p \tag{4.11}$$

$$Z_i \in \{0,1\}, \forall i,k \in N \tag{4.12}$$

$$V_i \in \{0,1\}, \forall i \in N \tag{4.13}$$

目标函数中包含式（4.1）、式（4.2）和式（4.3）3 个目标函数，分别表示没有被覆盖到的居民点所受到的惩罚值最小，居民点居民到医疗急救服务中心的时间花费成本最小，医疗急救服务中心建设成本之和最小，式（4.4）～式（4.13）为约束条件。其中式（4.4）表示i居民点要么被i居民点自身处的医疗急救设施所覆盖，要么被位于其他居民点的设施点所覆盖，要么其没有设施点可以被覆盖到。其中当$Z_i=1$时，表明i居民点存在医疗急救设施，i居民点被覆盖到且该点的患者不需要到其他居民点寻求服务，即有$\sum_{j\in N} Y_{ij}^i = 0$和$V_i = 0$；当$i$居民点不存在医疗急救设施，即$Z_i = 0$时，$i$居民点存在两种情况，该居民点要么没有医疗急救设施点能覆盖到，即$V_i = 0$，要么患者到其他医疗急救设施点寻求服务，即$\sum_{j\in N} Y_{ij}^i = 1$。式（4.5）保证流量守恒，即$i$节点的流入量等于$i$节点的流出量，其中$i$节点为中转节点。等式的左侧有两项，第一项$\sum_{k\in N:i\neq k}\sum_{j\in N} Y_{ji}^k d_k$表示$k$居民点患者经过中转居民点$j$或直接（当$j=k$时为直接流入）流入到居民点$i$的总流入量，第二项$d_i$表示居民点$i$本身的患者数量（需求量），二者相加表示$i$节点的总流入量。等式右边$\sum_{k\in N}\sum_{j\in N} Y_{ij}^k d_k$表示$k$居民点及$i$居民点患者从$i$居民点流出到其他居民点寻求服务。式（4.6）表示要么k居民点存在设施，要么k居民点患者到其他设施点寻求服务，要么k居民点没有被覆盖到；式（4.7）表示需求点k到达最近设施点的距离要小于等于其覆盖临界值；式（4.8）保证只有在有医疗急救中心的居民点处才能获取服务；式（4.9）表示只有在已创建的道路链接上才有流量；式（4.10）保证为单向链接，这是因为患者如果从i居民点到j居民点，就不会再从j居民点到i居民点，即不会做重复往返移动；式（4.11）表示新建医疗急救中心个数为p。

同样，为了区分k居民点自身的患者和经过k居民点的其他居民点患者，可对目标函数中的$i \in N$进行分类，分类为$i = k$及$i \neq k$两种情况，从而目标函数（4.2）就等价于：

$$\text{Min} \sum_{k \in N: i \neq k} \sum_{(i,j) \in L} Rtr_{ij}^{k} Y_{ij}^{k} + \sum_{(i,j) \in L} tr_{ij}^{i} E_{ij} \tag{4.14}$$

对式（4.7）中$i \in N$进行分类，分类为$i = k$及$i \neq k$两种情况，那么约束条件式（4.7）就等价于：

$$\sum_{j \in N} Rtr_{kj} Y_{kj}^{k} + \sum_{(i,j) \in L: i \neq k} Rt_{ij} Y_{ij}^{k} \leqslant D, \quad \forall k \in N \tag{4.15}$$

2. 情景 2（道路可升级）

目标函数：

$$\text{Punish} = \min \sum_{k \in N} H_i V_i \tag{4.16}$$

$$\text{Travel} = \min \sum_{k} \sum_{(i,j) \in L'} Rtr_{ij}^{k} Y_{ij}^{k} \tag{4.17}$$

$$\text{Cost} = \min \sum_{(i,j) \in L'} Rc_{ij} X_{ij} + \sum_{i \in N} f_i Z_i \tag{4.18}$$

约束条件：

$$Z_i + \sum_{j \in N} Y_{ij}^{i} + V_i = 1, \forall k \in N \tag{4.19}$$

$$\sum_{k \in N: i \neq k} \sum_{j \in N} Y_{ji}^{k} d_k + d_i = \sum_{k \in N} \sum_{j \in N} Y_{ij}^{k} d_k, \forall i \in N, i \notin F \tag{4.20}$$

$$Z_k + \sum_{j \in N: i \neq k} W_i^{k} + V_k = 1, \ \forall k \in N \tag{4.21}$$

$$\sum_{(i,j) \in L'} Rtr_{ij} Y_{ij}^{k} \leqslant D, \forall k \in N \tag{4.22}$$

$$Y_{ij}^{k} \leqslant E_{ij}, \forall (i,j) \in L', k \in N \tag{4.23}$$

$$W_i^{k} \leqslant Z_i, \forall i, k \in N \tag{4.24}$$

$$Y_{ij}^{i} + Y_{ji}^{j} \leqslant 1, \forall (i,j) \in L' \tag{4.25}$$

$$\sum_{i \in N} Z_i = p \tag{4.26}$$

$$X_{ij} \in \{0,1\}, \ \forall (i,j) \in L', k \in N \tag{4.27}$$

$$Z_i \in \{0,1\}, \ \forall i, k \in N \tag{4.28}$$

$$V_i \in \{0,1\}, \forall i \in N \tag{4.29}$$

和情景 1 相比，情景 2 的目标函数式（4.18）还考虑了道路网络的升级情况，在约束条件中增加式（4.27），即X_{ij}为决策变量，表示道路链接(i,j)是否被升级，如果被升级则为 1，否则为 0。

3. 情景 3（道路可升级且可修建）

目标函数：

$$\text{Punish} = \min \sum_{k \in N} H_i V_i \tag{4.30}$$

$$\text{Travel} = \min \sum_{k} \sum_{(i,j) \in L} Rtr_{ij}^k Y_{ij}^k \tag{4.31}$$

$$\text{Cost} = \min \sum_{(i,j) \in L} Rc_{ij} X_{ij} + \sum_{i \in N} f_i Z_i \tag{4.32}$$

约束条件：

$$Z_i + \sum_{j \in N} Y_{ij}^i + V_i = 1,\ \forall k \in N \tag{4.33}$$

$$\sum_{k \in N: i \neq k} \sum_{j \in N} Y_{ji}^k d_k + d_i = \sum_{k \in N} \sum_{j \in N} Y_{ij}^k d_k, \forall i,k \in N : i \neq k \tag{4.34}$$

$$Z_k + \sum_{j \in N: i \neq k} W_i^k + V_k = 1, \forall k \in N \tag{4.35}$$

$$\sum_{(i,j) \in L} Rtr_{ij} Y_{ij}^k \leqslant D, \forall k \in N \tag{4.36}$$

$$Y_{ij}^k \leqslant E_{ij}, \forall (i,j) \in L, k \in N \tag{4.37}$$

$$W_i^k \leqslant Z_i, \forall i,k \in N \tag{4.38}$$

$$Y_{ij}^i + Y_{ji}^j \leqslant 1, \forall (i,j) \in L \tag{4.39}$$

$$\sum_{i \in N} Z_i = p \tag{4.40}$$

$$X_{ij} \in \{0,1\}, \forall (i,j) \in L, k \in N \tag{4.41}$$

$$Z_i \in \{0,1\}, \forall i,k \in N \tag{4.42}$$

$$V_i \in \{0,1\}, \forall i \in N \tag{4.43}$$

和情景 2 相比，情景 3 的式（4.32）目标函数还考虑了道路网络的新建情况，其中 L 表示已有道路和潜在道路网络链接集合，X_{ij} 为决策变量，表示道路链接 (i,j) 是否被修建或升级。

4.3 算法求解

和基于重心模型的设施区位设计问题相同，基于覆盖模型的设施区位设计问题也属于空间运筹的多目标优化问题。在乡村医疗急救设施布局问题的研究中，我们除了要考虑患者从居民点到医疗急救中心的时间花费成本最小，以及设施建设、道路升级或修建的成本最小，同时也要考虑没有被覆盖到的居民点所受到的惩罚值最小，且不难发现没有被覆盖到的居民点惩罚值的最小化是以增加设施建设、道路升级或修建的成本为代价的，所以 3 个目标函数不能同时达到最优，要有所取舍。Melkote（1996）已经证明了基于覆盖模型的设施区位设计问题属于 NP-难问题，较一般的设施区位问题求解更难，而本章在 Melkote（1996）的基础上构建了不仅要考虑没有被覆盖到的居民点所受到的惩罚值最小，同时也要考虑患者的旅行成本，以及设施建设、道路升级或修建成本最小的多目标设施区位设计模型，该多目标模型是基于覆盖模型的设施区位设计问题的扩展，也属于 NP-难问题，所以本章也采用第 3 章中使用的 IMOSA 算法来求解该问题。

本章采用 IMOSA 算法进行求解的主要思路是随机初始化群体，群体中每个个体代表一种解决方案（新建医疗急救中心位置、道路升级和修建方案）；然后计算所有个体的医疗急救中心建设成本、道路升级新建成本及患者从居民点到急救中心的时间花费；患者在寻求医疗服务过程中都要到与其最近的医疗急救中心，并记录这个最短时间花费。如果该最短时间花费小于等于设施点的临界覆盖时间，那么该居民点被覆盖到，否则不存在医疗急救中心能够覆盖到该居民点，接着就可以计算所有没有被覆盖到的居民点所受到的惩罚值总和；利用快速非支配排序法生成 Pareto 解集（没有被覆盖到的居民点所受到的惩罚值、患者到急救中心的时间成本和建设成本）；在逐渐降温的过程中对当前群体所有个体随机配对进行交叉（单点交叉）和变异，依据 Metropolis 准则确定新个体，并更新 Pareto 解集；重复上述过程直到当前温度到达最低温度算法结束，输出最终的 Pareto 解集。

4.4　实例应用

4.4.1　数据来源和参数设定

为了检验本章提出的模型和算法的可行性和有效性，选取地处山地环境的贵州省松桃苗族自治县作为研究案例。该地区面临交通条件不便、医疗急救响应时间过长及医疗急救中心站点不足导致急救设施覆盖范围有限的问题，所以该研究区的医疗急救中心布局问题具有典型性和迫切性。所用到的松桃苗族自治县的基础数据主要包括道路网络图层（高级、中级和低级道路）、各乡镇的居民点图层、已有医疗急救中心布局图层和行政区划背景图层，具体如图 4.1 所示。在该实例中，松桃苗族自治县有 28 个乡镇（街道），总人口约为 70 万，面积为 3409 km^2。图 4.1 也给出了各个乡镇的人口数，这里用到的各个乡镇的人口数据来源于第六次全国人口普查。

接下来，利用 ArcGIS 软件将道路数据（已有道路和潜在道路）整理成道路图层，每条路段的属性包括道路长度和道路等级，依据道路等级（高级、中级和低级），赋予道路不同的速度，获取路段通行时间。在此基础上构建道路网络拓扑关系，然后创建网络数据集，计算出各个居民点间的最短网络距离（距离单位为千米）和最短通行时间花

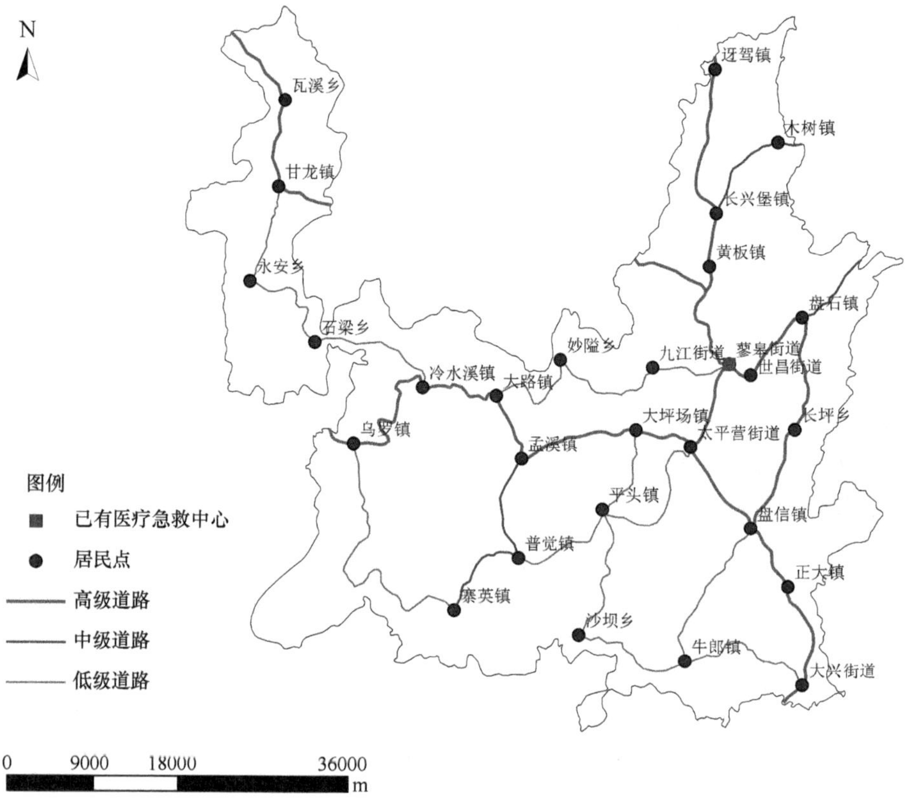

序号	地名	人口/人	序号	地名	人口/人
1	瓦溪乡	10286	15	正大镇	24690
2	甘龙镇	30820	16	牛郎镇	21808
3	永安乡	11370	17	大兴街道	18637
4	石梁乡	15063	18	九江街道	15328
5	冷水溪镇	23998	19	黄板镇	30849
6	乌罗镇	26890	20	长兴堡镇	28000
7	寨英镇	36850	21	迓驾镇	24143
8	大路镇	29129	22	木树镇	29129
9	妙隘乡	18178	23	盘石镇	23785
10	平头镇	23142	24	长坪乡	14600
11	孟溪镇	31400	25	世昌街道	25455
12	太平营街道	25686	26	蓼皋街道	54312
13	大坪场镇	26532	27	普觉镇	32331
14	盘信镇	32035	28	沙坝乡	14405

图 4.1 医疗急救中心布局基础数据图层

费，使用时间花费作为患者的旅行成本。需要注意的是，潜在道路（待修建道路）一定是高级道路，依据 Google Earth 中研究区的实际地形地貌加入 6 条潜在道路，包含潜在道路的道路网络图如图 4.2 所示。这里假设低级道路、中级道路和高级道路的平均速度分别为 20 km/h、40 km/h 和 60 km/h。同样假设道路修建升级成本和道路距离成正比关系，那么新建一条道路、低级道路升高级及中级道路升高级的成本分别设定为 160000 乘以道路距离、80000（160000×0.5）乘以道路距离和 48000（160000×0.3）乘以道路距离。同时设置设施的覆盖临界值为 0.5 h，即居民点到邻近医疗急救中心的最长时间为 0.5 h，否则将受到惩罚。依据各个居民点的人口数量确定各个居民点的医疗急救中心的建设成本（分 5 个等级，等级差为 5 万）在 60 万～80 万的范围内。参照蒋轩和王铮（2017）对全国各县地表崎岖度的计算结果，可知该研究区设置模型中的崎岖度系数为 1.169。另外，根据模型的计算规模并参考既有研究，初始温度 T_0 取经验值 500；终止温度 T_f 设置为 0.1；降温系数 α 取值为 0.95；当前温度下马尔可夫链长 L 设置为 30。

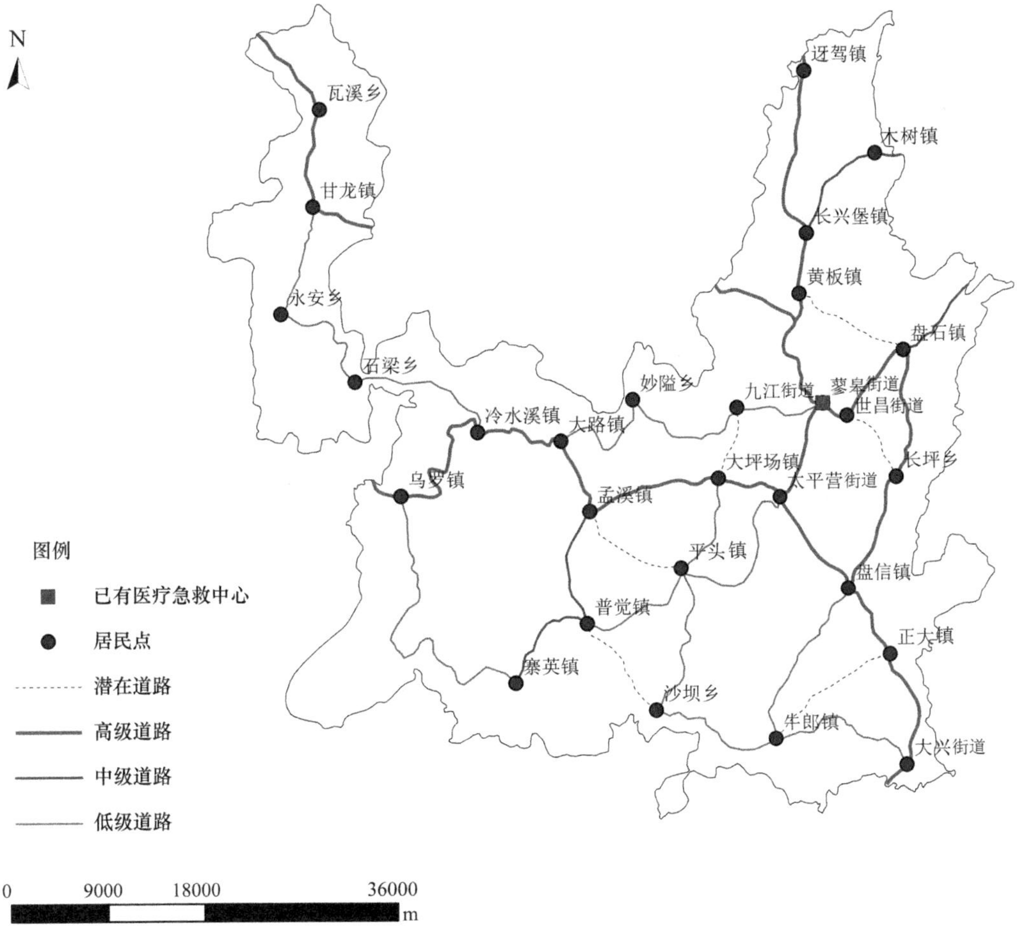

图 4.2　医疗急救中心布局中包含潜在道路的道路网络图

4.4.2 计算结果与比较分析

1. 情景 1 优化结果

通过计算得到当新建设施个数分别设置为 1、2 和 3 时，求解情景 1 多目标模型的 Pareto 最优解集，表中的每一个解都表示一种最优的选址方案。在求得 Pareto 最优解集之后，决策者可根据自己的偏好在这些决策方案中挑选最终的决策方案。这里仅对新建 3 个医疗急救中心的情况进行讨论。从表 4.1 中可以看出，新建 3 个医疗急救中心所对应的决策方案编号为 24～38，为了方便进一步决策判断，通过图 4.3 将新建 3 个医疗急救中心的各 Pareto 最优解在三维坐标系中的分布情况显示出来。不难发现惩罚成本随着设施建设成本的增大而减小，惩罚成本的减少是以增加设施建设成本为代价的，3 个目标不能同时达到最优，要有所取舍，这也是多目标优化的特点。根据研究区的实际情况，在保证居民点尽可能多地被覆盖到及居民点到设施点医疗急救时间花费成本尽可能小的同时也要兼顾当地政府部门的财政支出状况，所以需要决策者从多个 Pareto 最优解中选择一个作为最终的折中解。根据图 4.3，方案 29、30 和 31 都有可能被选择作为折中决策方案，这里选择方案 29 作为折中解的最终决策方案。在方案 29 中，新建医疗急救中心位置是 5、15 和 20（冷水溪镇、正大镇和长兴堡镇）。没有被覆盖到的居民点所受到的惩罚成本（第一目标值）为 214253 元，医疗急救中心设施建设成本为 210 万，新建医疗急救中心位置如图 4.4 所示。从图 4.4 中还可以看出，在新建 3 个医疗急救中心后，包括瓦溪乡、甘龙镇、永安乡、石梁乡、寨英镇、妙隘乡、平头镇、牛郎镇、普觉镇、沙坝乡大兴街道的 10 个居民点都没有被医疗急救中心所覆盖，即超出设施中心 0.5h 的覆盖临界值，占松桃苗族自治县总人口数的 30.7%。没有被覆盖到的居民点大部分分布于道路等级低且人口较少的偏远地区。在被覆盖到的 18 个居民点中，4 个居民点的居民（冷水溪镇、乌罗镇、大路镇和孟溪镇）到冷水溪镇医疗急救中心获取服务；4 个居民点的居民（正大镇、盘信镇和长坪乡）到正大镇医疗急救中心获取服务；7 个居民点的居民（太平营街道、大坪场镇、九江街道、黄板镇、盘石镇、世昌街道、蓼皋街道）到蓼皋街道医疗急救中心获取服务；3 个居民点的居民（迓驾镇、木树镇和长兴堡镇）到长兴堡镇医疗急救中心获取服务。表 4.2 给出了被覆盖到的各个居民点的急救路径和急救时间。其中 11 个居民点（冷水溪镇、大路镇、太平营街道、盘信镇、正大镇、大兴街道、黄板镇、长兴堡镇、盘石镇和世昌街道）的医疗急救时间都小于 15 min，7 个居民点（乌罗镇、孟溪镇、大坪场镇、九江街道、迓驾镇、木树镇和长坪乡）的医疗急救时间在 15～30 min。

表 4.1 情景 1 Pareto 最优解对应的方案及目标值

编号	新建设施个数/个	设施选址位置	惩罚成本（目标函数 1）/元	旅行成本（目标函数 2）/元	建设成本（目标函数 3）/元
1	$P=1$	5	168319	66110	700000
2	$P=1$	8	253831	98604	750000
3	$P=1$	11	280721	84702	750000

续表

编号	新建设施个数/个	设施选址位置	惩罚成本（目标函数 1）/元	旅行成本（目标函数 2）/元	建设成本（目标函数 3）/元
4	$P=1$	14	347542	65695	750000
5	$P=1$	5	286162	87023	700000
6	$P=1$	4	351116	82298	600000
7	$P=1$	27	267869	97305	750000
8	$P=1$	16	344371	82298	650000
9	$P=2$	8，14	235194	82001	1500000
10	$P=2$	13，20	245056	91840	1300000
11	$P=2$	11，17	262084	76751	1400000
12	$P=2$	15，20	294270	67943	1400000
13	$P=2$	5，28	271757	87023	1300000
14	$P=2$	3，15	336172	66110	1300000
15	$P=2$	4，17	332479	74347	1250000
16	$P=2$	4，15	332479	66110	1300000
17	$P=2$	5，15	267525	70834	1400000
18	$P=2$	14，27	249232	80702	1500000
19	$P=2$	15，27	249232	81117	1450000
20	$P=2$	11，15	262084	68513	1450000
21	$P=2$	1，11	239615	89519	1350000
22	$P=2$	11，20	227449	86535	1450000
23	$P=2$	11，14	262084	68098	1500000
24	$P=3$	2，7，8	175875	95592	2250000
25	$P=3$	8，14，27	198344	78558	2250000
26	$P=3$	2，8，20	159453	102046	2200000
27	$P=3$	2，8，15	194088	84024	2200000
28	$P=3$	5，12，57	198344	87639	2150000
29	$P=3$	5，15，20	214253	72668	2100000
30	$P=3$	9，11，15	243906	68513	2100000
31	$P=3$	13，17，20	185670	107016	2050000
32	$P=3$	1，13，20	163201	117363	2000000
33	$P=3$	5，11，24	253831	70918	2050000
34	$P=3$	11，15，18	262084	61970	2050000
35	$P=3$	1，17，27	208126	94172	2000000
36	$P=3$	15，20，28	279865	67943	2000000
37	$P=3$	1，5，16	223248	91840	1950000
38	$P=3$	9，10，24	324859	68019	1950000

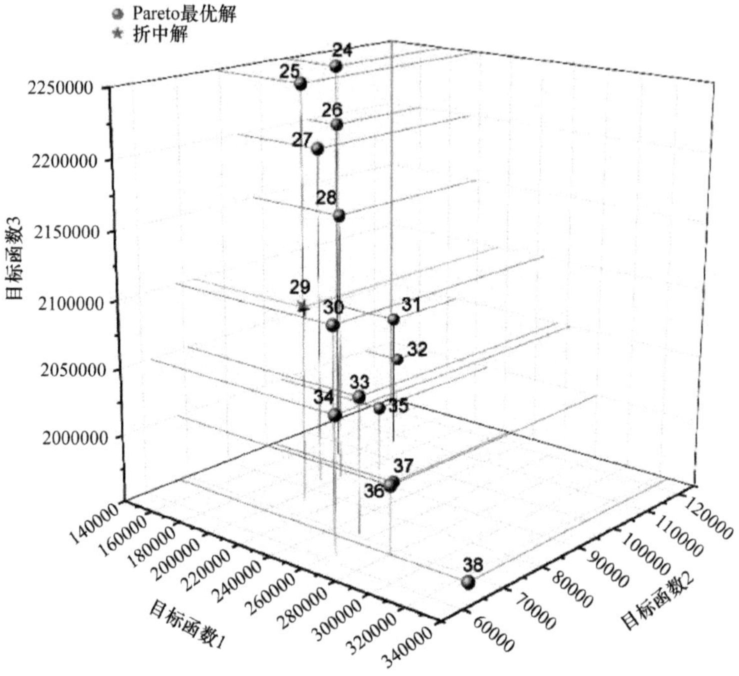

图 4.3　情景 1 的 Pareto 最优解在三维坐标系中的分布情况（p=3）

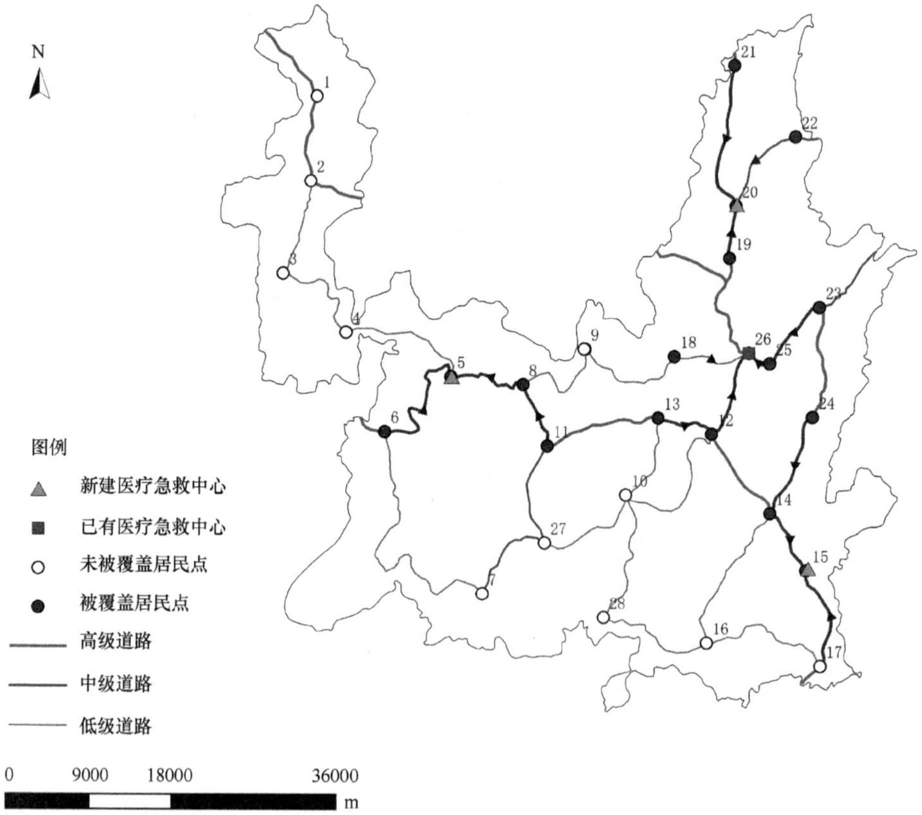

图 4.4　情景 1 下方案 29 的医疗急救中心布局结果

表 4.2　情景 1 下方案 29 各居民点居民急救路径及时间花费

序号	急救路径	时间花费/h	序号	急救路径	时间花费/h	序号	急救路径	时间花费/h
1	—	—	11	11—8—5	0.272	21	21—20	0.269
2	—	—	12	12—26	0.165	22	22—20	0.262
3	—	—	13	13—12—26	0.272	23	23—25—26	0.184
4	—	—	14	14—15	0.125	24	24—14—15	0.320
5		0	15		0	25	25—26	0.046
6	6—5	0.265	16	—	—	26		0
7	—	—	17	17—15	0.189	27	—	—
8	8—5	0.152	18	18—26	0.427	28	—	—
9	—	—	19	19—26	0.213			
10	—	—	20		0			

注：“—”表示该点不在覆盖范围内，下同。

2. 情景 2 优化结果

表 4.3 给出了当新建医疗急救中设施个数分别设置为 1、2 和 3 时，情景 2 多目标模型的 Pareto 最优解集，表中的每一个解都表示一种最优的选址方案。和情景 1 相同，在求得 Pareto 最优解集之后，决策者可根据自己的偏好在这些决策方案中挑选最终的决策方案。从表 4.3 中可以看出，新建 3 个医疗急救中心所对应的方案编号为 36～55，为了方便决策判断，通过三维坐标系图将新建 3 个医疗急救中心的各 Pareto 最优解显示出来，如图 4.5 所示。方案 54 和 55 能保证建设成本较小，但没有被覆盖到的居民点所受到的惩罚值较高；方案 36 和 37 能保证没有被覆盖到的居民点所受到的惩罚值较低，但建设成本较高。根据研究区的实际情况，在保证居民点尽可能多地被覆盖到，以及居民点到达与其最近的医疗急救中心的时间花费成本尽可能小的同时，也要兼顾当地政府部门的财政支出状况，所以需要决策者从多个 Pareto 最优解中选择一个作为最终的折中解。依据图 4.5，方案 41、42、43 和 44 都有可能被选择作为折中决策方案，这里选择方案 44 作为折中解的最终决策方案。在方案 44 中，新建医疗急救中心位置是 2、5 和 15。没有被覆盖到的居民点所受到的惩罚成本（第一目标值）为 153589 元，医疗急救中心设施建设和道路升级成本为 4274360 元（在甘龙镇、冷水溪镇和正大镇新建 3 个医疗急救中心），情景 2 中的道路升级情况及新建医疗急救中心位置如图 4.6 所示。从图 4.6 中还可以看出，在新建 3 个医疗急救中心后，包括石梁乡、寨英镇、妙隘乡、平头镇、牛郎镇、迓驾镇和沙坝乡的 7 个居民点都没有被医疗急救中心所覆盖，即超出设施中心 0.5h 的覆盖临界值，占松桃苗族自治县总人口数的 22.0%。没有被覆盖到的居民点大部分分布于道路等级低且人口较少的偏远地区。在被覆盖到的 21 个居民点中，3 个居民点的居民（瓦溪乡、甘龙镇和永安乡）到甘龙镇医疗急救中心获取服务；5 个居民点的居民（冷水溪镇、乌罗镇、大路镇、普觉镇和孟溪镇）到冷水溪镇医疗急救中心获取服务；4 个居民点的居民（正大镇、大兴街道、盘信镇和长坪乡）到正大镇医疗急救中心获取服务；有 9 个居民点的居民（太平营街道、大坪场镇、九江街道、黄板镇、长兴堡镇、盘石镇、世昌街道、蓼皋街道和木树镇）到蓼皋街道医疗急救中心获取服务。

表 4.4 给出了被覆盖到的各个居民点的急救路径和急救时间。其中 14 个居民点（瓦溪乡、甘龙镇、永安乡、冷水溪镇、大路镇、太平营街道、盘信镇、正大镇、蓼皋街道、大兴街道、九江街道、黄板镇、盘石镇和世昌街道）的医疗急救时间都小于 15 min，7 个居民点（乌罗镇、孟溪镇、大坪场镇、木树镇、长兴堡镇、长坪乡和普觉镇）的医疗急救时间在 15～30 min 之间。和情景 1 相比，情景 2 中的未被覆盖居民点由 10 个减少到 7 个。同时，由于道路升级，部分乡镇到其最近医疗急救中心的时间也有一定程度的缩短。

表 4.3　情景 2 Pareto 最优解对应的方案及目标值

编号	新建设施个数/个	设施选址位置	惩罚成本（目标函数 1）/元	旅行成本（目标函数 2）/元	建设成本（目标函数 3）/元
1	$P=1$	5	168319	135314	5005640
2	$P=1$	8	197448	117507	5006672
3	$P=1$	11	210272	113922	4365360
4	$P=1$	5	183382	131730	3862200
5	$P=1$	8	212511	111633	3863232
6	$P=1$	11	233414	104347	3390640
7	$P=1$	5	206524	122155	2887480
8	$P=1$	8	235653	102058	2888512
9	$P=1$	11	251592	98712	2478880
10	$P=1$	5	224702	115938	1975720
11	$P=1$	8	253831	98604	1976752
12	$P=1$	11	280721	84702	1976752
13	$P=1$	8	269159	92061	1293792
14	$P=1$	5	286162	87023	1382960
15	$P=1$	11	313052	75545	1432960
16	$P=2$	8，15	127874	130486	7424000
17	$P=2$	5，15	127874	134282	6920840
18	$P=2$	2，8	115843	131933	6485480
19	$P=2$	8，15	149682	115329	6208800
20	$P=2$	2，8	130906	126209	5510840
21	$P=2$	5，15	149682	119125	5705640
22	$P=2$	8，15	164745	109455	5065360
23	$P=2$	2，8	154048	116634	4536120
24	$P=2$	5，15	164745	115541	4562200
25	$P=2$	8，15	187887	99880	4090640
26	$P=2$	2，8	172226	113180	3624360
27	$P=2$	5，15	187887	105966	3587480
28	$P=2$	8，15	206065	96426	3178880
29	$P=2$	2，8	183596	111171	2775720
30	$P=2$	5，15	206065	99749	2675720
31	$P=2$	2，8	212725	97161	2273592
32	$P=2$	8，15	235194	82416	2676752
33	$P=2$	5，15	235194	85739	2173592
34	$P=2$	2，8	245056	87170	2182960
35	$P=2$	5，15	267525	70834	2082960

续表

编号	新建设施个数/个	设施选址位置	惩罚成本（目标函数 1）/元	旅行成本（目标函数 2）/元	建设成本（目标函数 3）/元
36	$P=3$	2，5，15	75398	137899	8519480
37	$P=3$	3，5，15	110176	131098	8200680
38	$P=3$	2，5，15	97206	122742	7304280
39	$P=3$	3，5，15	131984	115941	6985480
40	$P=3$	2，5，15	112269	119158	6160840
41	$P=3$	2，11，14	162301	88315	5286120
42	$P=3$	2，5，15	135411	109583	5186120
43	$P=3$	3，5，15	170189	103308	5036120
44	$P=3$	2，5，15	153589	99171	4274360
45	$P=3$	2，11，14	180479	82680	4374360
46	$P=3$	2，11，14	191849	80671	3525720
47	$P=3$	2，5，15	164959	101357	3425720
48	$P=3$	2，11，14	220978	66661	3023592
49	$P=3$	3，5，15	210023	88224	3275720
50	$P=3$	2，5，15	194088	87347	2923592
51	$P=3$	2，5，15	226419	72442	2832960
52	$P=3$	3，5，15	239152	74214	2773592
53	$P=3$	3，5，15	253309	60550	2932960
54	$P=3$	3，5，15	256155	59309	2682960
55	$P=3$	2，11，14	271483	64291	2000000

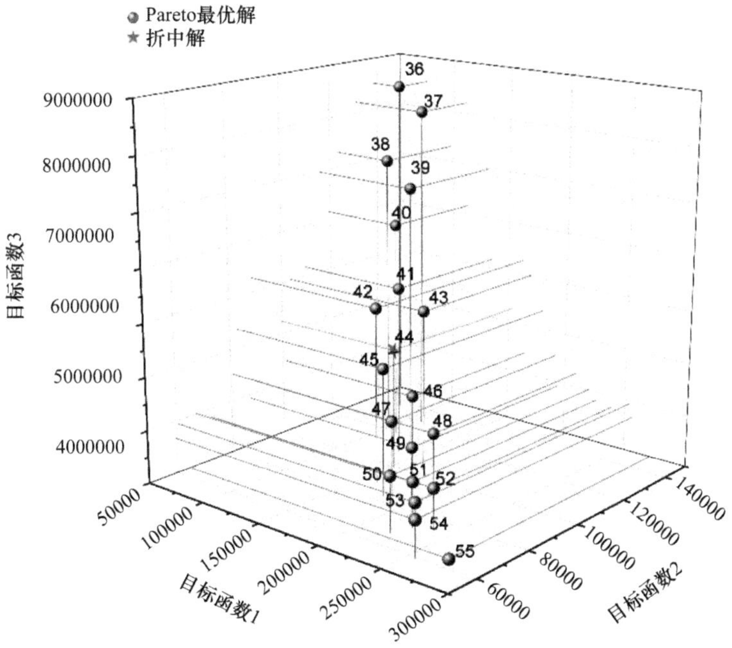

图 4.5　情景 2 的 Pareto 最优解在三维坐标系中的分布情况（p=3）

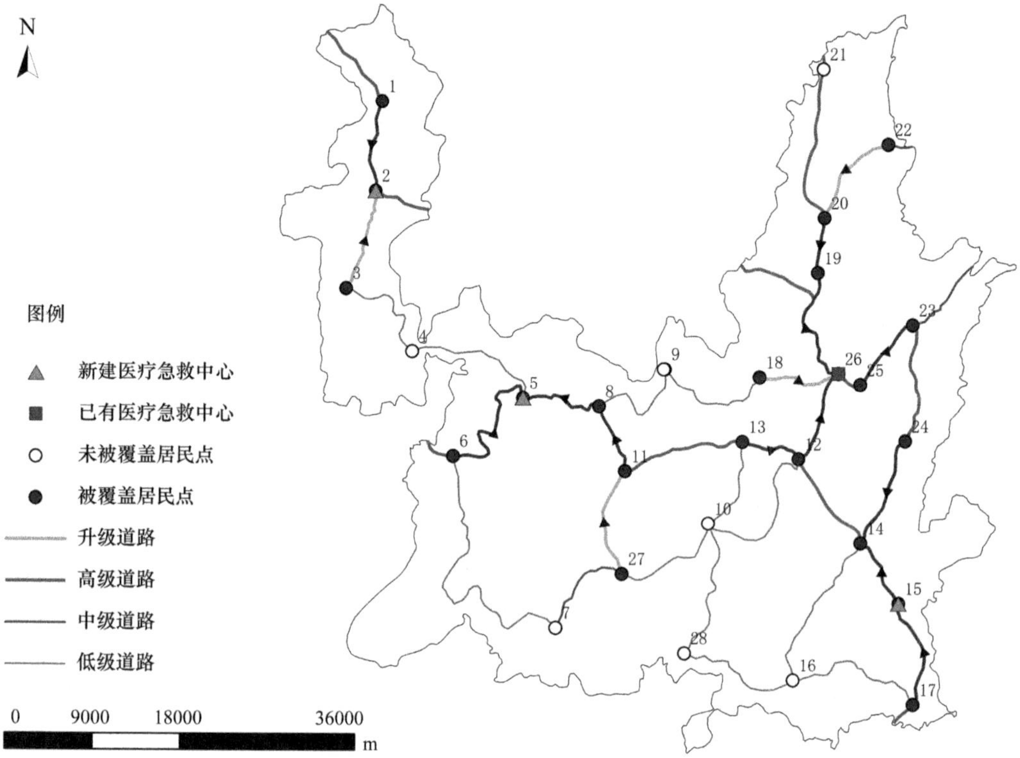

图 4.6　情景 2 下方案 44 的医疗急救中心布局和道路升级结果

表 4.4　情景 2 下方案 44 各居民点居民急救路径及时间花费

序号	急救路径	时间花费/h	序号	急救路径	时间花费/h	序号	急救路径	时间花费/h
1	1—2	0.156	11	11—8—5	0.272	21	—	—
2		0	12	12—26	0.165	22	22—20—19—26	0.481
3	3—2	0.177	13	13—12—26	0.272	23	23—25—26	0.184
4	—	—	14	14—15	0.125	24	24—14—15	0.320
5		0	15		0	25	25—26	0.046
6	6—5	0.265	16	—	—	26		0
7	—	—	17	17—15	0.189	27	27—11—8—5	0.461
8	8—5	0.152	18	18—26	0.142	28	—	—
9	—	—	19	19—26	0.213			
10	—	—	20	20—19—26	0.307			

3. 情景 3 优化结果

表 4.5 给出了当新建医疗急救设施个数分别设置为 1、2 和 3 时，情景 3 多目标模型的 Pareto 最优解集，表中每一个解都表示一种最优的选址方案。和情景 1 和情景 2 相同，在求得 Pareto 最优解集之后，决策者可根据自己的偏好在这些决策方案中挑选最终的决策方案。从表 4.5 中可看出，新建 3 个医疗急救中心所对应的方案编号为 36～55，为了便于决策判断，通过三维坐标系图将新建 3 个医疗急救中心的各 Pareto 最优解显示出来，

如图 4.7 所示。方案 54 和 55 能保证建设成本较小，但没有被覆盖到的居民点所受到的惩罚值较高；方案 36 和 37 能保证没有被覆盖到的居民点所受到的惩罚值较低，但建设成本较高。根据研究区的实际情况，在保证居民点尽可能多地被覆盖到及居民点到达与其最近的医疗急救中心的时间花费成本尽可能小的同时，也要兼顾当地政府部门的财政支出状况，所以需要决策者从多个 Pareto 最优解中选择一个作为最终的折中解。依据图 4.7，方案 46 和 47 都有可能被选择作为折中决策方案，这里选择方案 46 作为折中解的最终决策方案。在方案 46 中，新建医疗急救中心位置是 2、11 和 14（在甘龙镇、孟溪镇和盘信镇新建 3 个医疗急救中心）。没有被覆盖到的居民点所受到的惩罚值（第一目标值）为 131857 元，医疗急救中心设施建设和道路建设成本花费为 5245560 元，患者旅行成本为 97014 元，情景 3 中的道路升级和修建情况及新建医疗急救中心位置如图 4.8 所示。从图 4.8 中还可以看出，新建 3 个医疗急救中心并进行道路升级修建后，永安乡、石梁乡、乌罗镇、沙坝乡、牛郎镇、妙隘乡和迓驾镇的 7 个居民点都没有被医疗急救中心所覆盖，即超出设施中心 0.5h 的覆盖临界值，占松桃苗族自治县总人口数的 18.9%。没有被覆盖到的居民点大部分分布于道路等级低且人口较少的偏远地区。在被覆盖到的 21 个居民点中，2 个居民点的居民（瓦溪乡和甘龙镇）到甘龙镇医疗急救中心获取服务；7 个居民点的居民（冷水溪镇、大路镇、普觉镇、寨英镇、平头镇、大坪场镇和孟溪镇）到孟溪镇医疗急救中心获取服务；4 个居民点的居民（正大镇、大兴街道、盘信镇和长坪乡）到盘信镇镇医疗急救中心获取服务；8 个居民点的居民（太平营街道、九江街道、黄板镇、长兴堡镇、盘石镇、世昌街道、蓼皋街道和木树镇）到蓼皋街道医疗急救中心获取服务。表 4.6 给出了被覆盖到的各个居民点的急救路径和急救时间。其中 16 个居民点（瓦溪乡、甘龙镇、大路镇、平头镇、孟溪镇、太平营街道、大坪场镇、盘信镇、正大镇、九江街道、黄板镇、盘石镇、长坪乡、世昌街道、蓼皋街道和普觉镇）的医疗急救时间都小于 15 min，5 个居民点（冷水溪镇、寨英镇、大兴街道、长兴堡镇、木树镇）的医疗急救时间在 15 min 到 30 min 之间。和情景 2 相比，由于道路新建，情景 3 的部分乡镇到其最近医疗急救中心的时间也有了一定程度的缩短。

表 4.5　情景 3 Pareto 最优解对应的方案及目标值

编号	新建设施个数/个	设施选址位置	惩罚成本（目标函数 1）/元	旅行成本（目标函数 2）/元	建设成本（目标函数 3）/元
1	$P=1$	5	168319	127385	6989160
2	$P=1$	11	195867	110050	6805040
3	$P=1$	5	183382	123801	5845720
4	$P=1$	8	187155	12066	5440120
5	$P=1$	5	201560	117584	4933960
6	$P=1$	11	228450	99143	4198720
7	$P=1$	11	201560	113660	3745560
8	$P=1$	5	201560	120752	3695560
9	$P=1$	5	224702	110338	1975720
10	$P=1$	5	224702	115320	1292760
11	$P=1$	11	251592	97205	1795920
12	$P=1$	5	253831	101310	790632

续表

编号	新建设施个数/个	设施选址位置	惩罚成本（目标函数 1）/元	旅行成本（目标函数 2）/元	建设成本（目标函数 3）/元
13	$P=1$	8	253831	94935	840632
14	$P=1$	11	280721	83195	1293792
15	$P=1$	5	286162	86405	700000
16	$P=2$	2，8	101438	136507	9378320
17	$P=2$	2，8	116501	130783	8403680
18	$P=2$	5，15	135082	113998	7689160
19	$P=2$	2，8	134679	127329	7491920
20	$P=2$	11，20	171724	95324	7505040
21	$P=2$	5，15	150145	110414	6545720
22	$P=2$	11，20	189902	89689	6593280
23	$P=2$	2，8	149084	120328	5797360
24	$P=2$	5，15	168323	104197	5633960
25	$P=2$	11，20	204307	84417	4898720
26	$P=2$	2，8	172226	110631	4077520
27	$P=2$	5，15	182923	107365	4395560
28	$P=2$	2，8	183596	108622	3228880
29	$P=2$	2，8	183596	113604	2545920
30	$P=2$	5，15	206065	94150	2675720
31	$P=2$	11，20	227449	82479	2495920
32	$P=2$	2，8	212725	99594	2043792
33	$P=2$	5，15	235194	85122	1490632
34	$P=2$	11，20	256578	77411	1993792
35	$P=2$	11，15	262084	67007	1993792
36	$P=3$	2，8，20	77992	130225	7332870
37	$P=3$	2，11，14	72841	119806	9675160
38	$P=3$	2，5，15	97206	114813	9287800
39	$P=3$	2，11，14	87904	114082	8700520
40	$P=3$	2，8，20	111233	120897	5277670
41	$P=3$	2，5，15	112269	111229	8144360
42	$P=3$	2，11，14	106082	108447	7788760
43	$P=3$	2，11，14	117452	106438	6940120
44	$P=3$	2，5，15	141817	103003	6383960
45	$P=3$	2，8，20	77992	127057	8571270
46	$P=3$	2，11，14	131857	97014	5245560
47	$P=3$	2，8，20	122603	118888	4429030
48	$P=3$	2，5，15	164959	92589	4664120
49	$P=3$	2，11，14	154999	94246	3525720
50	$P=3$	2，5，15	164959	95757	3425720
51	$P=3$	2，8，20	159453	101428	3245958
52	$P=3$	2，11，14	184128	85218	2340632
53	$P=3$	2，5，15	194088	86729	2240632
54	$P=3$	2，5，15	226419	71824	2150000
55	$P=3$	2，11，14	253309	59043	2250000

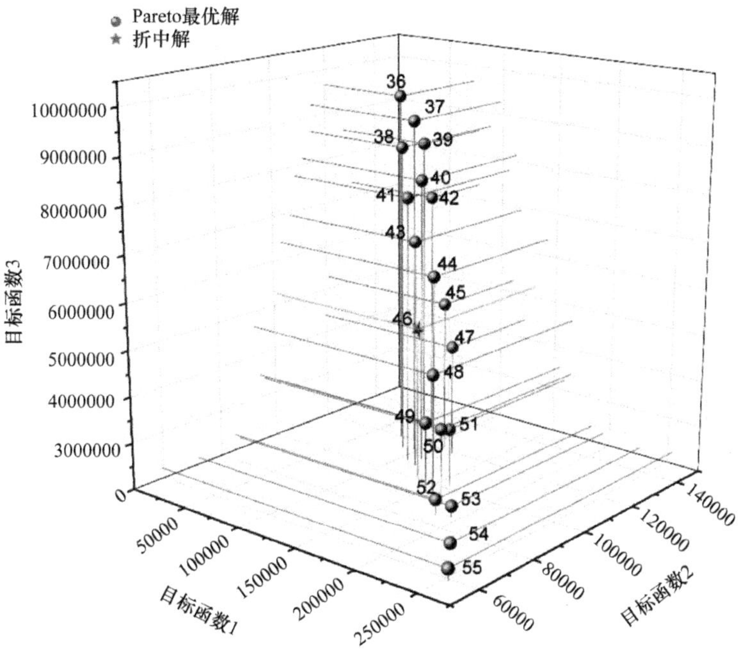

图 4.7　情景 3 的 Pareto 最优解在三维坐标系中的分布情况（p=3）

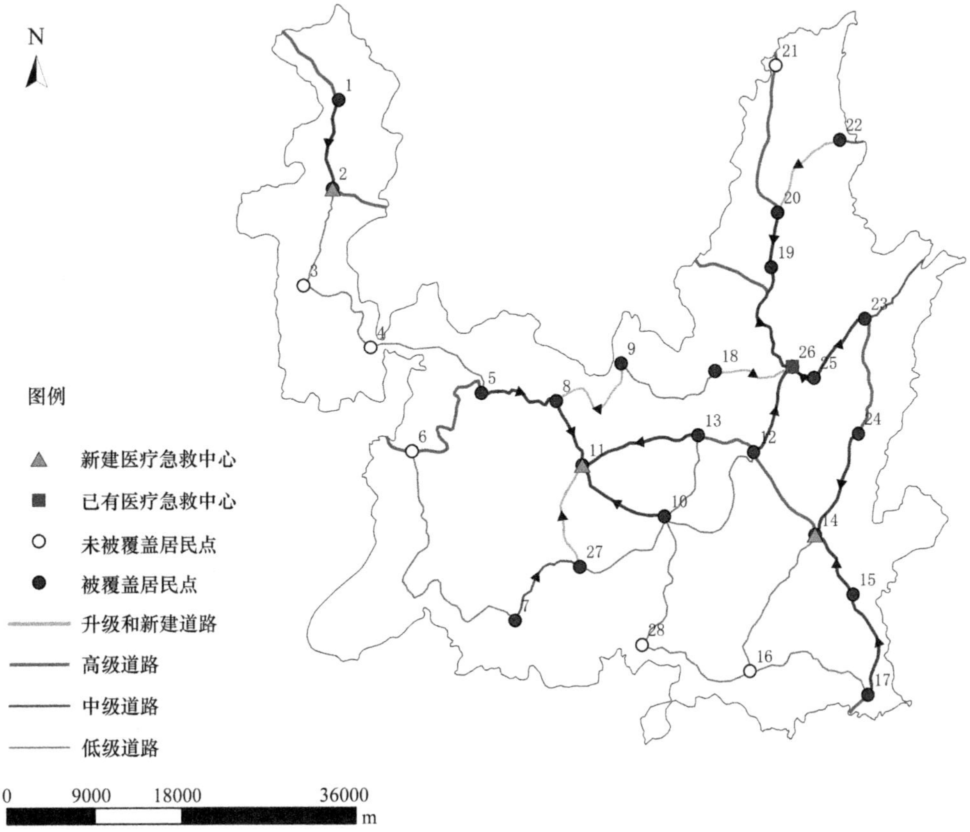

图 4.8　情景 3 下方案 46 的医疗急救中心布局和道路升级新建结果

表 4.6　情景 3 下方案 46 各居民点居民急救路径及时间花费

序号	急救路径	时间花费/h	序号	急救路径	时间花费/h	序号	急救路径	时间花费/h
1	1—2	0.156	11		0	21	—	—
2		0	12	12—26	0.165	22	22—20—19—26	0.481
3	—	—	13	13—11	0.214	23	23—25—26	0.184
4	—	—	14		0	24	24—14	0.194
5	5—8—11	0.272	15	15—14	0.125	25	25—26	0.046
6	—	—	16	—	—	26		0
7	7—27—11	0.449	17	17—15—14	0.314	27	27—11	0.189
8	8—11	0.120	18	18—26	0.142	28	—	—
9	—	—	19	19—26	0.213			
10	10—11	0.179	20	20—19—26	0.307			

4. 优化结果对比分析

在情景 1、2 和 3 的计算结果中，分别选择方案 29、44 和 46 作为综合考虑了未被覆盖所受惩罚值、旅行成本和建设成本 3 个因素的最终决策方案，接下来对这 3 个决策方案的优化结果进行对比分析。和情景 1 相比，情景 2 还考虑了道路升级，新建 3 个医疗急救中心的选址位置发生了变化。情景 2 优化结果中有 4 条道路由低级升成高级，道路升级总共花费了 2124360 元成本，但没能被覆盖到的居民点由情景 1 的 10 个减少到情景 2 的 7 个，显著提高了部分偏远地区的医疗服务满意度。其中 27—11（普觉镇—孟溪镇）道路路段的升级使原本情景 1 中不被覆盖的居民点 27（普觉镇）能够在情景 2 中被位于居民 5（冷水溪镇）的医疗急救中心所覆盖；3—2（永安乡—甘龙镇）道路路段的升级使原本在情景 1 中不被覆盖的居民点 3（永安乡）能够在情景 2 中被位于居民点 2（甘龙镇）的医疗急救中心所覆盖。同时，部分居民点患者急救时间花费相比于情景 1 有了大幅度下降，医疗急救效率得到了明显提高。其中情景 2 中由于 18—26（九江街道—蓼皋街道）道路路段从低级升到高级，居民点 18（九江街道）患者的医疗急救时间由情景 1 的 25.62 min 下降到 8.52 min。27—11（普觉镇—孟溪镇）道路路段从中级升到高级使得居民点 27（普觉镇）患者的医疗急救时间大幅度减少。

相比于情景 2，情景 3 可新建潜在道路，优化结果中新建医疗急救中心的位置有所变化，情景 2 设施新建位置在 2、5 和 15（甘龙镇、冷水溪镇、正大镇），情景 3 设施新建位置在 2、11 和 14（甘龙镇、孟溪镇、盘信镇），同时患者的医疗急救路径也发生了变化。在情景 3 中升级了 3 条道路，新建了 1 条道路为 10—11（平头镇—孟溪镇），道路升级和道路新建的总花费为 299556 元，相比于情景 2 有所增加，但部分居民点的医疗急救时间得到了进一步缩减，急救效率得到了提升。同时，没有被覆盖到的居民点所受到的惩罚值也由情景 2 的 153589 元减少到情景 3 的 131857 元，并且情景 3 中各居民点总的医疗急救时间花费成本相比于情景 2 进一步下降，居民的医疗急救服务满意度得到了提升。其中新建 10—11（平头镇—孟溪镇）道路路段，并把新建的医疗急救中心从情景 2 的居民点 5（冷水溪镇）转移到情景 3 中的居民点 11（孟溪镇），使得居民点 10（平头镇）的居民能够被孟溪镇医疗急救中心所服务。同时，尽管这样使居民点 6（乌罗镇）超出了覆盖临界值，但保证了拥有更多人口数的居民点 7（寨英镇）能够被位于居民点 11（孟溪镇）的医疗急救中心所覆盖，也提升了居民点 8（大路镇）和居民点 13（大坪场镇）的医疗急救效率。

5. 各情景下医疗急救时间空间分布

把 3 个情景下各居民点医疗急救时间花费分为 4 个等级（0～0.25h、0.25～0.375h、0.375～0.5h 和>0.5h），并进一步讨论各情景下居民点学生医疗急救时间花费的空间分布变化，具体如图 4.9 所示，其中从图 4.9（a）中可看出未被覆盖的居民点（时间花费大于 0.5h）有 10 个，居民总数为 214253 人，占全县总人口数的 30.7%，主要分布在道路等级低、人口少的偏远地区；医疗急救时间在 0.25h 以内的居民点有 11 个，居民总数为 316576 人，占全县总人口数的 45.3%，主要分布在高级道路沿线附近；医疗急救时间在 0.25～0.375h 的居民点有 6 个，居民数为 152694 人，占总人口数的 21.8%，也分布于高级道路沿线；医疗急救时间在 0.375～0.5h 的居民点有 1 个，居民数为 15328 人，占总人口数的 2.2%。从图 4.9（b）中可发现情景 2 中未被覆盖的居民点有 7 个，居民总数为 153589 人，占全县总人口数的 22.0%，和情景 1 相比，没有被覆盖到的居民人数明显减少；医疗急救时间在 0.25h 之内的居民点有 14 个，居民总数为 356380 人，占全县总人口数的 51.0%，相比于情景 1 有了明显增加；医疗急救时间在 0.25～0.375h 的居民点有 5 个，居民数为 127422 人，占全县总人口数的 18.2%；医疗急救时间在 0.375～0.5h 的居民点有 2 个，居民数为 61460 人，占全县总人口数的 8.8%。从图 4.9（c）中可发现情景 3 中未被覆盖的居民点也为 7 个，居民总数为 131857 人，占全县总人口数的 18.9%，相比于情景 2 未覆盖的居民人数又有所减少；医疗急救时间在 0.25h 之内的居民点有 16 个，居民总数为 430380 人，占全县总人口数的 61.6%，相比于情景 3 有明显增加；医疗急救时间在 0.25～0.375h 的居民点有 3 个，居民数为 70635 人，占总人口数的 10.1%；医疗急救时间在 0.375～0.5h 的居民点有 2 个，居民数为 65979 人，占总人口数的 9.4%。

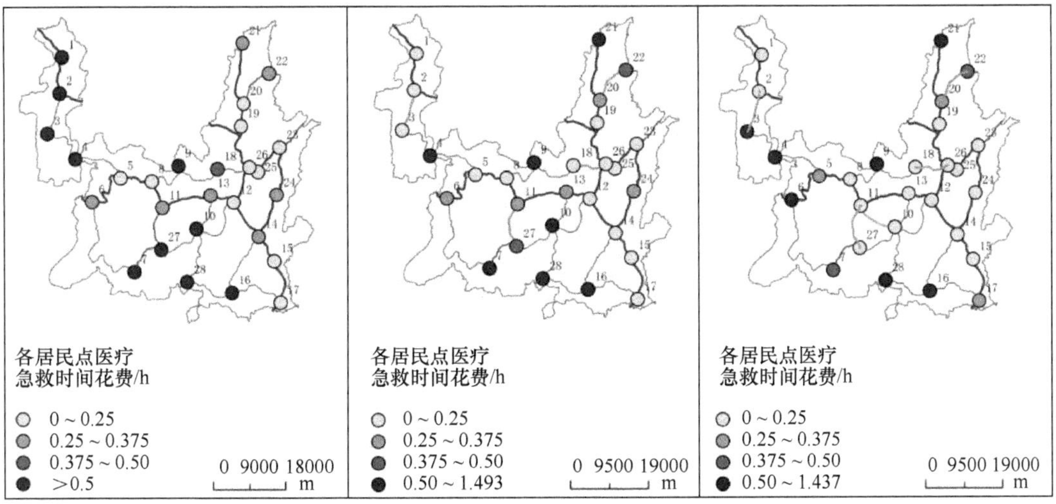

(a) 情景 1 各居民点医疗急救时间花费　(b) 情景 2 各居民点医疗急救时间花费　(c) 情景 3 各居民点医疗急救时间花费

图 4.9　各情景下各居民点医疗急救时间花费空间分布

4.5 本章小结

本章对基于交通网络医疗急救中心优化布局所使用的设施区位设计问题的模型与算法进行了探讨，以最小化没有被覆盖到的居民点所受到的惩罚值、各居民点患者的旅行成本、医疗急救中心建设成本及道路修建升级成本为目标，构建多目标模型。分别在只利用已有道路、假设已有道路网络可升级、假设已有道路网络可升级且可修建 3 种情景下进行模型构建和求解分析。研究结果表明，使用改进的多目标模拟退火算法，可有效解决地处山地环境的医疗急救中心布局的设施区位设计问题。作为应用成果，计算了山地省份贵州省松桃苗族自治县医疗急救中心的布局问题。结果表明，相比于情景 1，情景 2 中没有被覆盖到的居民点大幅度减少且部分居民点患者急救时间花费有了大幅度下降，医疗急救效率得到了明显提高。相比于情景 2，情景 3 的医疗急救效率得到了进一步提升且没有被覆盖到的居民点总人数也有所减少。通过分析可知，交通网络条件对山村医疗急救中心布局优化具有重要影响，合理改善交通条件能够有效提高山村地区居民的医疗急救效率，提高偏远地区的医疗急救服务满意度。

第 5 章　乡村邻避型公共设施区位设计问题

5.1　问 题 背 景

邻避型设施是指一些设施在为居民提供便利或服务的同时，也会对其周围临近居民带来较强的负面影响，从而受到临近居民的抵制和反对，这类设施被称为邻避型设施，由此带来的问题叫作邻避型设施区位问题（not in my back yard，NMBY）（Saameño Rodríguez et al.，2006）。邻避型设施之所以受到人们抗拒的主要原因是该类设施所提供的便利由全社会所共享，但其带来的负面影响可能只有距离其较近的部分居民来承担，这种利益和风险的配置有失公平时，会带来居民的不满（肖小文，2010）。垃圾处理设施是邻避程度较高的一类邻避型公共设施之一。

生态宜居是实现乡村振兴战略不可或缺的重要内容。随着近些年我国乡村地区经济发展和人民生活水平的不断提高，乡村地区的生活垃圾产生量也在大幅增加。一直以来，我国乡村地区垃圾问题的受关注程度要远远低于城市地区，也是整个环境治理的薄弱环节。同时，有别于城市地区，乡村地区的垃圾收集和转运设施的布局往往欠缺科学性，且布置数量不足。尤其是地处山地环境的乡村地区，交通通达性低导致垃圾运输成本和运输效率较低，这就严重影响了乡村地区居民的生活环境质量，也为乡村发展带来了严重的财政负担。

近几年国家政府部门越来越重视农村垃圾问题，如 2015 年 11 月，住房和城乡建设部等 10 个部门联合印发了《关于全面推进农村垃圾治理的指导意见》，针对农村垃圾问题提出“村收集、镇转运、县处理”的模式，并制定了到 2020 年全国 90%以上的生活垃圾都将得到有效治理的目标。垃圾转运环节是垃圾处理的关键环节，垃圾转运站是转运系统的核心，在系统中起着调度链接作用。同时，垃圾的收集和运输费用占整个垃圾处理系统费用的 70%～80%（聂永丰，2000），所以如何合理布局乡村地区的垃圾转运站，并规划设计垃圾收运路线，从而最大限度地提高垃圾的转运效率，降低垃圾转运成本，并改善乡村居民的生活环境质量，成为实现乡村振兴战略亟待解决的问题之一。国内外已有部分学者对垃圾转运站的选址问题进行了研究。

在国外，Anderson（1968）最早提出垃圾转运站的建设应遵循“成本最优”的理念，强调垃圾转运站的建设要保障整个垃圾处理系统的运行成本最小。在此基础上，Yurteri 和 Siber（1985）通过构建线性规划模型对垃圾转运站的最优化布局进行了研究分析，这也为垃圾转运站的选址奠定了理论基础。在此之后，使用数学模型对垃圾转运站进行优化选址的研究不断增加。Greenberg 等（1976）又从垃圾运输路线的角度，使用最优化理论对纽约市的垃圾运输线路进行了最优化分析。随后，Kirca 和 Erkip（1988）在 Greenberg 等（1976）的基础上进一步采用优化的线性模型对土耳其某一地区的固体废弃物中转站最优布局进行了分析探讨。Chang 和 Wang（1994）以保障垃圾处理总成本（垃圾运输和设施建设成本等）最小为目标，对垃圾转运站进行最优布局。之后，Chang 等（1996）综合考虑了经济效益和环境效益，对垃圾转运站的建设和布局进行了研究分析。

相比于国外，国内针对垃圾转运站布局的研究起步较晚，这是由于 20 世纪 90 年代之前，受限于城市化水平，国内城市垃圾运输很少使用转运站，基本采用直接运输的方式。而 20 世纪 90 年代之后，垃圾转运站选址开始引起国内学者的关注。吕新福等（2005）构建了选址-路径规划问题模型（PLRP-IF），并使用两阶段 Tabu 搜索启发式算法进行求解，得到最终的垃圾中转站选址位置和数量。贾传兴等（2006）将逆向物流系统选址概念引入城市垃圾转运站的选址问题中，首先使用集合覆盖模型确定了垃圾转运站的候选点，然后构建整数规划模型，对最小化城市的垃圾收运系统运转费用进行二次优化。陈海滨（2006）提出城市垃圾转运站的科学选址应该在符合城市规划和环境规划的基础上，考虑建设成本与运输成本的最小。曹勇锋等（2012）综合考虑了多个影响因素，并将重心法和层次分析法相结合应用于农村地区的垃圾站选址问题中。杜亚娟和郭强（2015）针对城市垃圾转运站布局问题，构建数学模型并提出了中心转移算法，用于求解垃圾转运站的最优布局问题，并给出了各个居民点垃圾的最佳转运方案。

通过文献梳理，不难发现之前的大部分研究都侧重于解决城市的垃圾转运站选址问题，并不能有效解决地处山地环境的乡村垃圾转运站的布局问题。有别于城市地区，地处乡村地区的交通通达性水平往往较低，且道路崎岖度较高。这就直接导致产生较高的垃圾运输成本，使本来财政支出水平有限的地方政府部门增加了额外的财政负担。因此乡村地区可考虑通过合理布局垃圾转运站，并新建或升级道路，提高道路通达性，达到提高山地乡村地区垃圾运输效率、降低运输成本，并改善乡村居民生活环境质量的目的。

5.2 模型构建

垃圾转运站选址应该考虑三个方面的因素，第一个方面是垃圾转运站和居民点之间要保持一定距离；第二个方面是保证所有居民点的垃圾运输总成本最小；第三个方面是垃圾转运站建设成本和道路修建升级的成本花费最小。本章利用邻避模型中的反中心模型来刻画乡村垃圾转运站的邻避问题。反中心模型可用于表示在对垃圾中转站选址的过程中总会存在一个需求点（居民点）与垃圾中转站最近，同时也必然存在一个距离最近的垃圾转运站。那么如果使这个最近的垃圾转运站与居民点的距离最远，也就保证了所有垃圾转运站都尽可能远离需求点。这时垃圾中转站对各居民点的影响就会减小到最小，所以选择反中心模型的目标函数作为多目标邻避型设施区位设计模型的其中一个目标函数。基于此，并结合 Melkote（1996）的研究，本书构建包含 3 种道路情景的多目标邻避型设施区位设计模型。

情景 1 考虑垃圾转运站布局只利用已有道路网络，这种情况出现在乡村道路建设比较发达的地区。

情景 2 假设已有道路网络可升级，这种情况出现在大多数乡村建设中，尤其是在山地环境中。

情景 3 假设道路网络可升级且可修建，这种情况多发生在我国西南部山地地区。

有别于基于重心和覆盖模型的设施区位设计问题，邻避型设施区位设计问题中的节点包含备选设施节点和需求节点，即需求节点和设施节点不能相互重叠，需求节点又分纯粹需求节点和中转节点。另外，因为研究区地处山地环境，所以在模型构建过程中引入了道路崎岖度系数。

同样需要提出一些假设：①乡村体系构成网络体系，每一个网络节点代表一个居民点或者备选设施点；②每个节点不能同时为设施节点和需求节点，即垃圾转运站不能建设在居民点上；③垃圾转运站必须建设在备选设施节点之上；④每个备选设施节点上最多只能建设一个垃圾转运站；⑤所有的道路网络链接都是定向的，即垃圾运输不做重复往返运动；⑥垃圾转运站和道路网络链接均无容量限制，每个居民点的垃圾都作为整体进行运输，不能被拆分。

接下来对模型所用到的符号约定如下。

N：道路网络中的需求节点（居民点）集合，$k \in N$；

F：设施节点集合（包含新建垃圾转运站和已有垃圾转运站）；

M：道路网络中的备选垃圾转运站节点集合，$m \in M$；

O：道路网络中的所有节点集合，$h,q \in O = M \cup N$；

L：已有道路和潜在道路网络链接集合，$(h,q) \in L$；

L'：已有道路网络链接集合，$L' \in L$；

d_k：居民点 k 的需求，即垃圾产出量；

f_m：在节点 m 处建设垃圾转运站的成本花费；

c_{hq}：修建或升级道路链接 (h,q) 的成本花费；

tr_{hq}：道路链接 (h,q) 上垃圾的运输成本；

tr_{hq}^k：k 居民点所产垃圾在道路链接 (h,q) 的运输成本，且 $tr_{hq}^k = tr_{hq} d_k$；

D^{km}：从 k 需求点到垃圾转运站的欧氏距离；

R：道路崎岖度系数。

决策变量：

$Z_m = 1$，在 m 节点布置了设施（垃圾转运站）；

$Z_m = 0$，m 节点无设施（垃圾转运站）；

$X_{hq}=1$，如果道路链接(h,q)存在；

$X_{hq}=0$，如果道路链接(h,q)不存在；

$E_{hq}=1$，如果道路链接(h,q)存在（包含修建升级道路和已有道路）；

$E_{hq}=0$，如果道路链接(h,q)不存在；

$Y_{hq}^{k}=1$，居民点k产生的垃圾，在运输途中需要经过道路链接(h,q)；

$Y_{hq}^{k}=0$，居民点k产生的垃圾，在运输途中不需要经过道路链接(h,q)；

$W_{m}^{k}=1$，居民点k产生的垃圾需要运输到垃圾转运站m处；

$W_{m}^{k}=0$，居民点k产生的垃圾不需要运输到垃圾转运站m处；

$Y_{hq}^{h}=E_{hq}$，i居民点所产垃圾必须经过(i,j)道路链接运输到其他地方寻求服务，表示(i,j)链接存在。

进一步地，我们归纳 3 种道路情景的模型构建结果如下。

1. 情景 1（已有道路）

目标函数：

$$\text{Distance}=\max_{i\in N}\{\min_{m\in M}D^{km}\} \tag{5.1}$$

$$\text{Travel}=\min\sum_{k}\sum_{(h,q)\in L'}Rtr_{hq}^{k}Y_{hq}^{k} \tag{5.2}$$

$$\text{Cost}=\min\sum_{m\in M}f_{m}Z_{m} \tag{5.3}$$

约束条件：

$$\sum_{h\in O}W_{m}^{k}=1,\forall k\in N \tag{5.4}$$

$$\sum_{k\in N:h\neq k}\sum_{q\in N}Y_{qh}^{k}d_{k}+d_{h}=\sum_{k\in N}\sum_{q\in N}Y_{hq}^{k}d_{k},\forall i\in N,i\notin F \tag{5.5}$$

$$W_{m}^{k}\leqslant Z_{m},\ \forall k\in N,m\in M:m\neq k \tag{5.6}$$

$$Y_{hq}^{k}\leqslant E_{hq},\ \forall k\in N,(h,q)\in L' \tag{5.7}$$

$$Y_{hq}^{h}+Y_{qh}^{q}\leqslant 1,\forall i,j\in N,\ (h,q)\in L' \tag{5.8}$$

$$\sum_{m\in M}Z_{m}=p \tag{5.9}$$

$$Z_{m}\in\{0,1\},\forall m\in M \tag{5.10}$$

目标函数中包含式（5.1）、式（5.2）和式（5.3）3 个目标函数，其中式（5.1）表示垃圾中转站距离居民点的最小欧式距离最大。在这里，垃圾转运站对各居民点居民的影响可看作是空间中点对点的影响，与道路无关，所以使用欧氏距离来表示这种影响。该欧氏距离越大，居民点所受到的垃圾中转站的负面影响就越小。式（5.2）表示最小化从各居民点到垃圾转运站的垃圾运输成本。式（5.3）表示最小化垃圾转运站的建设成本，即最小化垃圾转运站新建个数。式（5.4）～式（5.11）为约束条件，其中式（5.4）表示k居民点处产生的垃圾必须要运送到某一个垃圾转运站进行处理；式（5.5）保证流量守恒，即i节点的流入量等于i节点的流出量，其中i节点为中转节点，等式的左侧有两项，第一项$\sum_{k\in N:h\neq k}\sum_{q\in N}Y_{qh}^{k}d_k$表示$k$居民点所产垃圾经过中转居民点$q$或直接（当$q=k$时为直接运输）被运输到$h$居民点的总流入量，第二项$d_h$表示$h$居民点本身的垃圾产出量（需求量），二者相加表示$h$节点的总流入量，等式右边$\sum_{k\in N}\sum_{q\in N}Y_{hq}^{k}d_k$表示$k$居民点及$h$居民点所产垃圾从$h$居民点流出到其他垃圾转运站寻求服务；式（5.6）保证只有在有垃圾转运站的居民点处，才能对垃圾进行处理；式（5.7）表示只有在已创建的道路链接上才存在垃圾运输；式（5.8）保证为单向链接，这是因为垃圾如果从h居民点运输到q居民点，就不会再从q居民点运输到h居民点，即不会做重复往返运输；式（5.9）表示新建垃圾转运站个数为p；式（5.10）中Z_m为（0，1）决策变量，表示备选设施点m处是否存在新建垃圾转运站，如果需要新建垃圾转运站则为 1，否则为 0。

2. 情景 2（道路可升级）

目标函数：

$$\text{Distance}=\max_{i\in N}\{\text{Min}_{m\in M}D^{km}\} \tag{5.11}$$

$$\text{Travel}=\min\sum_{k}\sum_{(h,q)\in L'}Rtr_{hq}^{k}Y_{hq}^{k} \tag{5.12}$$

$$\text{Cost}=\min\sum_{(h,q)\in L'}Rc_{hq}X_{hq}+\sum_{m\in M}f_mZ_m \tag{5.13}$$

约束条件：

$$\sum_{h\in O}W_m^k=1,\ \forall k\in N \tag{5.14}$$

$$\sum_{q\in O}Y_{qh}^{k}=W_h^k+\sum_{q\in O}Y_{hq}^{k},\forall h\in O,k\in N:h\neq k \tag{5.15}$$

$$W_m^k\leqslant Z_m,\ \forall k\in N,m\in M:m\neq k \tag{5.16}$$

$$Y_{hq}^{k}\leqslant E_{hq},\ \forall k\in N,(h,q)\in L' \tag{5.17}$$

$$Y_{hq}^{h}+Y_{qh}^{q}\leqslant 1,\forall i,j\in N,\ (h,q)\in L' \tag{5.18}$$

$$\sum_{m\in M}Z_m=p \tag{5.19}$$

$$Z_m\in\{0,1\},\ \forall m\in M \tag{5.20}$$

$$X_{hq}\in\{0,1\},\forall(h,q)\in L' \tag{5.21}$$

和情景 1 相比，情景 2 的目标函数式（5.13）还考虑了道路网络的升级情况，在约束条件中增加式（5.21），即 X_{ij} 为决策变量，表示道路链接 (h,q) 是否被升级，如果被升级则为 1，否则为 0。

3. 情景 3（道路可升级且可修建）

目标函数：

$$\text{Distance} = \max_{i\in N}\{min_{m\in M} D^{km}\} \tag{5.22}$$

$$\text{Travel} = \min\sum_{k}\sum_{(h,q)\in L} Rtr_{hq}^{k} Y_{hq}^{k} \tag{5.23}$$

$$\text{Cost} = \min\sum_{(h,q)\in L} Rc_{hq} X_{hq} + \sum_{m\in M} f_m Z_m \tag{5.24}$$

约束条件：

$$\sum_{h\in O} W_m^k = 1, \forall k \in N \tag{5.25}$$

$$\sum_{q\in O} Y_{qh}^k = W_h^k + \sum_{q\in O} Y_{hq}^k, \forall h \in O, k \in N : h \neq k \tag{5.26}$$

$$W_m^k \leqslant Z_m, \forall k \in N, m \in M : m \neq k \tag{5.27}$$

$$Y_{hq}^k \leqslant E_{hq}, \forall k \in N, (h,q) \in L \tag{5.28}$$

$$Y_{hq}^h + Y_{qh}^q \leqslant 1, \forall i, j \in N,\ (h,q) \in L \tag{5.29}$$

$$\sum_{m\in M} Z_m = p \tag{5.30}$$

$$Z_m \in \{0,1\}, \forall m \in M \tag{5.31}$$

$$X_{hq} \in \{0,1\}, \forall (h,q) \in L \tag{5.32}$$

和情景 2 相比，情景 3 的式（5.24）目标函数还考虑了道路网络的新建情况，其中 L 表示已有道路和潜在道路网络链接集合，X_{hq} 为决策变量，表示道路链接 (h,q) 是否被修建或升级。

5.3 算法求解

乡村邻避型设施区位设计问题也同样属于空间运筹的多目标优化问题，在乡村邻避型设施布局问题的研究中，我们除了考虑将各居民点产出的垃圾运输到垃圾转运站的运输成本最小，以及设施建设、道路升级或修建的成本最小，同时也要保证垃圾中转站对居民点所造成的负面影响尽可能小，且不难发现垃圾中转站对居民点居民负面影响的最小化是以增加设施建设、道路升级或修建的成本，以及增加垃圾运输成本为代价的，同时垃圾运输成本的最小化也是以垃圾中转站建设和道路修建升级的成本的增多为代价的。显然，3 个目标之间相互矛盾，不能同时达到最优，要有所取舍。本章所构建的邻避型设施区位设计模型也同样采用第 3 章中所提出的 IMOSA 算法来进行求解。

本章采用 IMOSA 算法进行求解的主要思路是，首先随机初始化群体，群体中每个个体代表一种解决方案（新建垃圾转运站位置、道路升级和修建方案）；然后计算所有个体的垃圾转运站建设成本和道路升级修建成本、各居民点产生的垃圾运输到距离其最近（运输成本花费最小）的垃圾转运站的成本花费，以及各居民点与所有垃圾转运站的最小欧式距离；最后利用快速非支配排序法生成 Pareto 解集（依据欧式距离计算的居民点到最近设施点的距离、各居民点垃圾的运输成本和建设成本）；在逐渐降温的过程中对当前群体所有个体随机配对进行交叉（单点交叉）和变异，依据 Metropolis 准则确定新个体，并更新 Pareto 解集；重复上述过程直到当前温度抵达最低温度时算法结束，输出最终的 Pareto 解集。

5.4 实例应用

5.4.1 数据来源和参数设定

为了检验本章提出模型和算法的可行性和有效性，同样选取地处山地环境的贵州省某镇作为研究案例。该研究区的垃圾治理费用主要由县镇财政全额补贴，经费不足，严重缺乏垃圾处置设施等问题，同时较高的垃圾运输成本给地方财政支出带来了很大负担，所以研究区的垃圾转运站布局问题具有典型性和迫切性。本章所用到的研究区的基础数据主要包括道路网络图层（高级、中级和低级道路）、居民点图层（自然村）、已有垃圾转运站布局图层及研究区行政区划背景图层，具体如图 5.1 所示。在该实例中，研究区有 26 个自然村，38650 人，面积为 200.75 km^2，已有 1 个垃圾转运站。对于各个自然村人口的估算同样采用本书第 3 章所提出的 Google Earth 估算法。

利用 ArcGIS 软件整理道路数据（已有道路和潜在道路），形成道路图层，每条路段的属性包括道路长度和垃圾运输成本花费，依据道路等级（高级、中级和低级），赋予道路不同的垃圾运输成本花费，在此基础上构建道路网络拓扑关系，然后创建网络数据集，计算出各个居民点间的最短网络距离（考虑到研究区域较小，距离单位为米）和最低运输成本花费。潜在道路（待修建道路）一定是高级道路，依据 Google Earth 中研究区的实际地形地貌加入 5 条潜在道路。由于本例仅为模型和算法结合的地理信息算例，故假定所有备选垃圾转运站都符合垃圾处理设施的选址条件。通常垃圾处理设施都建造在道路旁边（陈瑜有，2018），这里约定距居民点 500 m 范围内不得建设垃圾转运站，在遵循该约定规则的条件下，在道路网络上随机选择 7 个点作为垃圾转运站备选设施点。包含潜在道路以及垃圾转运站备选设施点的道路网络图如图 5.2 所示。

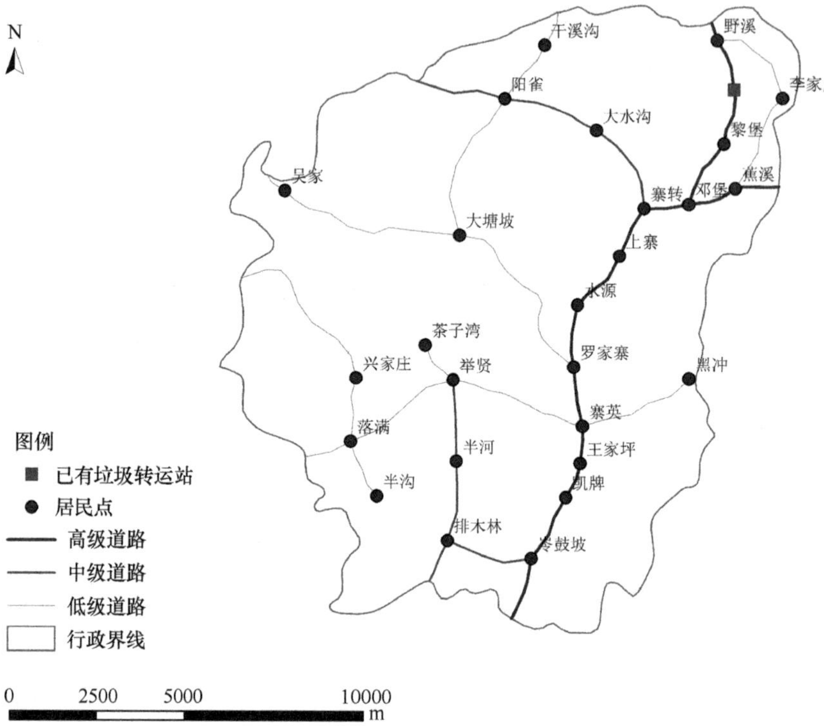

序号	居民点	人口/人	序号	居民点	人口/人
1	阳雀	1288	14	寨英	578
2	大水沟	1015	15	王家坪	1310
3	野溪	2190	16	凯牌	1712
4	李家庄	726	17	岑鼓坡	1060
5	黎堡	1128	18	排木林	1639
6	焦溪	3166	19	半河	1171
7	寨转	2718	20	半沟	1423
8	邓堡	251	21	落满	1586
9	上寨	3752	22	举贤	968
10	水源	1756	23	茶子湾	1249
11	大塘坡	713	24	兴家庄	2463
12	黑冲	1300	25	吴家	585
13	罗家寨	1850	26	干溪沟	1053

图 5.1　垃圾转运站基础数据图层

以每个居民点每天产生的垃圾总量作为各个需求点的需求量，其计算方法是假定人均日产生 1.5 kg 垃圾（李劲，2008），该值乘以各居民点人口数就可计算得到各居民点的日垃圾产生总量即需求量。同时假定高级道路的垃圾运输成本为 10 元/t·km，中级道路运输成本为高级道路的 2 倍，低级道路运输成本为高级道路的 3 倍。同样假设道路修建升级成本和道路距离成正比例关系，那么新建一条道路、低级道路升高级以及中级道路升高级的成本分别设定为 160 乘以道路距离、80（160×0.5）乘以道路距离和 48（160×0.3）乘以道路距离。假定各个备选垃圾转运站的设施建设成本相同都为 60 万。参照蒋轩（2017）对全国各县地表崎岖度的计算结果，针对该研究区设置模型中的崎岖度系数为 1.169。另外，根据模型的计算规模并参考既有研究，初始温度 T_0 取经验值 500；终止温度 T_f 设置为 0.1；降温系数 α 取值为 0.95；当前温度下马尔可夫链长 L 设置为 30。

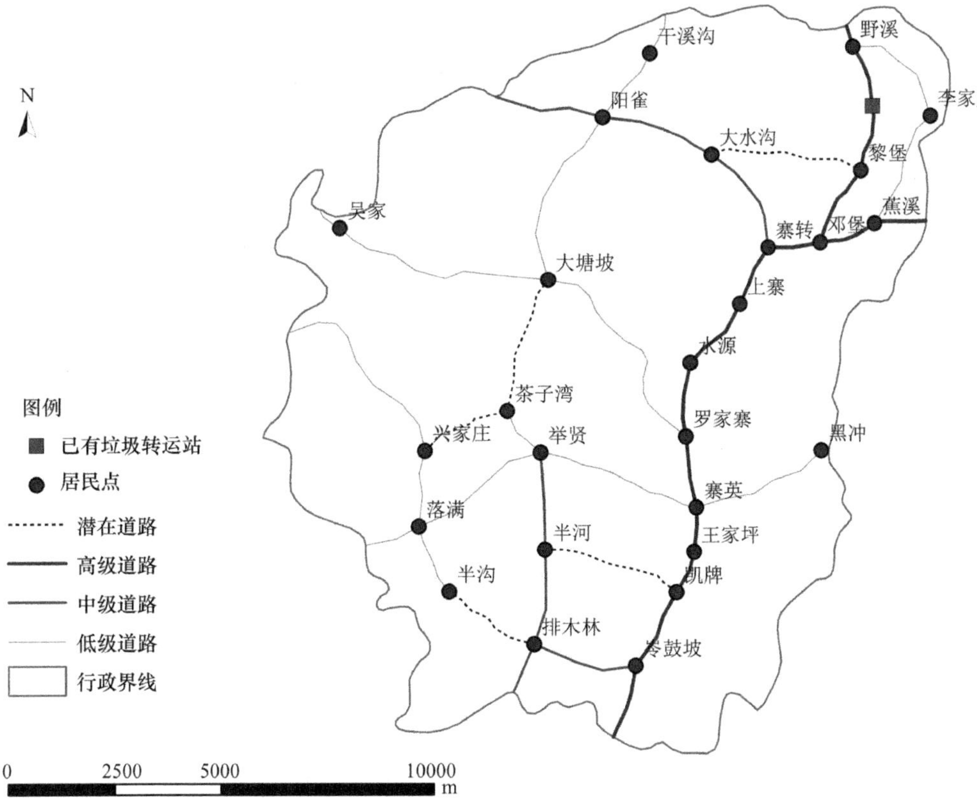

图 5.2　垃圾转运站布局中包含潜在道路的道路网络图

5.4.2　计算结果与比较分析

1. 情景 1 优化结果

当新建垃圾转运站个数分别设置为 1、2 和 3 时，求解得到情景 1 多目标模型的 Pareto 最优解集，表 5.1 中的每一个解都表示一种最优的垃圾转运站布局方案。在求得 Pareto 最优解集之后，决策者可根据自己的偏好在这些决策方案中挑选最终的决策方案。这里仅对新建 2 个垃圾转运站的情况进行讨论分析。从表 5.1 可看出，新建

2 个垃圾转运站所对应的决策方案编号为 3～7，由于这 5 个方案中单个设施建设成本相同都为 60 万元，所以在进行最终决策方案的选择时，只需对比分析第一目标值（最大化最小邻避距离）和第二目标值（垃圾运输成本）即可。通过对比，不难发现各居民点受垃圾转运站负面影响的减少是以增加垃圾运输成本为代价的。根据研究区的实际情况，受当地政府财政支出的限制，在保证居民点尽可能远离垃圾转运站的同时，也要兼顾考虑垃圾运输成本不能过高，所以需要决策者从 4 个 Pareto 最优解中选择一个作为最终的折中解。根据表 5.1，选择方案 5 作为折中解的最终决策方案。在方案 5 中，新建垃圾转运站的备选设施位置是 31 和 32。最大化最小邻避距离（第一目标值）为 1211m，垃圾运输成本为 4341 元，垃圾转运站的设施建设成本为 120 万元，新建垃圾转运站位置如图 5.3 所示。从图 5.3 中还可看出，在新建 2 个垃圾转运站之后，有 3 个居民点处（野溪村、李家庄和黎堡村）产生的垃圾运输到编号为 27 的已有垃圾转运站进行处理；12 个居民点处（黑冲村、寨英村、王家坪、凯牌、岑鼓坡、排木林、半河、半沟、落满、举贤、茶子湾和兴家庄）产生的垃圾运输到编号为 31 的新建垃圾转运站进行处理；11 个居民点处（阳雀、大水沟、蕉溪、寨转、邓堡、上寨、水源、大塘坡、罗家寨、吴家村和干溪沟）产生的垃圾运输到编号为 32 的新建垃圾转运站进行处理。表 5.2 给出了在情景 1 优化结果下各个居民点的邻避距离和垃圾运输成本。

2. 情景 2 优化结果

表 5.3 给出了当新建垃圾转运站个数分别设置为 1、2 和 3 时情景 2 双目标模型的 Pareto 最优解集，表中的每一个解都表示一种最优的选址方案。和情景 1 相同，在求得

表 5.1　情景 1 Pareto 最优解对应的方案及目标值

方案编号	新建设施个数	设施选址位置	最大化最小邻避距离/m（目标函数 1）	垃圾运输成本/元（目标函数 2）	设施建设成本/元（目标函数 3）
1	$P=1$	30	1372	6615	600000
2	$P=1$	31	1211	5175	600000
3	$P=2$	30，33	1372	6028	1200000
4	$P=2$	30，32	1290	5833	1200000
5	$P=2$	31，32	1211	4341	1200000
6	$P=2$	28，31	1122	4153	1200000
7	$P=2$	28，34	739	3772	1200000
8	$P=3$	29，30，33	1372	5995	1800000
9	$P=3$	30，32，33	1290	5476	1800000
10	$P=3$	31，32，33	1211	3984	1800000
11	$P=3$	28，31，32	1122	3320	1800000
12	$P=3$	28，33，34	739	3304	1800000

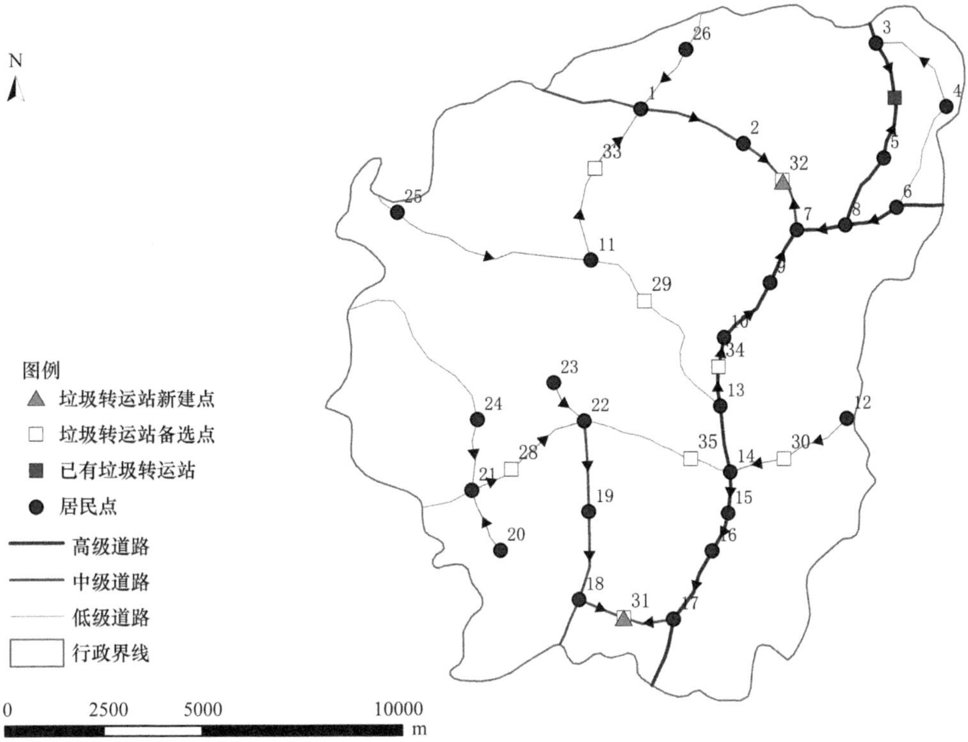

图 5.3　情景 1 下方案 5 的垃圾转运站布局结果

表 5.2　情景 1 下方案 5 各居民点邻避距离及垃圾运输成本

序号	邻避距离/m	运输成本/元	序号	邻避距离/m	运输成本/元	序号	邻避距离/m	运输成本/元
1	3965	158	11	5202	226	21	4973	377
2	1332	41	12	6151	298	22	4987	83
3	1443	48	13	5787	177	23	6109	178
4	1372	105	14	4496	46	24	6152	782
5	1520	26	15	3678	84	25	9713	323
6	2720	189	16	2754	83	26	4063	218
7	1290	54	17	1242	20			
8	1959	10	18	1211	30			
9	2569	158	19	2785	60			
10	4179	122	20	3532	446			

Pareto 最优解集之后，决策者可根据自己的偏好在这些决策方案中挑选最终的决策方案。从表 5.3 中可看出，新建 2 个垃圾转运站的方案编号为 16～35，为了方便决策判断，通过三维坐标系图将新建 2 个垃圾转运站的各 Pareto 最优解显示出来，如图 5.4 所示。方案 34 和 35 能保证建设成本较小，但各居民点垃圾运输总成本较高；方案 16 和 17 能保证各居民点垃圾运输总成本较低，但建设成本较高。同样依据实际情况，在当地政府财政支出的能力范围内，保证居民点尽可能远离垃圾转运站的同时也要兼顾考虑垃圾运输

成本不能过高，所以需要决策者从这 15 个 Pareto 最优解中选择一个作为最终的折中解。从图 5.4 中可看出，方案 21、25 和 26 都有可能被选择作为折中决策方案，这里选择方案 26 作为折中解的最终决策方案。在方案 26 中，新建垃圾转运站的位置是位于设施备选点 28 和 30，并对 7 条道路进行了升级（阳雀—大水沟、大水沟—寨转、黑冲—寨英、举贤—茶子湾、半河—举贤、排木林—半河、落满—举贤）。方案 26 的最大化最小邻避距离值（第一目标值）为 1122 m，居民点垃圾运输成本花费（第二目标值）为 3201 元，垃圾转运站建设以及道路升级成本花费为 2312728 元。在情景 2 中的道路升级情况以及新建垃圾转运站位置如图 5.5 所示。同时从图中还可看出，有 10 个居民点（阳雀、大水沟、野溪、李家庄、黎堡、蕉溪、寨转、邓堡、上寨和干溪沟）产出的垃圾运输到位于点 27 的已有垃圾转运站；有 7 个居民点（排木林、半河、半沟、落满、举贤、茶子湾和兴家庄）产出的垃圾运输到位于点 28 的新建垃圾转运站；有 9 个居民点（吴家、大塘坡、水源、罗家寨、寨英、黑冲、王家坪、凯牌和岑鼓坡）产出的垃圾运输到位于点 30 的新建垃圾转运站。表 5.4 给出了在情景 2 优化结果下各个居民点的邻避距离和垃圾运输成本。

表 5.3 情景 2 Pareto 最优解对应的方案及目标值

方案编号	新建设施个数	设施选址位置	最大化最小邻避距离/m（目标函数 1）	垃圾运输成本/元（目标函数 2）	设施建设成本/元（目标函数 3）
1	$P=1$	28	1122	3419	3636280
2	$P=1$	35	1048	3635	3433128
3	$P=1$	31	1211	3791	3240760
4	$P=1$	28	1122	3559	3068040
5	$P=1$	35	1048	3943	2520088
6	$P=1$	26	1122	3774	2451620
7	$P=1$	31	1211	4100	2327720
8	$P=1$	35	1048	4187	1903668
9	$P=1$	28	1122	4225	1626468
10	$P=1$	31	1211	4460	1699860
11	$P=1$	28	1122	4628	1182212
12	$P=1$	35	1048	4946	1355852
13	$P=1$	31	1211	5073	1163484
14	$P=1$	35	1048	5754	899436
15	$P=1$	31	1211	5514	826268
16	$P=2$	28，34	739	2334	3805448
17	$P=2$	28，30	1122	2762	3721528
18	$P=2$	31，33	1211	3130	3712984
19	$P=2$	29，31	1211	3451	3642360
20	$P=2$	28，34	739	2534	3018648

续表

方案编号	新建设施个数	设施选址位置	最大化最小邻避距离/m（目标函数 1）	垃圾运输成本/元（目标函数 2）	设施建设成本/元（目标函数 3）
21	$P=2$	28，30	1122	3070	2808488
22	$P=2$	29，31	1211	3652	2855560
23	$P=2$	31，33	1211	3826	2804924
24	$P=2$	28，34	739.	2894	2350788
25	$P=2$	28，34	739	3279	2223012
26	$P=2$	28，30	1122	3201	2312728
27	$P=2$	29，31	1211	3913	2312600
28	$P=2$	31，33	1211	4136	2276924
29	$P=2$	28，34	739	3504	1849252
30	$P=2$	28，30	1122	3522	2077912
31	$P=2$	31，33	1211	4533	1772024
32	$P=2$	29，31	1211	4143	2052724
33	$P=2$	28，30	1122	3714	1714312
34	$P=2$	31，33	1211	4727	1427224
35	$P=2$	29，31	1211	5374	1319228
36	$P=3$	30，31，32	1211	3071	4373744
37	$P=3$	28，33，34	739	2015	4193752
38	$P=3$	29，31，32	1211	3249	3971744
39	$P=3$	28，29，31	1122	2799	4062176
40	$P=3$	30，31，32	1211	3271	3970944
41	$P=3$	28，33，34	739	2215	3406952
42	$P=3$	29，31，32	1211	3449	3568944
43	$P=3$	30，31，32	1211	3532	3562784
44	$P=3$	28，29，31	1122	2999	3275376
45	$P=3$	28，33，34	739	2328	3034152
46	$P=3$	28，33，34	739	2536	2659256
47	$P=3$	29，31，32	1211	3962	3029242
48	$P=3$	28，29，31	1122	3226	2742716
49	$P=3$	30，31，32	1211	3904	3083184
50	$P=3$	29，31，32	1211	3710	3160784
51	$P=3$	28，29，31	1122	3492	2472540
52	$P=3$	28，33，34	739	2808	2222936
53	$P=3$	29，31，32	1211	4150	2814202
54	$P=3$	28，29，31	1122	3729	2156060
55	$P=3$	30，31，32	1211	4257	2765246

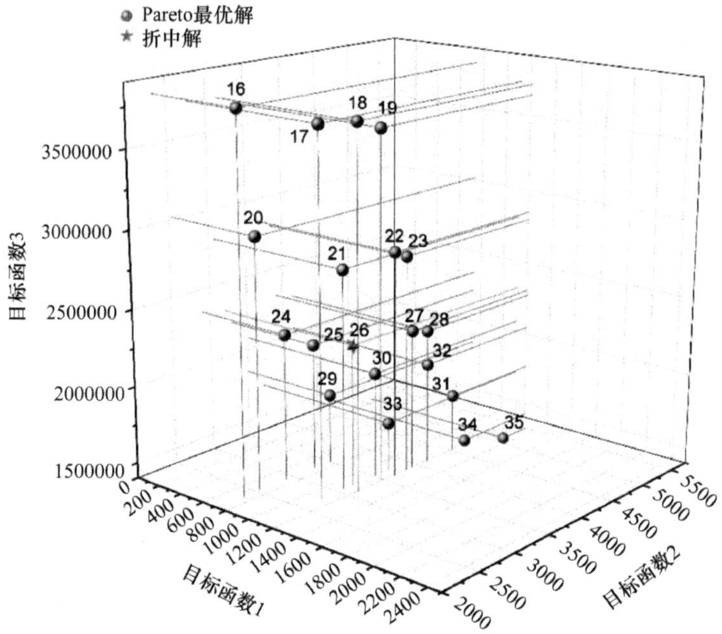

图 5.4　情景 2 的 Pareto 最优解在三维坐标系中的分布情况（p=2）

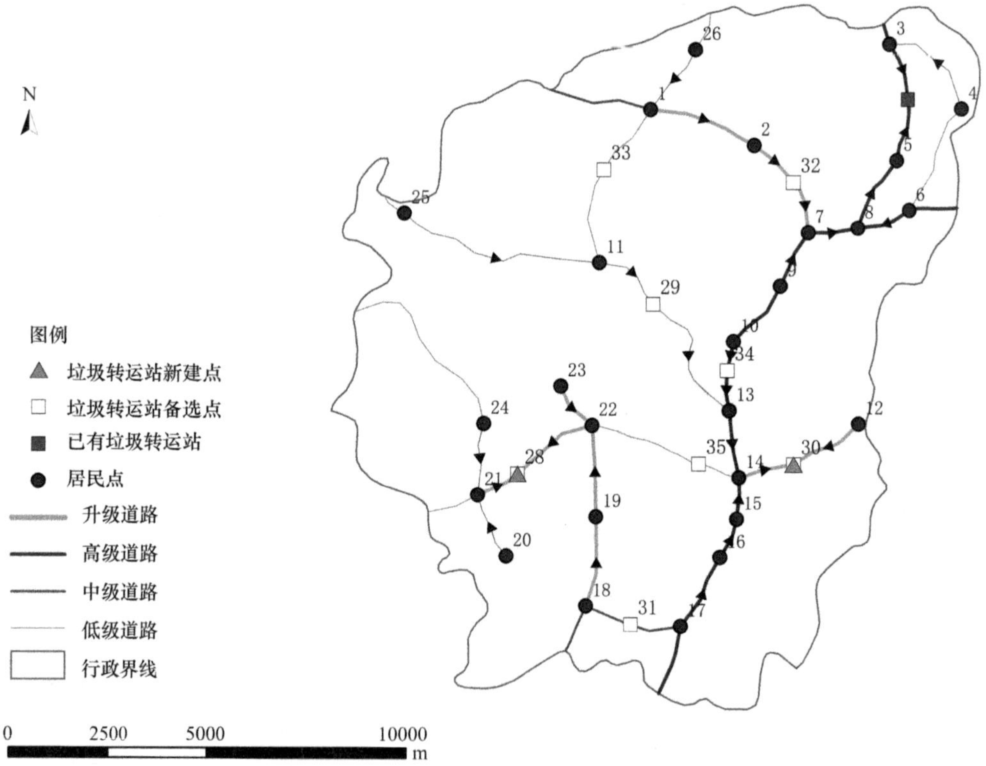

图 5.5　情景 2 下方案 26 的垃圾转运站布局和道路升级结果

表 5.4　情景 2 下方案 26 的各居民点邻避距离及垃圾运输成本

序号	邻避距离/m	运输成本/元	序号	邻避距离/m	运输成本/元	序号	邻避距离/m	运输成本/元
1	6412	196	11	6912	205	21	1122	27
2	4002	113	12	1891	38	22	2199	33
3	1443	48	13	2073	85	23	2407	66
4	1372	105	14	1392	12	24	1499	173
5	1520	26	15	1953	48	25	7004	306
6	2720	233	16	2922	89	26	5430	250
7	4118	194	17	4855	86			
8	3399	13	18	3663	166			
9	4393	352	19	2218	79			
10	3375	126	20	2038	132			

3. 情景 3 优化结果

表 5.5 给出了当新建垃圾转运站个数分别设置为 1、2 和 3 时情景 3 多目标模型的 Pareto 最优解集，表中的每一个解都表示一种最优的选址方案。和情景 1 相同，在求得 Pareto 最优解集之后，决策者可根据自己的偏好在这些决策方案中挑选最终的决策方案。从表 5.5 中可看出，新建 2 个垃圾转运站的方案编号为 16 到 35，为了方便决策判断，通过三维坐标系图将新建 2 个垃圾转运站的各 Pareto 最优解显示出来，如图 5.6 所示。方案 34 和 35 能保证建设成本较小，但各居民点垃圾运输总成本较高；方案 16 和 17 能保证各居民点垃圾运输总成本较低，但建设成本较高。同样依据实际情况，在当地政府财政支出的能力范围内，保证居民点尽可能远离垃圾转运站的同时也要兼顾考虑垃圾运输成本不能过高，所以需要决策者从这 15 个 Pareto 最优解中选择一个作为最终的折中解。从图 5.6 中可看出，方案 22、24 和 25 都有可能被选择作为折中决策方案，这里选择方案 24 作为折中解的最终决策方案。在方案 24 中，新建垃圾转运站的位置是位于设施备选点 28 和 30，最大化最小邻避距离值（第一目标值）为 1122 m，居民点垃圾运输成本花费（第二目标值）为 2959 元，垃圾转运站建设以及道路升级成本花费为 2830968 元。在情景 3 中的道路升级情况以及新建垃圾转运站位置如图 5.7 所示。同时从图中还可看出，有 10 个居民点（阳雀、大水沟、野溪、李家庄、黎堡、蕉溪、寨转、邓堡、上寨和干溪沟）产出的垃圾运输到位于点 27 的已有垃圾转运站；有 9 个居民点（大塘坡、排木林、半河、半沟、落满、举贤、茶子湾、兴家庄和吴家）产出的垃圾运输到位于点 28 的新建垃圾转运站；有 7 个居民点（水源、罗家寨、寨英、黑冲、王家坪、凯牌和岑鼓坡）产出的垃圾运输到位于点 30 的新建垃圾转运站。表 5.6 给出了在情景 3 优化结果下各个居民点的邻避距离和垃圾运输成本。

表 5.5　情景 3 Pareto 最优解对应的方案及目标值

方案编号	新建设施个数	设施选址位置	最大化最小邻避距离/m（目标函数 1）	垃圾运输成本/元（目标函数 2）	设施建设成本/元（目标函数 3）
1	$P=1$	28	1122	3112	4993384
2	$P=1$	31	1211	3316	3707264
3	$P=1$	28	1122	3288	3365304
4	$P=1$	30	1372	3446	3529240
5	$P=1$	31	1211	3624	2794224
6	$P=1$	30	1372	3646	2742440
7	$P=1$	28	1122	3654	2364884
8	$P=1$	31	1211	3984	2166364
9	$P=1$	30	1372	3952	2181620
10	$P=1$	30	1372	4337	2053593
11	$P=1$	31	1211	4090	1799164
12	$P=1$	31	1211	4278	1584124
13	$P=1$	30	1372	4931	1674977
14	$P=1$	28	1122	6343	1380292
15	$P=1$	28	1122	6521	1170852
16	$P=2$	28，30	1122	2611	3894968
17	$P=2$	31，33	1211	3018	3822048
18	$P=2$	29，31	1211	3069	3755744
19	$P=2$	29，30	1372	3872	3755744
20	$P=2$	28，30	1122	2752	3326728
21	$P=2$	31，33	1211	3218	3035248
22	$P=2$	29，31	1211	3270	2968944
23	$P=2$	29，30	1372	4072	2968944
24	$P=2$	28，30	1122	2959	2830968
25	$P=2$	31，33	1211	3469	2656608
26	$P=2$	29，30	1372	4348	2593004
27	$P=2$	28，30	1122	3204	2596152
28	$P=2$	29，31	1211	3578	2459344
29	$P=2$	29，30	1372	4875	2370940
30	$P=2$	29，30	1372	4741	2243164
31	$P=2$	28，30	1122	3396	2232552
32	$P=2$	31，33	1211	3673	2282848
33	$P=2$	29，31	1211	3809	2199468
34	$P=2$	31，33	1211	3908	1810272
35	$P=2$	29，31	1211	4273	1703228
36	$P=3$	30，31，32	1211	2096	4757744

续表

方案编号	新建设施个数	设施选址位置	最大化最小邻避距离/m（目标函数 1）	垃圾运输成本/元（目标函数 2）	设施建设成本/元（目标函数 3）
37	$P=3$	28，30，32	1122	1914	4598488
38	$P=3$	29，31，32	1211	2274	4355744
39	$P=3$	28，33，34	739	2015	4193752
40	$P=3$	30，31，32	1211	2296	3970944
41	$P=3$	28，30，32	1122	2114	3811688
42	$P=3$	28，33，34	739	2215	3406952
43	$P=3$	28，30，32，	1122	2293	3567848
44	$P=3$	29，31，32	1211	2474	3568944
45	$P=3$	30，31，32	1211	2557	3562784
46	$P=3$	28，30，32	1122	2483	3327752
47	$P=3$	28，33，34	739	2328	3034152
48	$P=3$	29，31，32	1211	2735	3160784
49	$P=3$	30，31，32	1211	2929	3083184
50	$P=3$	29，31，32	1211	2987	3029242
51	$P=3$	28，30，32	1122	2713	3038792
52	$P=3$	29，31，32	1211	3175	2814202
53	$P=3$	30，31，32	1211	3282	2765246
54	$P=3$	28，33，34	739	2536	2659256
55	$P=3$	28，33，34	739	2808	2222936

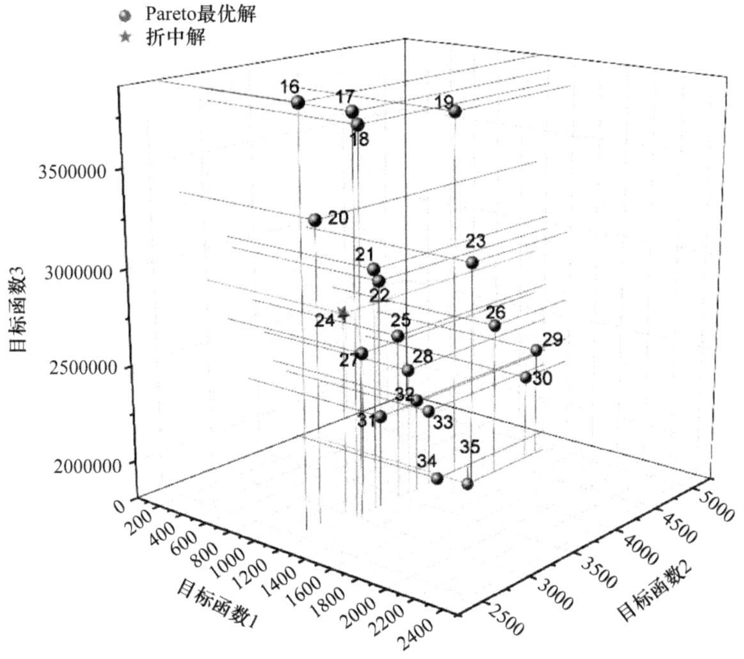

图 5.6　情景 3 的 Pareto 最优解在三维坐标系中的分布情况（p=2）

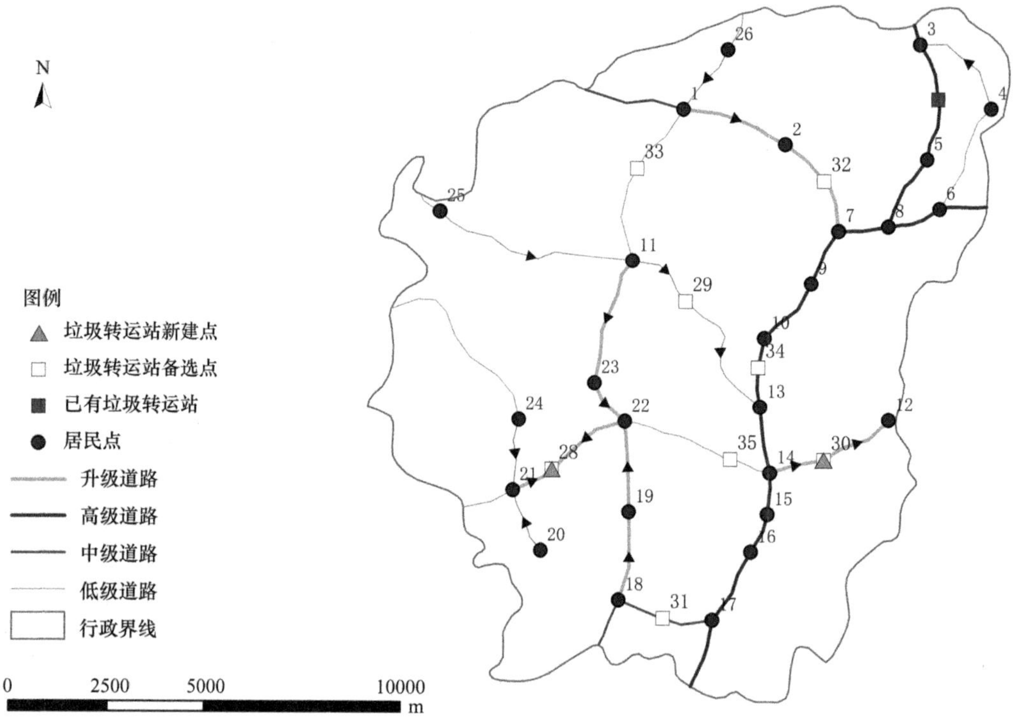

图 5.7　情景 3 下方案 24 的垃圾转运站布局和道路升级新建结果

表 5.6　情景 3 下方案 24 的各居民点邻避距离及垃圾运输成本

序号	邻避距离/m	运输成本/元	序号	邻避距离/m	运输成本/元	序号	邻避距离/m	运输成本/元
1	6412	196	11	6912	72	21	1122	27
2	4002	113	12	1891	38	22	2199	33
3	1443	48	13	2073	85	23	2407	66
4	1372	105	14	1392	12	24	1499	173
5	1520	26	15	1953	48	25	7004	197
6	2720	233	16	2922	89	26	5430	250
7	4118	194	17	4855	86			
8	3399	13	18	3663	166			
9	4393	352	19	2218	79			
10	3375	126	20	2038	132			

4. 优化结果对比分析

在情景 1、2 和 3 的计算结果中，分别选择方案 2、26 和 24 作为综合考虑邻避距离、运输成本和建设成本三个因素的最终决策方案，接下来对这三个决策方案的优化结果进行对比分析。和情景 1 相比，情景 2 增加考虑了道路升级，新建 2 个垃圾转运站的选址位置发生了变化，情景 2 优化结果中对 7 条道路进行了升级，道路升级成本花费为 1112728 元，但各居民点垃圾运输成本由情景 1 的 4341 元减少到情景 2 的 3201 元，显著降低了各居民点垃圾的运输成本，提高了垃圾运输效率。其中，在情景 2 中由于 23—22（茶子湾—落满）、22—21（举贤—落满）、18—19（排木林—半河）以及 19—22（半河—举贤）道路路段的升级，显著降低了位于居民点 18（排木林）、19（半河）、20（半沟）、21（落满）、22（举贤）、23（茶子湾）和 24（兴家庄）各居民点的垃圾运输成本；由于 12—14（黑冲—寨英）道路路段的升级，降低了寨英、黑冲、大塘坡和吴家 4 个居民点的垃圾运输成本；由于 1—2（阳雀—大水沟）和 2—7（大水沟—寨转）道路路段的升级，显著降低了 1（阳雀）、2（大水沟）、26（干溪沟）各居民点的垃圾运输成本。

和情景 2 相比，情景 3 增加考虑了潜在道路修建，优化结果中新建垃圾转运站的位置没有变化，都为备选点 28 和备选点 30，垃圾运输路径有所改变。在情景 3 中新建了 11—23（大塘坡—茶子湾）1 条潜在道路，新建成本花费为 518272 元，但垃圾运输成本由情景 2 的 3201 元进一步减少到情景 3 的 2959 元。其中在情景 3 中由于新建了 11—23（大塘坡—茶子湾）道路路段，居民点 11（大塘坡）和 25（吴家）的垃圾运输路径分别由情景 2 的 11—13—14—30（大塘坡—罗家寨—寨英—设施备选点 30）和 25—11—13—14—30（吴家—大塘坡—罗家寨—寨英—设施备选点 30）分别更改为 11—23—22—28（大塘坡—茶子湾—举贤—设施备选点 28）和 25—11—23—22—28（吴家—大塘坡—茶子湾—举贤—设施备选点 28），垃圾运输成本也由情景 2 的 205 元和 306 元下降到情景 3 的 72 元和 197 元。

5. 各情景下单位垃圾运输成本空间分布

把 3 个情景下各居民点单位垃圾运输成本花费分为四个等级（0～100，100～200，200～300 和>300），并进一步分析各情景下居民点垃圾运输成本的空间分布变化，具体如图 5.8 所示。从图 5.8（a）中可发现情景 1 中单位垃圾运输成本小于 100 的居民点有 19 个，垃圾产出量占该镇总产出量的 76.4%，主要分布在高级和中级道路沿线附近；单位垃圾运输成本在 100～200 的居民点有 3 个，垃圾产出量占该镇总产出量的 10.2%；单位垃圾运输成本大于 200 的居民点有 4 个，垃圾产出量占该镇总产出量的 13.4%，主要分布在低级道路沿线且相对偏远的外围地区，其中居民点 25（吴家）的垃圾产出量超过了 300。从图 5.8（b）中可看出在情景 2 中单位垃圾运输成本小于 100 的居民点有 22 个，垃圾产出量占该镇总产出量的 90.6%，受道路升级的影响，相比情景 1 居民点 11（大塘坡）、20（半沟）、21（落满）以及 24（兴家庄）的垃圾运输成本有了明显减少，垃圾运输效率得到了提高；情景 2 中单位垃圾运输成本在 100～200 的居民点有 3 个，垃圾产出量占该镇总产出量的 7.9%；单位垃圾运输成本大于 200 的居民点只有居民点 25（吴家）。从图 5.8（c）中可看出在情景 3 中垃圾运输成本大于 200 的居民点只有 3 个（阳雀、吴家和干溪沟），垃圾产出量占总产出量的 7.6%，且情景 3 中不存在黑色点分布，表明各居民点垃圾运输成本都小于 300。

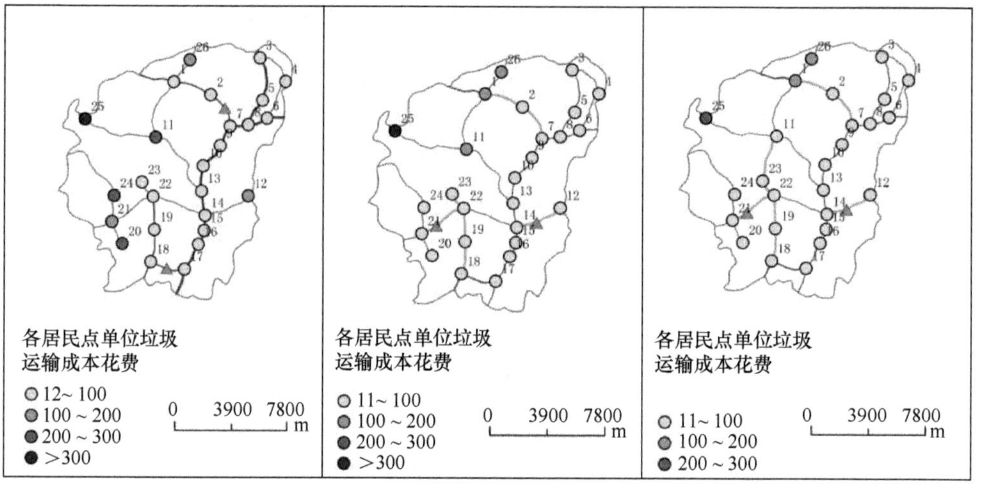

(a) 情景 1 各居民点单位垃圾运输成本花费　(b) 情景 2 各居民点单位垃圾运输成本花费　(c) 情景 3 各居民点单位垃圾运输成本花费

图 5.8　各情景下各居民点单位垃圾运输成本花费空间分布

5.5　本 章 小 结

本章针对基于交通网络的邻避设施（垃圾转运站）使用的设施区位设计问题模型与算法进行了分析探讨，以保证垃圾中转站与居民点的最小欧式距离最大，以及最小化各居民点的垃圾运输成本、垃圾转运站建设成本及道路修建和升级成本为目标构建多目标模型。分别在只利用已有道路、假设已有道路网络可升级、假设已有道路网络可升级且可修建 3 种情景下进行模型构建和求解分析。研究结果表明，使用改进的多目标模拟退火算法，可有效解决地处山地环境的垃圾转运站的设施区位设计问题。作为应用成果，计算了地处山地环境的贵州省某镇的垃圾转运站的区位设计问题，计算结果表明，相比于情景 1，情景 2 中居民点的垃圾运输成本大幅减少。相比于情景 2，情景 3 中居民点的垃圾运输成本进一步减少。研究结果表明，交通网络条件对山村垃圾转运站的布局优化具有重要影响，合理改善交通条件能够有效减少山村地区的垃圾运输成本，提高垃圾运输效率，并改善乡村居民的生活环境质量。

第 6 章　考虑不确定性的乡村公共设施区位设计问题

6.1　问题背景

本书第 3～5 章研究了确定型的乡村公共服务设施优化布局问题，但现实生活中，在设施优化布局过程中难免会受到很多不确定因素的影响，如在公共设施优化布局问题中，旅行时间、需求及建设成本并不是一成不变的，都会随时间而变化。针对公共设施布局问题中存在的这些很多随机的、不确定因素，需要通过不确定性理论来研究。以乡村医疗急救设施布局为例，由于研究区位于复杂的山地环境中，天气状况的变化对医疗急救速度有重要影响，这是导致医疗急救时间变化的重要原因。在此背景下，本章增加考虑了医疗急救时间的不确定性，来研究乡村医疗急救设施的布局优化问题。

6.2　随机 p-鲁棒优化

解决不确定性问题通常采用两种方法：随机优化和鲁棒优化。随机优化方法通常试图求得所有情景下的最小化总期望成本，使用随机优化方法得到的最优解只能保证在某些情景下最优，但对其他情景却并不能满足。鲁棒优化方法试图最小化最坏情况下的目标函数值，同时使用鲁棒优化方法求得的解对于所有情况都是有效的。然而，实际生活中由于最坏情景发生的概率往往非常低，传统的鲁棒优化解是非常保守的。很明显，随机优化和鲁棒优化方法在处理不确定问题上都有各自的缺点。于是在此背景下，为了规避那些发生可能性很低但遗憾值很大的场景，结合随机优化和鲁棒优化的优点和缺点，Snyder 和 Daskin（2006）提出了一种新的鲁棒优化方法，称为基于情景划分的随机 p-鲁棒优化。其目标函数和典型的随机优化问题相同，即最小化期望成本，在随机环境中，每个情景可以看作未来不确定因素的某种实现，同时限制各情景下相对遗憾不大于 p。本书使用该方法来解决乡村地区医疗急救时间的不确定性问题。

为了进一步介绍 p-鲁棒优化方法，这里使用符号 S 表示不同的情景集合；P_s 表示确定情景 s（$s \in S$）下的最小化问题；X 表示所有情景下问题 P_s 的可行解；$z_s(X)$ 表示问题 P_s 可行解 X 所对应的目标函数值；z_s^* 表示问题 P_s 最优解所对应的目标函数值，同时要保证 z_s^* 在每个情景 s 下都是大于 0 的。那么这个极小化极大成本（minimax cost）

和极小化极大遗憾（minimax regret）就可分别用以下模型进行表示：

$$\text{minimax cost:}\quad \min\text{imize}\max_{s\in S} z_s(X) \tag{6.1}$$

$$\text{minimax regret:}\quad \min\text{imize}\max_{s\in S}\frac{z_s(X)-z_s^*}{z_s^*} \tag{6.2}$$

另外，使用非负常数 p 表示期望鲁棒性水平，就称满足式（6.3）的可行解 x 为 p-鲁棒解。

$$\frac{z_s(X)-z_s^*}{z_s^*}\leqslant p \tag{6.3}$$

式（6.3）不等号左侧表示情景 s 下的相对遗憾，其中分子 $z_s(X)-z_s^*$ 表示绝对遗憾，式（6.3）设置了每个情景 s 下相对遗憾的最大上限。同时，式（6.3）也可转换为如下形式：

$$z_s(X)\leqslant(1+p)z_s^* \tag{6.4}$$

接着，把 p-鲁棒优化方法和最小化期望成本花费目标函数相结合就可得到：

$$\text{minimize}\ \sum_{s\in S} q_s z_s(X) \tag{6.5}$$

$$\text{s.t.}\quad z_s(X)\leqslant(1+p)z_s^*, \forall s\in S,$$

$$X\in \mathrm{X}$$

6.3 模型构建

由于在复杂的山地环境中，医疗急救时间很容易受到季节性气候变化及其他自然条件的影响。所以在第 4 章研究的基础上，本章构建了医疗急救时间变化不确定情况下的医疗急救设施布局和网络设计模型。

4.2 节已经构建了确定型的医疗急救设施优化布局模型，对于急救时间不确定的医疗急救设施优化布局问题，首先将多目标模型转化为单目标，然后在模型的构建过程中引入随机 p-鲁棒优化方法。

6.3.1 多目标化单目标

对于多目标化单目标的解决方法，虽然已有文献利用百分比无量纲方法（采用固定值 100 除以目标值）来消除多个子目标计量单位的差异，但该做法存在两个方面的不足，其一是不能真正消除两个目标的计量单位及其数量级差异，如时间单位一般采用分钟或小时表示，这就造成运输成本的数量级远远大于时间单位的数量级，用传统的线性加权法或百分比无量纲化方法不能达到理想的应用效果；其二是无法适应问题数据的变化，由于百分比无量纲化方法采用固定值除以目标值，当某些数据扰动较大而另一些数据扰动较小时，该方法就失效了。为此我们首先将 3 个目标单位消除，计算公式如下：

$$\text{Punish}^R = \frac{\text{Punish}}{\text{Punish}^*} \tag{6.6}$$

$$\text{Travel}^R = \frac{\text{Travel}}{\text{Travel}^*} \tag{6.7}$$

$$\text{Cost}^R = \frac{\text{Cost}}{\text{Cost}^*} \tag{6.8}$$

式中，Punish^R、Travel^R 和 Cost^R 分别表示消除数量级之后的相对惩罚成本、相对旅行成本和相对建设成本；Punish^*、Travel^*和 Cost^*分别表示多目标确定型模型（4.2 节）目标函数分别只保留 Punish、Travel 和 Cost 单一目标时所得到的最优目标值。显然，式(6.6)、式（6.7）和式（6.8）不仅消除了 3 个目标函数之间的计量单位，也消除了相互间的数量及差异，同时还可以根据问题数据的变化而自动调整适应。

我们考虑决策者赋予 3 个目标的重要程度，设 α、β 为决策者根据实际情况赋予成本目标的重要程度值，称为成本偏好权重，满足 $0 \leqslant \alpha$、$\beta \leqslant 1$。利用成本偏好权重将 3 个目标进行线性加权，从而多目标确定型模型的目标函数可以转化为下式：

$$Z = \text{Min} \ \ \alpha \cdot \text{Punish}^R + \beta \cdot \text{Travel}^R + (1-\alpha-\beta) \cdot \text{Cost}^R \tag{6.9}$$

6.3.2　鲁棒优化模型构建

在将多目标模型转化为单目标之后，引入随机 p-鲁棒优化方法，可开始不确定模型的构建。同样在模型构建之前先提出一些假设：①乡村体系构成网络体系，每一个网络节点代表一个自然村或者居民点；②每个节点可以为服务中心，也可以为需求中心，即每个居民点都可以建设医疗急救中心且有需要治疗的病人；③医疗急救中心必须建设在网络节点（居民点）上；④每个节点上最多只需要建设一个医疗急救中心；⑤所有的道路网络连接都是定向的；⑥医疗急救中心和道路网络连接均无容量限制；⑦各个节点的临界覆盖距离是相同的；⑧医疗急救时间花费具有不确定性。

进一步将模型构建所用到的符号约定如下。

N：道路网络中的节点集合，网络节点集合 $i, j, k \in \{1, 2, \cdots, |N|\}$；

F：设施节点集合（包含新建医疗急救中心和已有医疗急救中心）；

L：已有道路和潜在道路网络链接集合，$(i, j) \in L$；

L'：已有道路网络链接集合，$L' \in L$；

d_k：居民点 k 的需求（每个居民点的需求等于居民点人数）；

H_i：居民点 i 没有被覆盖到所受到的惩罚；

f_i：在节点 i 处建设医疗急救中心的花费成本；

c_{ij}：修建或升级道路链接 (i, j) 的成本花费；

tr_{ij}^{s}：不确定情景 s 下，道路链接 (i, j) 上每个患者的医疗急救时间花费；

tr_{ij}^{ks}：不确定情景 s 下，k 居民点需求在道路链接 (i, j) 的医疗急救时间花费，且满足 $tr_{ij}^{ks} = tr_{ij}^{s} d_k$；

D：临界覆盖时间；

p：新建医疗急救中心个数；

R：道路崎岖度系数；

S：不确定情景集合，$s \in S$；

P：鲁棒期望水平；

q_s：不确定情景 s 的发生概率；

Z_s^*：不确定情景 s 的最优总成本。

决策变量：

$Z_i^s = 1$，不确定情景 s 下，i 节点布置了设施（医疗急救中心）；

$Z_i^s = 0$，不确定情景 s 下，i 节点无设施（医疗急救中心）；

$V_i^s = 1$，不确定情景 s 下，i 居民点没有被覆盖到；

$V_i^s = 0$，不确定情景 s 下，i 居民点被覆盖到；

$X_{ij}^s = 1$，不确定情景 s 下，道路链接 (i, j) 存在；

$X_{ij}^s = 0$，不确定情景 s 下，道路链接 (i, j) 不存在；

$E_{ij} = 1$，如果道路链接 (i, j) 存在（包含修建升级道路和已有道路）；

$E_{ij} = 0$，如果道路链接 (i, j) 不存在；

$Y_{ij}^{ks} = 1$，不确定情景 s 下，居民点 k 的患者需要经过道路链接 (i, j)；

$Y_{ij}^{ks} = 0$，不确定情景 s 下，居民点 k 的患者不需要经过道路链接 (i, j)；

$W_i^{ks} = 1$，不确定情景 s 下，居民点 k 的患者到医疗急救中心点 i 接受服务；

$W_i^{ks} = 0$，不确定情景 s 下，居民点 k 的患者不到医疗急救中心点 i 接受服务；

$Y_{ij}^{i} = E_{ij}$，居民点 i 的患者需要经过道路链接 (i, j)，表示 (i, j) 链接存在；

$W_i^{i} = Z_i$，i 节点到 i 节点寻求服务，表示 i 居民点存在医疗急救中心。

我们归纳在急救时间不确定条件下 3 种道路情景（利用已有道路、道路可升级及道路可升级且可修建）的模型构建情况。

1. 情景 1（已有道路）

目标函数：

$$Z=\min\ \alpha\cdot\sum_{s\in S}q_s\frac{\text{Punish}_s}{\text{Punish}_s^*}+\beta\cdot\sum_{s\in S}q_s\frac{\text{Travel}_s}{\text{Travel}_s^*}+(1-\alpha-\beta)\cdot\sum_{s\in S}q_s\frac{\text{Cost}_s}{\text{Cost}_s^*} \tag{6.10}$$

$$\text{Punish}_s=\min\ \sum_{k\in N}H_iV_i^s \tag{6.11}$$

$$\text{Travel}_s=\min\ \sum_{k\in N}\sum_{(i,j)\in L'}Rd_k tr_{ij}^s Y_{ij}^{ks} \tag{6.12}$$

$$\text{Cost}=\min\ \sum_{i\in N}f_iZ_i^s \tag{6.13}$$

约束条件：

$$\alpha\cdot\frac{\text{Punish}_s}{\text{Punish}_s^*}+\beta\cdot\frac{\text{Travel}_s}{\text{Travel}_s^*}+(1-\alpha-\beta)\cdot\frac{\text{Cost}_s}{\text{Cost}_s^*}\leqslant(1+P)Z_s^*,\forall s\in S \tag{6.14}$$

$$Z_i^s+\sum_{j\in N}Y_{ij}^i+V_i^s=1,\forall k\in N,s\in S \tag{6.15}$$

$$\sum_{k\in N:i\neq k}\sum_{j\in N}Y_{ji}^{ks}d_k+d_i=\sum_{k\in N}\sum_{j\in N}Y_{ij}^{ks}d_k,\forall i\in N,i\notin F,s\in S \tag{6.16}$$

$$Z_k^s+\sum_{j\in N:i\neq k}W_i^{ks}+V_k^s=1,\forall k\in N,s\in S \tag{6.17}$$

$$\sum_{(i,j)\in L'}Rtr_{ij}^sY_{ij}^{ks}\leqslant D,\forall k\in N,s\in S \tag{6.18}$$

$$W_i^{ks}\leqslant Z_i^s,\forall i,k\in N,s\in S \tag{6.19}$$

$$Y_{ij}^{ks}\leqslant E_{ij}^s,\forall(i,j)\in L',k\in N,s\in S \tag{6.20}$$

$$Y_{ij}^{is}+Y_{ji}^{js}\leqslant 1,(i,j)\in L' \tag{6.21}$$

$$\sum_{i\in N}Z_i^s=p \tag{6.22}$$

$$Z_i^s\in\{0,1\},\forall i\in N,s\in S \tag{6.23}$$

$$V_i^s\in\{0,1\},\forall i\in N,s\in S \tag{6.24}$$

目标函数式（6.10）为单目标函数，是由式（6.11）、式（6.12）和式（6.13）3 个目标函数转化而来，分别表示没有被覆盖到的居民点所受到的惩罚值最小、所有居民点居民到医疗急救服务中心的时间花费成本最小、医疗急救服务中心建设成本之和最小，式（6.14）～式（6.24）为约束条件，其中式（6.14）为 p-鲁棒优化准则，保证每个情景的相对遗憾不能大于鲁棒系数 p 。同时，较小的 p 有可能导致找不到可行解，而如果 $p=\infty$ ，那么 p-鲁棒优化准则将会无效。其中式（6.15）表示在不确定情景 s 下，i 居民点要么被 i 居民点自身所处的医疗急救设施点所覆盖，要么被位于其他居民点的医疗急救设施点所覆盖，要么其没有医疗急救设施点可以覆盖到。其中当 $Z_i^s=1$ 时，表明 i 居民点存在医疗急救设施，i 居民点被覆盖到且该点的患者不需要到其他居民点寻求服务，即有

$\sum_{j\in N} Y_{ij}^{is}=0$ 和 $V_i^s=0$；当 i 居民点不存在医疗急救设施，即 $Z_i^s=0$ 时，i 居民点存在两种情况，该居民点要么没有医疗急救设施点能覆盖到，即 $V_i^s=0$，要么患者到其他医疗急救设施点寻求服务，即 $\sum_{j\in N} Y_{ij}^{is}=1$。式（6.16）是为了保证流量守恒，即在不确定情景 s 中 i 节点的流入量等于 i 节点的流出量，其中 i 节点为中转节点。等式的左侧有两项，第一项 $\sum_{k\in N:i\neq k}\sum_{j\in N} Y_{ji}^{ks} d_k$ 表示 k 居民点患者经过中转居民点 j 或直接（当 $j=k$ 时为直接流入）流入 i 居民点的总流入量，第二项 d_i 表示 i 居民点本身的患者数量（需求量），二者相加表示 i 节点的总流入量。等式右边 $\sum_{k\in N}\sum_{j\in N} Y_{ij}^{ks} d_k$ 表示在不确定情景 s 中，k 居民点及 i 居民点患者从 i 居民点流出到其他居民点寻求服务。式（6.17）表示 k 居民点要么存在设施，要么 k 居民点患者到其他设施点寻求服务，要么 k 居民点没有被覆盖到；式（6.18）表示在不确定情景 s 下，需求点 k 到达最近设施点的距离要小于等于其覆盖临界值；式（6.19）保证只有在有医疗急救中心的居民点处，才能获取服务；式（6.20）表示只有在已创建的道路链接上才有流量；式（6.21）保证为单向链接，这是因为垃圾运输如果从 i 居民点到 j 居民点，就不会再从 j 居民点到 i 居民点，即不会做重复往返移动；式（6.22）表示新建医疗急救中心个数为 p。

以上模型中的 Z_s^* 表示情景 s 下的最优总成本花费，可通过以下模型计算获得。

目标函数：

$$Z_s^* = \min\ \alpha\cdot\frac{\text{Punish}_s}{\text{Punish}_s^*}+\beta\cdot\frac{\text{Travel}_s}{\text{Travel}_s^*}+(1-\alpha-\beta)\cdot\frac{\text{Cost}_s}{\text{Cost}_s^*} \tag{6.25}$$

约束条件：

式（6.15）～式（6.24）

2. 情景 2（道路可升级）

目标函数：

$$Z=\min\ \alpha\cdot\sum_{s\in S} q_s\frac{\text{Punish}_s}{\text{Punish}_s^*}+\beta\cdot\sum_{s\in S} q_s\frac{\text{Travel}_s}{\text{Travel}_s^*}+(1-\alpha-\beta)\cdot\sum_{s\in S} q_s\frac{\text{Cost}_s}{\text{Cost}_s^*} \tag{6.26}$$

$$\text{Punish}_s=\min\ \sum_{k\in N} H_i V_i^s \tag{6.27}$$

$$\text{Travel}_s=\min\ \sum_{k\in N}\sum_{(i,j)\in L'} Rd_k tr_{ij}^s Y_{ij}^{ks} \tag{6.28}$$

$$\text{Cost}=\min\ \sum_{i\in N} f_i Z_i^s+\sum_{(i,j)\in L'} Rc_{ij} X_{ij}^s \tag{6.29}$$

约束条件：

$$\alpha \cdot \frac{\text{Punish}_s}{\text{Punish}_s^*} + \beta \cdot \frac{\text{Travel}_s}{\text{Travel}_s^*} + (1-\alpha-\beta) \cdot \frac{\text{Cost}_s}{\text{Cost}_s^*} \leqslant (1+P)Z_s^*, \forall s \in S \tag{6.30}$$

$$Z_i^s + \sum_{j \in N} Y_{ij}^{is} + V_i^s = 1, \forall k \in N, s \in S \tag{6.31}$$

$$\sum_{k \in N: i \neq k} \sum_{j \in N} Y_{ji}^{ks} d_k + d_i = \sum_{k \in N} \sum_{j \in N} Y_{ij}^{ks} d_k, \forall i \in N, i \notin F, s \in S \tag{6.32}$$

$$Z_k^s + \sum_{j \in N: i \neq k} W_i^{ks} + V_k^s = 1, \forall k \in N, s \in S \tag{6.33}$$

$$\sum_{(i,j) \in L'} Rtr_{ij}^s Y_{ij}^{ks} \leqslant D, \forall k \in N, s \in S \tag{6.34}$$

$$W_i^{ks} \leqslant Z_i^s, \forall i, k \in N, s \in S \tag{6.35}$$

$$Y_{ij}^{ks} \leqslant E_{ij}^s, \forall (i,j) \in L', k \in N, s \in S \tag{6.36}$$

$$Y_{ij}^{is} + Y_{ji}^{js} \leqslant 1, \forall (i,j) \in L', s \in S \tag{6.37}$$

$$\sum_{i \in N} Z_i^s = p, \forall s \in S \tag{6.38}$$

$$\text{X}_{ij} \in \{0,1\}, \forall (i,j) \in L', k \in N, s \in S \tag{6.39}$$

$$Z_i^s \in \{0,1\}, \forall i \in N, s \in S \tag{6.40}$$

$$V_i^s \in \{0,1\}, \forall i \in N, s \in S \tag{6.41}$$

和情景 1 相比，情景 2 的目标函数式（6.29）还考虑了道路网络的升级情况，在约束条件中增加式（6.39），即 X_{ij} 为决策变量，表示道路链接 (i,j) 是否被升级，如果被升级则为 1，否则为 0。

道路情景 2 模型中的 Z_s^* 表示情景 s 下的最优总成本花费，可通过以下模型计算获得。

目标函数：

$$Z_s^* = \min \ \alpha \cdot \frac{\text{Punish}_s}{\text{Punish}_s^*} + \beta \cdot \frac{\text{Travel}_s}{\text{Travel}_s^*} + (1-\alpha-\beta) \cdot \frac{\text{Cost}_s}{\text{Cost}_s^*} \tag{6.42}$$

约束条件：

式（6.31）～式（6.41）

3. 情景 3（道路可升级且可修建）

目标函数：

$$Z = \min \ \alpha \cdot \sum_{s \in S} q_s \frac{\text{Punish}_s}{\text{Punish}_s^*} + \beta \cdot \sum_{s \in S} q_s \frac{\text{Travel}_s}{\text{Travel}_s^*} + (1-\alpha-\beta) \cdot \sum_{s \in S} q_s \frac{\text{Cost}_s}{\text{Cost}_s^*} \tag{6.43}$$

$$\text{Punish}_s = \min \ \sum_{k \in N} H_i V_i^s \tag{6.44}$$

$$\text{Travel}_s = \min \sum_{k \in N} \sum_{(i,j) \in L'} Rd_k tr_{ij}^s Y_{ij}^{ks} \tag{6.45}$$

$$\text{Cost} = \min \sum_{i \in N} f_i Z_i^s + \sum_{(i,j) \in L} c_{ij} X_{ij}^s \tag{6.46}$$

约束条件：

$$\alpha \cdot \frac{\text{Punish}_s}{\text{Punish}_s^*} + \beta \cdot \frac{\text{Travel}_s}{\text{Travel}_s^*} + (1-\alpha-\beta) \cdot \frac{\text{Cost}_s}{\text{Cost}_s^*} \leqslant (1+P)Z_s^*, \forall s \in S \tag{6.47}$$

$$Z_i^s + \sum_{j \in N} Y_{ij}^{is} + V_i^s = 1, \ \forall k \in N, s \in S \tag{6.48}$$

$$\sum_{k \in N: i \neq k} \sum_{j \in N} Y_{ji}^{ks} d_k + d_i = \sum_{k \in N} \sum_{j \in N} Y_{ij}^{ks} d_k, \forall i \in N, i \notin F, s \in S \tag{6.49}$$

$$Z_k^s + \sum_{j \in N: i \neq k} W_i^{ks} + V_k^s = 1, \forall k \in N, s \in S \tag{6.50}$$

$$\sum_{(i,j) \in L'} Rtr_{ij}^s Y_{ij}^{ks} \leqslant D, \forall k \in N, s \in S \tag{6.51}$$

$$W_i^{ks} \leqslant Z_i^s, \forall i, k \in N, s \in S \tag{6.52}$$

$$Y_{ij}^{ks} \leqslant E_{ij}^s, \forall (i,j) \in L, k \in N, s \in S \tag{6.53}$$

$$Y_{ij}^{is} + Y_{ji}^{js} \leqslant 1, (i,j) \in L, s \in S \tag{6.54}$$

$$\sum_{i \in N} Z_i^s = p, \forall s \in S \tag{6.55}$$

$$\text{X}_{ij} \in \{0,1\}, \forall (i,j) \in L, k \in N, s \in S \tag{6.56}$$

$$Z_i^s \in \{0,1\}, \forall i \in N, s \in S \tag{6.57}$$

$$V_i^s \in \{0,1\}, \forall i \in N, s \in S \tag{6.58}$$

和情景 2 相比，情景 3 的式（6.46）目标函数还考虑了道路网络的新建情况，其中 L 表示已有道路和潜在道路网络链接集合，X_{ij}^s 为决策变量，表示道路链接 (i, j) 是否被修建或升级。

情景 3 模型中的 Z_s^* 表示情景 s 下的最优总成本花费，可通过以下模型计算获得。

目标函数：

$$Z_s^* = \min \ \alpha \cdot \frac{\text{Punish}_s}{\text{Punish}_s^*} + \beta \cdot \frac{\text{Travel}_s}{\text{Travel}_s^*} + (1-\alpha-\beta) \cdot \frac{\text{Cost}}{\text{Cost}^*} \tag{6.59}$$

约束条件：

式（6.48）～式（6.58）

6.4 算 法 求 解

针对本章的鲁棒优化模型，采用 IMOSA 算法进行求解的主要思路分两步：确定型模型（模型中 Z_s^*）求解和鲁棒模型求解。①确定型模型求解的主要思路是：首先随机初始化解个体群体，群体中每个解个体代表一种决策方案（对于道路情景 1 模型，该决策方案为新建医疗急救中心位置；对于道路情景 2 模型，该决策方案为新建医疗急救中心位置和道路升级方案；对于道路情景 3 模型，该方案为新建医疗急救中心位置、道路升级和新建道路方案），所有居民点在当前决策方案下寻找旅行时间最短的医疗急救中心，并计算所有居民点到最近医疗急救中心的旅行时间，并判断该时间花费是否在设施点的临界覆盖范围之内，从而计算该决策方案在情景 s 下的目标函数总成本；在逐渐降温的过程中对当前群体进行交叉和变异，并依据 Metropolis 准则确定新个体，从而更新解个体群体；重复上述过程直到当前温度小于最低温度时结束，输出确定型模型的最优结果。②不确定鲁棒模型求解的主要思路是，首先随机初始化解个体群体，群体中每个解个体代表一种决策方案，所有居民点在当前决策方案下寻找旅行时间花费最小的医疗急救中心，并计算该决策方案下所有情景下的加权期望总成本，即目标函数（排除决策方案中不满足 p-鲁棒约束的解）；在逐渐降温的过程中对当前群体进行交叉和变异，并依据 Metropolis 准则确定新个体，从而更新解个体群体；重复上述过程直到当前温度小于最低温度时结束，输出鲁棒最优结果。

6.5 实 例 应 用

6.5.1 数据来源和参数设定

为了检验本章提出模型和算法的可行性和有效性，还使用第 4.4 章节的实例作为研究案例。研究区位于复杂的山地环境中，天气状况的变化对医疗急救时间有重要影响，这也是导致医疗急救时间具有不确定性的主要原因。这里把不同天气状况下的通行条件分为 4 个等级（情景）：好、中、差、很差，然后统计出 2017 年研究区每天的天气状况，估算出 4 个不确定情景（好、中、差、很差）的发生概率分别为 0.48、0.38、0.09 和 0.05。同时假设低级道路、中级道路和高级道路在正常条件下（中情景）的急救速度分别为 20 km/h、40 km/h 和 60 km/h。另外，医疗急救速度对应好、中、差、很差 4 个不确定情景的急救速度和正常条件下的急救速度成一定的比例关系，依次分别设定为 1.1、1、0.9 和 0.8。同样假设道路修建升级成本和道路距离成正比例关系，那么新建一条道路、低级道路升高级及中级道路升高级的成本分别设定为 160000 乘以道路距离、80000（160000×0.5）乘以道路距离和 48000（160000×0.3）乘以道路距离。同时设置设施的覆盖临界值为 0.5 h，即居民点到邻近医疗急救中心的最长时间为 0.5 h，否则将受到惩罚。

依据各个居民点的人口数量确定各个居民点的医疗急救中心的建设成本（分 5 个等级，等级差为 5 万）为 60 万～80 万。这里设置新建设施个数为 3。另外，根据研究区的实际情况，在保证居民点尽可能多地被覆盖到，以及居民点到设施点医疗急救时间花费成本尽可能小的同时，也要兼顾当地政府部门的财政支出状况，当然保证居民点能够尽可能地被覆盖到是第一位要考虑的，所以这里分别设置α和β为 0.4 和 0.3，即保证未被覆盖到的惩罚成本、旅行成本和建设成本的权重分别为 0.4、0.3 和 0.3。参照蒋轩（2017）对全国各县地表崎岖度的计算结果，针对该研究区设置模型中的崎岖度系数为 1.169。根据模型的计算规模并参考既有研究，初始温度T_0取经验值 500；终止温度T_f设置为 0.1；降温系数α取值为 0.95；当前温度下马尔可夫链长L设置为 30。

6.5.2　计算结果与比较分析

1. 情景 1 优化结果

通过计算可求得情景 1 下的模型最优解，新建医疗急救中心位置是 2、8 和 20（甘龙镇、大路镇和长兴堡镇），其中没有被覆盖到的居民点所受的惩罚值为 159453 元，医疗急救时间成本总花费为 99883 元，医疗急救中心设施建设成本为 220 万元，新建医疗急救中心位置如图 6.1 所示。从图 6.1 中还可以看出，在新建 3 个医疗急救中心后，包括永安乡、石梁乡、寨英镇、妙隘乡、平头镇、牛郎镇、大兴街道和沙坝乡的 8 个居民点都没有被医疗急救中心所覆盖，即超出设施中心 0.5h 的覆盖临界值，占松桃苗族自治县总人口数的 22.82%。在被覆盖到的 20 个居民点中，2 个居民点（瓦溪乡和甘龙镇）到甘龙镇医疗急救中心获取服务；5 个居民点的居民（冷水溪镇、乌罗镇、大路镇、孟溪镇和普觉镇）到大路镇医疗急救中心获取服务；9 个居民点（太平营街道、大坪场镇、九江街道、蓼皋街道、世昌街道、盘石镇、长坪乡、正大镇和盘信镇）到蓼皋街道医疗急救中心寻求服务；4 个居民点（黄板镇、长兴堡镇、迓驾镇和木树镇）的居民到长兴堡镇医疗急救中心寻求服务。表 6.1 给出了被覆盖到的各个居民点的急救路径和急救时间，其中 11 个居民点（瓦溪乡、甘龙镇、冷水溪镇、大路镇、孟溪镇、太平营街道、黄板镇、长兴堡镇、盘石镇、世昌街道和蓼皋街道）的医疗急救时间都小于 15 min，9 个居民点（乌罗镇、大坪场镇、盘信镇、九江街道、迓驾镇、木树镇、正大镇、普觉镇和长坪乡）的医疗急救时间在 15～30 min。

2. 情景 2 优化结果

通过计算可求得情景 2 下的模型最优解，新建医疗急救中心位置是 2、8 和 14，没有被覆盖到的居民点所受到的惩罚值为 135411 元，医疗急救时间成本总花费为 95736 元，医疗急救中心设施建设和道路新建升级成本为 5321574 元，新建了 3 个医疗急救中心（甘龙镇、大路镇和盘信镇），同时对 4 条道路进行了升级（大路镇—妙隘乡、平头镇—大坪场镇、九江街道—蓼皋街道和长兴堡镇—木树镇）。情景 2 中的道路升级情况及新建医疗急救中心位置如图 6.2 所示。从图 6.2 中还可以看出，在医疗急救中心新建

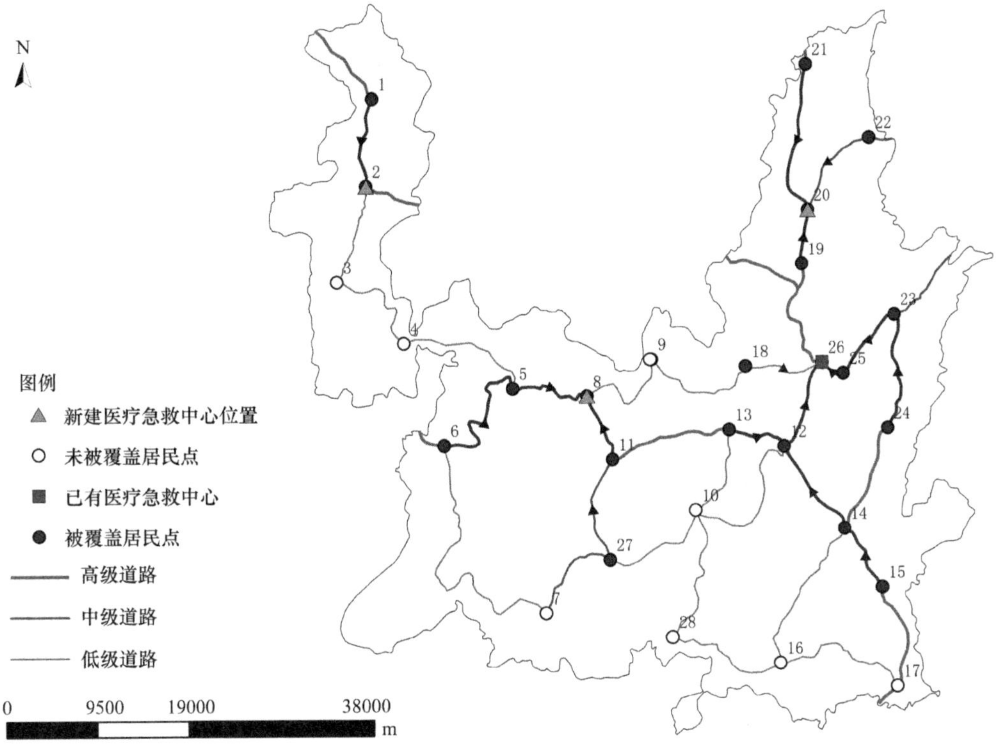

图 6.1　情景 1 医疗急救设施布局结果

表 6.1　情景 1 下各居民点居民急救路径及时间花费

序号	急救路径	时间花费/h	序号	急救路径	时间花费/h	序号	急救路径	时间花费/h
1	1—2	0.153	11	11—8	0.118	21	21—20	0.263
2		0	12	12—26	0.161	22	22—20	0.256
3	—	—	13	13—12—26	0.266	23	23—25—26	0.180
4	—	—	14	14—12—26	0.338	24	24—23—25—26	0.383
5	5—8	0.148	15	15—14—12—26	0.460	25	25—26	0.045
6	6—5—8	0.404	16	—	—	26		0
7	—	—	17	—	—	27	27—11—8	0.395
8		0	18	18—26	0.418	28	—	—
9	—	—	19	19—20	0.092			
10	—	—	20		0			

注：“—”表示该点不在覆盖范围内，下同。

和道路升级之后，平头镇、石梁乡、寨英镇、牛郎镇、迓驾镇和沙坝乡的 6 个居民点都没有被医疗急救中心所覆盖，即超出设施中心 0.5h 的覆盖临界值，占松桃苗族自治县总人口数的 19.4%。在被覆盖到的 20 个居民点中，2 个居民点的居民（瓦溪乡、甘龙镇）到甘龙镇医疗急救中心获取服务；6 个居民点的居民（冷水溪镇、乌罗镇、妙隘乡、大路镇、普觉镇和孟溪镇）到大路镇医疗急救中心获取服务；4 个居民点的居民（正大镇、盘信镇、大兴街道和长坪乡）到盘信镇医疗急救中心获取服务；10 个居民点的居民（太平营街道、大坪场镇、九江街道、黄板镇、长兴堡镇、盘石镇、世昌街道、蓼皋街道、迓驾镇和木树镇）到蓼皋街道医疗急救中心获取服务。表 6.2 给出了被覆盖到的各个居民点的急救路径和急救时间。其中 16 个居民点（瓦溪乡、甘龙镇、永安乡、冷水溪镇、大路镇、妙隘乡、孟溪镇、太平营街道、盘信镇、正大镇、九江街道、黄板镇、盘石镇、长坪乡、世昌街道和蓼皋街道）的医疗急救时间都小于 0.25h，6 个居民点（乌罗镇、大坪场镇、大兴街道、木树镇、长兴堡镇、长坪乡和普觉镇）的医疗急救时间在 0.25～0.5h。和情景 1 相比，情景 2 中的未被覆盖到的居民点由 8 个减少到 6 个。同时，由于道路升级，部分乡镇到其最近医疗急救中心的时间也有了一定程度的缩短。

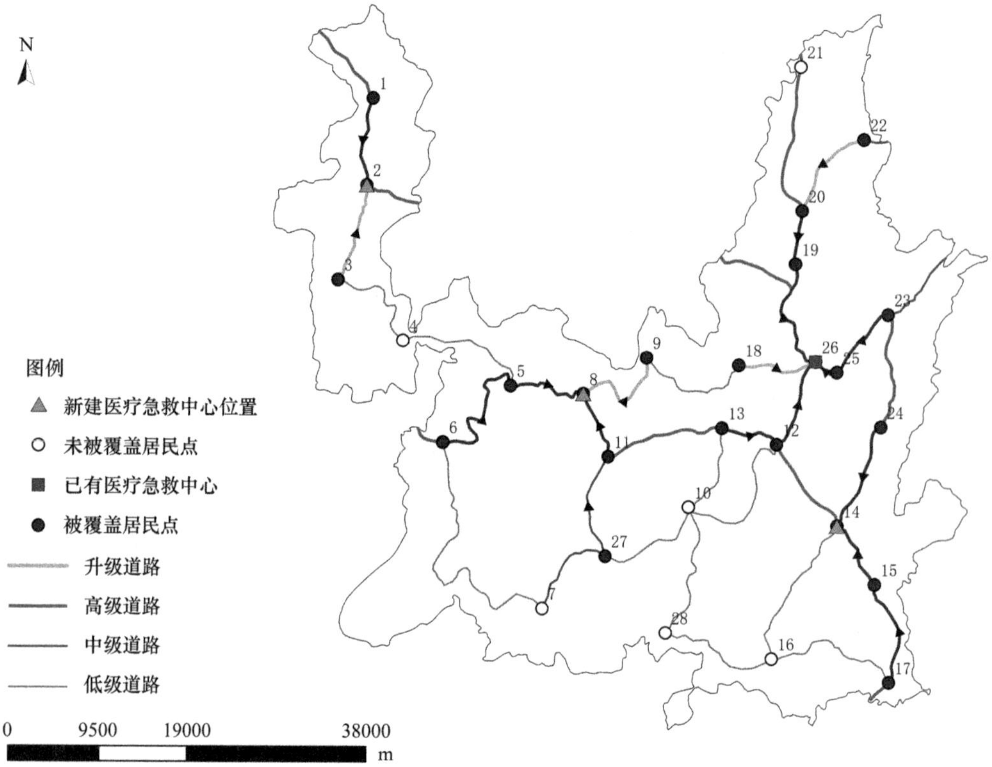

图 6.2　情景 2 下医疗急救中心布局和道路升级结果

表 6.2　情景 2 下各居民点居民急救路径及时间花费

序号	急救路径	时间花费/h	序号	急救路径	时间花费/h	序号	急救路径	时间花费/h
1	1—2	0.153	11	11—8	0.118	21	—	—
2		0	12	12—26	0.161	22	22—20—19—26	0.4643
3	3—2	0.167	13	13—12—26	0.265	23	23—25—26	0.180
4	—	—	14		0	24	24—14	0.183
5	5—8	0.148	15	15—14	0.118	25	25—26	0.045
6	6—5—8	0.404	16	—	—	26		0
7	—	—	17	17—15—14	0.294	27	27—11—8	0.395
8		0	18	18—26	0.1134	28	—	—
9	9—8	0.179	19	19—26	0.208			
10	—	—	20	20—19—26	0.300			

3. 情景3优化结果

通过计算可求得情景3下的模型最优解，新建医疗急救中心位置是2、11和14，没有被覆盖到的居民点所受到的惩罚值为113679元，医疗急救时间成本总花费为98644元，医疗急救中心设施建设和道路新建升级成本为6610438元，新建了3个医疗急救中心（甘龙镇、孟溪镇和盘信镇），同时对4条道路进行了升级（大路镇—妙隘乡、普觉镇—孟溪镇、九江街道—蓼皋街道和长兴堡镇—木树镇），并新建了1条道路（平头镇—孟溪镇）。情景3中的道路升级修建情况及新建医疗急救中心位置如图6.3所示。从图6.3中还可以看出，在医疗急救中心新建和道路升级修建之后，永安乡、石梁乡、乌罗镇、牛郎镇、迓驾镇和沙坝乡的6个居民点都没有被医疗急救中心所覆盖，即超出设施中心0.5h的覆盖临界值，占松桃苗族自治县总人口数的16.3%。在被覆盖到的22个居民点中，2个居民点的居民（瓦溪乡和甘龙镇）到甘龙镇医疗急救中心获取服务；7个居民点的居民（冷水溪镇、大路镇、平头镇、寨英镇、普觉镇、妙隘乡和孟溪镇）到孟溪镇医疗急救中心获取服务；4个居民点的居民（正大镇、大兴街道、盘信镇和长坪乡）到盘信镇医疗急救中心获取服务；9个居民点的居民（太平营街道、大坪场镇、九江街道、黄板镇、长兴堡镇、盘石镇、世昌街道、蓼皋街道、和木树镇）到蓼皋街道医疗急救中心获取服务。表6.3给出了被覆盖到的各个居民点的急救路径和急救时间。其中16个居民点（瓦溪乡、甘龙镇、大路镇、平头镇、孟溪镇、太平营街道、大坪场镇、盘信镇、正大镇、九江街道、黄板镇、盘石镇、长坪乡、世昌街道、蓼皋街道和普觉镇）的医疗急救时间都小于15 min，6个居民点（冷水溪镇、寨英镇、妙隘乡、大兴街道、木树镇、长兴堡镇）的医疗急救时间在15～30 min。

4. 各情景下医疗急救时间空间分布

把3个情景下各居民点医疗急救时间花费分为4个等级（0～0.25h、0.25～0.375h、0.375～0.5h 和>0.5h），并进一步讨论各情景下居民点患者医疗急救时间花费的空间分布变化，具体如图6.4所示。其中从图6.4（a）中可以看出未被覆盖到的居民点有8个，居民总数为159453人，占全县总人数的22.8%，主要分布在道路等级低、人口少的偏远地区；医疗急救时间在0.25h以内的居民点有11个，居民总数为313720人，占全县总人口数的44.9%，主要分布在高级道路沿线附近；医疗急救时间在0.25～0.375h的居民点有4个，居民数为111839人，占总人口数的16.0%，也分布于高级道路沿线；医疗急救时间在0.375～0.5h的居民点有5个，居民数为113839人，占总人数的16.3%。从图6.4（b）中可以发现在情景2中，未被覆盖的居民点有6个，居民总数为135411人，占全县总人口数的19.4%，和情景1相比，没有被覆盖到的居民人数有所减少；医疗急救时间在0.25h之内的居民点有16个，居民总数为401921人，占全县总人口数的57.5%，相比于情景1有了明显增加；医疗急救时间在0.25～0.375h的居民点有3个，居民数为73169人，占全县总人口数的10.5%；医疗急救时间在0.375～0.5h的居民点有3个，居民数为88350人，占全县总人口数的12.6%。从图6.4（c）中可以发现在情景3中未被覆盖的居民点也为6个，居民总数为113679人，占全县总人口数的16.3%，相比于情景2，

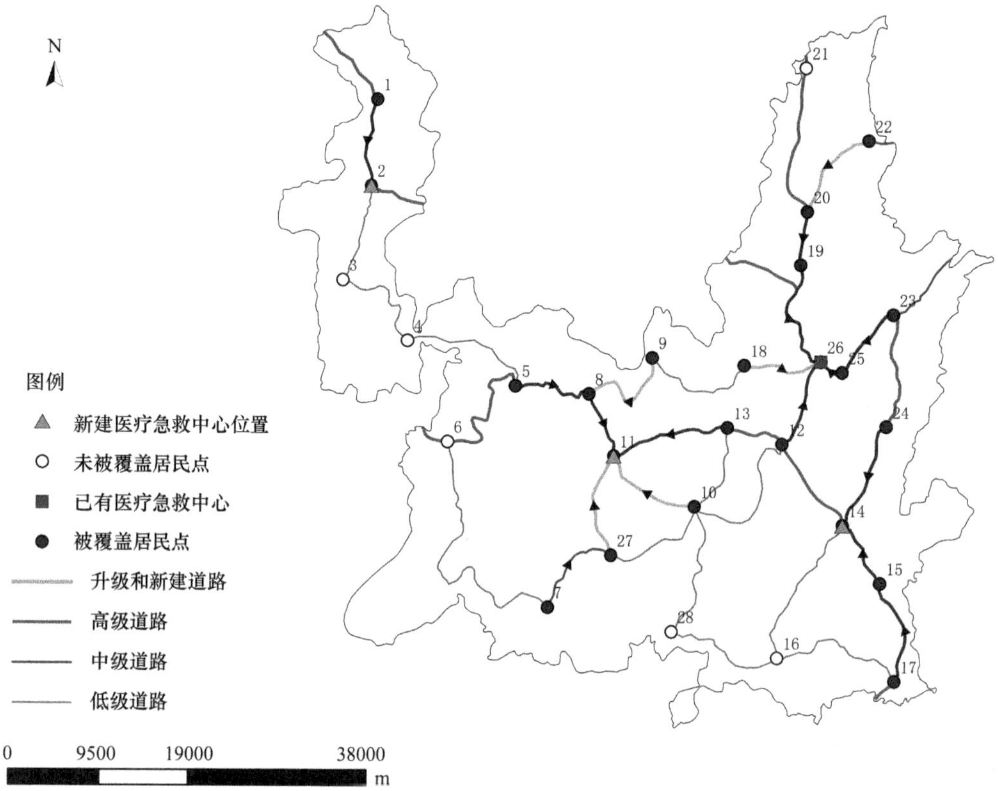

图 6.3　情景 3 下医疗急救中心布局和道路升级结果

表 6.3　情景 3 下各居民点居民急救路径及时间花费

序号	急救路径	时间/h	序号	急救路径	时间/h	序号	急救路径	时间/h
1	1—2	0.153	11		0	21	—	—
2		0	12	12—26	0.161	22	22—20—19—26	0.4643
3	—	—	13	13—11	0.209	23	23—25—26	0.180
4	—	—	14		0	24	24—14	0.183
5	5—8—11	0.266	15	15—14	0.118	25	25—26	0.045
6	—	—	16	—	—	26		0
7	7—27—11	0.424	17	17—15—14	0.294	27	27—11	0.178
8	8—11	0.118	18	18—26	0.134	28	—	—
9	9—8—11	0.297	19	19—26	0.208			
10	10—11	0.169	20	20—19—26	0.300			

未被覆盖的居民人数又有所减少；医疗急救时间在 0.25h 之内的居民点有 16 个，居民总数为 430380 人，占全县总人口数的 61.6%，相比于情景 1 和 2 有明显增加；医疗急救时间在 0.25～0.375h 的居民点有 4 个，居民数为 88813 人，占总人口数的 12.7%；医疗急救时间在 0.375～0.5h 的居民点有 2 个，居民数为 65979 人，占总人口数的 9.4%。

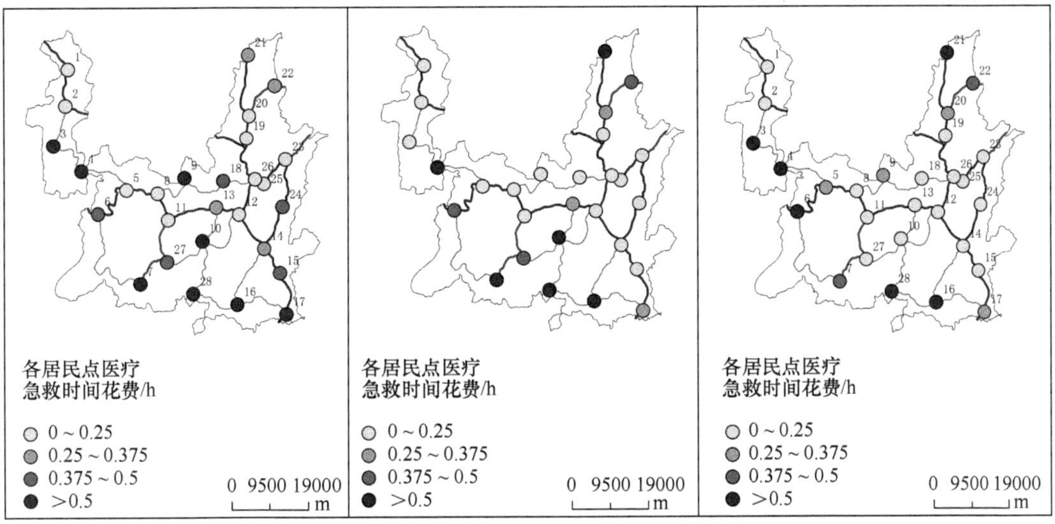

(a) 情景 1 各居民点医疗急救时间花费　(b) 情景 2 各居民点医疗急救时间花费　(c) 情景 3 各居民点医疗急救时间花费

图 6.4　各道路情景下各居民点医疗急救时间花费空间分布

6.6　本 章 小 结

本章在第 4 章的研究基础上还考虑了医疗急救时间的不确定性来研究乡村医疗急救设施的布局优化问题。首先以最小化没有被覆盖到的居民点所受到的惩罚值、各居民点患者的旅行成本、医疗急救中心建设成本及道路修建升级成本为目标构建多目标模型，并将多目标模型转化为单目标；然后在 p-鲁棒优化的基础上构建旅行成本不确定条件下的设施区位设计模型，分别在只利用已有道路、假设已有道路网络可升级、假设道路网络可升级且可修建 3 种情景下进行模型构建；最后使用改进的模拟退火算法对不确定条件下的设施区位设计模型进行求解，并分 3 个情景对所求结果进行对比分析。

第 7 章 乡村公共设施布局的 GIS 系统设计与开发

考虑到乡村设施布局中设施区位方法的复杂性，采用计算地理学处理技术，即开发专门基于 GIS 技术的空间分析平台来处理设施区位的技术路线。本章主要叙述有关技术研发的内容。这里以 Visual Studio. Net 2010 为开发平台，使用 C#语言和 ArcGIS Engine 组件库，并结合 MATLAB 编程，开发出乡村公共服务设施优化布局系统。ArcGIS Engine 是运用 ESRI 公司开发的桌面产品 ArcMap 的核心 ArcObjects 的进一步封装的面向对象的开发包，是一系列软件开发接口的集合，使用它可编写功能复杂的独立应用程序。系统的数据服务层主要包含空间数据和属性数据，其中点、线、面等矢量数据由 shp 文件保存，而居民点人口、道路通行速度及道路等级等属性数据存储在 dbf 文件中。系统使用 MATLAB 软件编写模拟退火算法计算学校的选址和道路修建升级情况，然后在 ArcGIS Engine 开发过程中，通过 COM 组件接口调用 MATLAB 编写的数学模型函数，最终结合 ArcGIS Engine 组件库完成数据加载和计算结果显示。

7.1 需求分析

软件开发过程中的需求分析是依据用户的实际非形式化需求，从而设计出能够满足用户实际需求的软件产品。在整个软件的设计与开发过程中，需求分析占据非常重要的位置，对软件能否顺利开发成功具有决定性作用，其将确定软件开发的功能范围、运行环境和性能等，将指导系统的整个开发过程。本书所开发的系统平台主要用于解决乡村地区的公共服务设施优化布局问题，面向的是政府部门中乡村规划的决策者及设施区位问题的研究者，因此要求系统具有良好的人机交互用户界面，保证在用户不具备计算机底层知识、不了解模型运行原理的情况下就能进行公共设施的优化布局决策。通常认为需求分析包括两个方面：功能性需求和非功能性需求。

7.1.1 功能性需求

王铮等（1993）提出了地理信息科学的地学信息需求分析模式，强调要从地理学原理出发，识别任务特征、区域特征、信息组织特征及用户特征，从而确定功能需求。以地理学原理为出发点确定用户的功能性需求，针对乡村公共服务设施优化布局问题建立了乡村公共服务设施优化布局决策支持系统，为乡村地区公共服务设施的科学合理规划布局提供辅助决策支持。

1. 模型特征

区别于传统的设施区位问题，针对地处乡村环境的特殊需要，乡村公共服务设施布局需要着重考虑交通通行条件，本书在设施区位设计模型的基础上，分别构建基于重心模型、覆盖模型及邻避模型的多目标设施区位设计模型，用于解决乡村学校布局、医疗急救设施布局和垃圾转运站布局问题。其中基于重心模型的设施区位设计问题需要考虑两个方面的因素，一方面要保证从需求点到设施点的加权距离（旅行成本）之和最小；另一方面是保证设施建设和道路网络修建升级的成本花费最小。基于覆盖模型的设施区位设计问题首先要保证没有被覆盖到的居民点所受到的惩罚值最小，其次要确保各需求点到设施点的加权距离（旅行成本）之和最小，另外要保证设施建设和道路网络修建升级的成本花费最小；基于邻避模型的设施区位设计问题在保证需求点到设施点的加权距离（旅行成本）之和最小，以及设施建设和道路网络修建升级的成本花费最小的同时，还要确保设施点与需求点之间保持一定距离。

在地理计算方面，由于多目标设施区位设计问题属于 NP-难问题，其算法求解比较困难，所以需要采用启发式算法，这里使用改进的多目标模拟退火算法。另外，将设施区位分析模型和基于 GIS 平台的空间数据模型相结合，使用 GIS 的数据管理、分析和显示功能来辅助解决设施区位问题，使决策者更容易进行合理有效的设施优化布局决策。

2. 用户需求

在进行系统开发需求分析过程中，首先要了解用户需求，只有详细了解了用户需求，开发出的系统才有可能更好地满足用户需求。明确用户需求的前提是了解用户特征，只有在了解用户的详细特征之后，系统才能发挥出其预想的功能。其中用户对软件产品的需求主要包括功能实现的要求、用户界面的要求和输入输出系统的要求，这也是在了解用户特征过程中需要着重考虑的 3 个方面。

只有在确定了软件产品的使用对象后才能明确用户所需要使用的软件功能。本书开发的乡村公共服务设施优化布局系统的主要用户是政府部门中乡村规划的决策者。通过实地考察，并和乡村政府相关官员进行交流和沟通，发现地方政府部门的财政支出大多有限，基础公共服务设施的建设能力有限，但同时期望有限的乡村公共服务设施能够得到科学合理的规划以方便居民的生活，地方政府的财政支出能被合理支配，从而减轻财政支出负担。通常这些政府部门都是依靠经验判断和相关统计数据来对公共设施进行布局，这些方法缺乏科学理论支撑，最终确定的设施布局方案很难达到预期效果，所以乡村政府决策者迫切希望能够拥有一种智能的软件系统，能够科学合理地完成公共设施布局决策任务。此外，由于本系统的开发面对的用户是政府的决策人员，而不是专业的计算机操作人员或设施区位研究者，所以要确保系统具有良好的人机交互界面且操作简单，同时也要保证结果输出具有较高的直观性，以便容易理解。

7.1.2 非功能性需求

除了考虑功能性需求之外，非功能性需求也是需求分析需要完成的另一部分。如果说系统开发的功能性需求分析是为了更好地了解用户需要软件产品实现哪些功能，那么非功能性需求分析就可理解为软件功能实现过程的效率性问题，它包括系统的可靠性、可扩充性、可用性及可移植性等（周之英，2000）。在确保软件能够正确运行的前提下，也要保证软件可以高效运行，这也是进行非功能性需求分析的目的所在。

1. 可靠性

软件的可靠性是软件在一定的环境中以用户能够接受的方式运行时所表现出来的始终如一的能力（周之英，2000）。软件的可靠性是非功能性需求的一个重要方面，可对系统的软件、硬件进行评价。随着计算机技术的不断发展，如今计算机的硬件性能都有很大的提升，具有很好的可靠性，所以现在系统的可靠性问题更容易出现在软件本身。本书使用 C#语言结合 MATLAB 编程进行开发，二者均是程序开发界最常用的软件开发语言，另外二次开发所使用的 ArcGIS Engine 组件库更是全球最大的 GIS 公司 ESRI 所制造的 MapObjects。其在模型算法的求解方面结合了经典的模拟退火与遗传算法，在保证系统运行效率的同时，也具有很好的可靠性。综合来看，在该技术环境下所开发的乡村公共服务设施优化布局系统，所使用的开发平台和开发语言均比较成熟，适合微机和小型机应用，这样完成的计算机系统具有较高的可靠性。

2. 可扩充性

软件的可扩充性是指系统对技术和业务需求变化的支持（周之英，2000）。随着时间的推移，用户的需求有可能会发生变化，同时新技术也在不断发展，那么系统难免需要进行修改和完善。因此，在进行系统整体框架设计的过程中采用了模块化设计，并对各个模块进行了封装，各模块根据各自的模型和数据运算，所以各个模块之间是相互独立的，这就保证了修改其中的任一模块都不会影响其他模块的运行，为今后系统的进一步扩充创造了良好的条件。

3. 可移植性

系统的可移植性是指系统脱离了固定的开发环境之后，在其他的软硬件环境下还能够正常运行（周之英，2000）。考虑到计算机的软硬件种类较多，所开发的软件能够满足所有平台的运行要求并不切合实际，只需要保证软件能在主流平台和操作系统上运行即可。系统是在主流的 Windows 操作系统上进行开发的，所以具有较好的可移植性，同时系统运行过程中所用到的数据和文件均使用相对路径保存，在系统需要移植的时候，不需要对相应的数据和文件进行修改。

7.2 系 统 设 计

7.2.1 系 统 架 构

明确乡村公共服务设施优化布局系统的整体架构对于该系统的开发具有重要意义，可用于指导软件系统各方面的设计，属于软件开发过程中的关键部分。设计系统的总体架构的目的在于为系统的后续开发提供清晰、明确的结构。所开发的乡村公共服务设施优化布局系统的总体架构主要包括数据层、功能层和应用层 3 个部分。

数据层：主要包括研究区各类地理实体的空间数据和属性数据，其中空间数据包括居民点、已有设施点、道路及行政界线等矢量数据，而属性数据主要用于描述研究区内各种地理实体的基本情况，如各居民点的人口数、道路等级、道路通行速度/运输成本等。总之，所使用的各类空间数据不仅具有空间特征，也具有属性特征。使用 ESRI 提出的 Geodatabase 模型对研究区的空间数据和属性数据进行统一存储和管理。Geodatabase 为 GIS 应用程序提供常用的数据接口和管理框架，提供了处理丰富数据类型、应用复杂规则和关系、存取大量地理数据等功能。

功能层：以 Visual Studio. Net 为开发平台，使用 C#语言和 ArcGIS Engine 组件库并结合 MATLAB 混合编程的方式，将基于重心模型、覆盖模型及邻避模型的设施区位设计模型集成到山村公共服务设施优化布局系统中，实现对山区中小学、医疗急救设施和垃圾转运站的优化布局。经过模型计算得到新建设施位置及道路升级修建情况的优化布局方案之后，系统将以表格的形式统计分析出各居民点道路路径选择情况及时间花费情况。另外，系统采用 Geodatabase 数据库来统一存储和管理空间数据和属性数据，所以二者可进行交互式查询操作，实现地理实体的空间定位。

应用层：构建乡村公共服务设施优化布局系统的主要目的在于为政府部门中乡村规划的决策者提供决策支持，所以良好的 GIS 可视化显示和友好系统界面是必不可少的。系统界面主要包括主菜单栏、工具栏、地图显示窗口及状态栏，可通过主菜单栏进行模型参数设置和系统运行，系统的最终计算结果可通过 GIS 可视化显示反馈给用户。

图 7.1 是按照数据流方式设计的设施区位设计系统结构图。在系统中，我们设计用户首先根据各居民点人口数得到各需求点需求量，并根据需要输入系统计算所用到的数据（道路图层和需求点图层等），输入的图层数据将自动保存到 Geodatabase 数据库中。系统的数据库主要存储空间数据和属性数据两部分。其中空间数据主要用于描述各种地理实体的几何位置，以及各个地理实体之间的空间关系，主要包括居民点、已存设施点、道路网络及行政界线等矢量数据（点、线和面），这些矢量数据都存储在扩展名为 shp 的文件中。而属性数据是为了更好地描述空间数据，可反映空间数据的内涵，其本身并不具备地理特征，在该系统中属性数据主要包括居民点的人口数量、道路通行速度、设施点所建设施的成本花费等，存储在扩展名为 dbf

的文件中。然后，用户可以根据自己的意图设置设施区位设计模型参数（重心模型、覆盖模型和邻避模型）和改进的多目标模拟退火算法参数，其中模型参数主要包括旅行时间参数、道路修建升级参数及新建设施个数等，改进的多目标模拟退火算法参数主要包括群体规模、最高最低温度、马尔可夫链长度及降温系数。待以上步骤完成之后，用户可开始系统计算工作，通过使用改进的多目标模拟退火算法并配合从数据库读入的空间数据和属性数据进行计算分析，系统计算主要分为 3 个模块，分别为基于重心模型、覆盖模型和邻避模型的设施区位设计计算，最终得到设施选址的空间位置及道路修建升级情况，并通过 ArcEngine 地图控件将设施空间位置和道路修建升级情况反馈给用户。

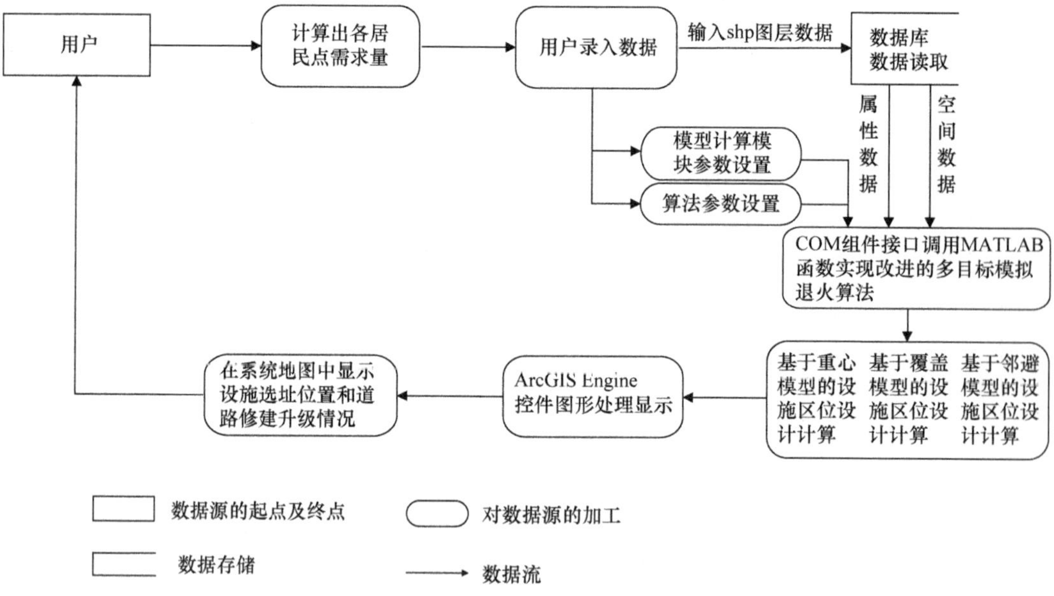

图 7.1 设施区位设计系统结构图

7.2.2 系统功能模块设计

本章所开发的系统遵循“高内聚低耦合”的软件设计思想,可划分为5个功能模块：数据输入模块、GIS 基本操作功能模块、模型计算模块、统计分析模块、结果输出与展示模块。为了保证系统的可扩充性，各个功能模块之间相互独立并共同协作完成系统的各项功能。

1. 数据输入模块

系统的数据输入模块主要包括数据加载和数据删除等，可加载的数据包括已有设施图层、居民点图层、道路图层（高级、中级和低级道路）、潜在道路图层及行政界线图层，因为系统计算分为 3 个计算模块，所以需要针对不同的计算模块输入相应的图层。

2. GIS 基本操作功能模块

GIS 基本操作是指针对地图的一些基本操作，如地图的放大、缩小、移动、全图显示、鹰眼及要素识别等。这些功能的实现主要是通过调用 ArcGIS Engine 的部分接口来完成的。

3. 模型计算模块

模型计算模块是整个系统的核心模块，通过模型计算可实现对乡村中小学、医疗急救中心及垃圾转运站的优化布局，以及道路网络的设计，最终在有限的财政成本投入下达到提高学生就学效率、缩短医疗急救时间、减少垃圾运输成本的目的。

4. 统计分析模块

通过模型计算模块获得设施的优化布局和道路网络的升级修建情况之后，系统还实现了统计分析功能。对于学校优化布局问题，能够统计分析出各居民点的学生上学的最佳路径选择情况和时间花费情况；对于医疗急救设施布局问题，可统计出各居民点医疗急救路径选择、医疗急救时间花费情况及没被覆盖到的居民点情况；针对垃圾转运站布局问题，可统计出各居民点产出垃圾的运输路径、各居民点垃圾运输成本及各居民点对垃圾转运站的邻避距离。

5. 结果输出与展示模块

结果输出与展示模块用于输出最后的模型计算结果和统计分析结果，并以图表和地图的形式将结果反馈给用户，该功能主要通过调用 ArcEngine 中的 DataGridView 控件和 Map Control 控件来实现。

7.2.3　系统数据库设计

系统数据库主要实现对数据的存储和管理，数据库设计是乡村公共服务设施优化布局系统的重要组成部分。本系统主要用到的数据包括空间数据和属性数据两部分。其中空间数据主要用于描述各种地理实体的几何位置及各个地理实体之间的空间关系，具有明显的地理特征，该系统主要包括居民点、已有设施点、道路网络及行政界线等矢量数据（点、线和面）。而属性数据是为了更好地描述空间数据，可反映空间数据的内涵，其本身并不具备地理特征，该系统的属性数据主要包括居民点的人口数量、道路通行速度、设施点所建设施的成本花费等。如何实现空间数据和属性数据的统一存储和管理，并保证二者的密切配合，是系统数据库设计的核心问题。针对该问题，系统使用 ESRI 提出 Geodatabase 模型进行数据逻辑结构组织，能够很好地解决该问题。Geodatabase 是一种面向对象的数据模型，以层次结构的数据对象来组织地理数据，并将这些地理数据存储在要素类（feature classes）、对象类（object classes）和数据集（feature datasets）及关系类中。Geodatabase 可将不同类别的地理实体数据抽象为点、线和面数据，分别存储在不同的 Feature Datasets 中，以便于进行模型分析和计算。

7.3　系统功能实现

1. 系统界面设计

系统界面主要包括系统主界面和系统操作界面，其中系统主界面如图 7.2 所示。系统操作界面主要由菜单栏、工具栏、图层控制栏、鹰眼窗口、地图显示窗口、状态栏六部分组成，如图 7.3 所示。其中菜单栏主要包括文件、参数设置、优化结果、属性查询、制图等；工具栏包括本系统比较常用的一些工具，如全图显示、移动、放大、缩小及距离测量等工具；图层控制栏主要用来对系统所用到的地图图层进行操作，包括控制图层显示、调整图层显示顺序及添加删除图层；鹰眼窗口用于缩略地图，起到地图导航的作用；地图显示窗口用于对图层栏的各个图层进行显示、操作、控制，也用于对模型计算结果的显示，是整个操作界面的主体部分；状态栏用于显示鼠标指针所处的当前地图空间坐标位置。

图 7.2　系统主界面

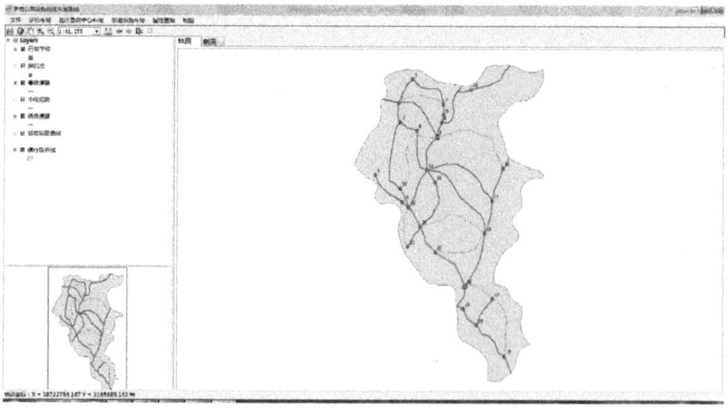

图 7.3　系统操作界面

2. GIS 基本操作功能

GIS 基本操作功能模块是 GIS 系统的典型功能单元，该系统主要包括对地图的一些基本操作，如全图显示、移动、放大、缩小、距离测量、要素识别、鹰眼及要素识别等功能。

3. 模型计算功能

模型计算功能是整个山区公共服务设施优化布局系统的核心模块，可以对基于重心模型、覆盖模型及邻避模型的设施区位设计模型进行计算，并分别用于解决乡村中小学、医疗急救中心及垃圾转运站的优化布局问题。本书使用 C#语言和 ArcGIS Engine 组件库并结合 MATLAB 混合编程的方式，将各类模型集成到山村公共服务设施优化布局系统中。决策者首先需要通过模型参数设置窗口（图 7.4）及改进模拟退火算法参数设置窗口（图 7.5），对模型计算过程所用到的参数进行设置，完成之后点击“更新参数”按钮，将更新后的参数写入数据库中，然后点击“运行”按钮，开始模型计算工作。最后，模型计算结果和优化方案将通过 GIS 技术以地图显示和表格的方式直观地反馈给乡村规划的决策者（图 7.6）。在地图显示中，计算结果所对应的新建设施位置、道路需升级或修建路段将以高亮的形式显示出来。在表格中，可统计出设施新建位置、设施建设成本、道路升级修建成本及运输成本/旅行成本等详细计算结果。

4. 统计分析功能

经过模型计算得到新建设施位置及道路升级修建情况的优化布局方案之后，系统将以表格的形式统计分析出道路路径选择情况及时间花费情况。针对学校布局问题，系统可对各居民点学生上学路径选择及学生上学最短时间花费进行详细统计分析；对于医疗急救中心布局问题，系统可详细统计分析出各居民点医疗急救路径选择及医疗急救最短时间花费；对于邻避设施布局问题，系统能够统计分析出各居民点垃圾运输路径选择和运输成本（图 7.7）。

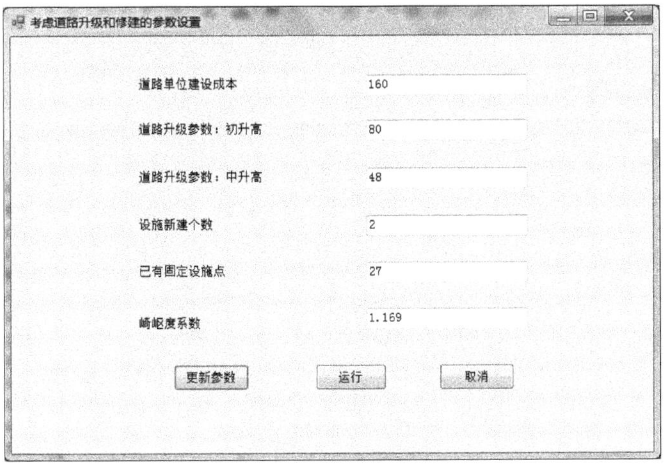

图 7.4　模型参数设置窗口

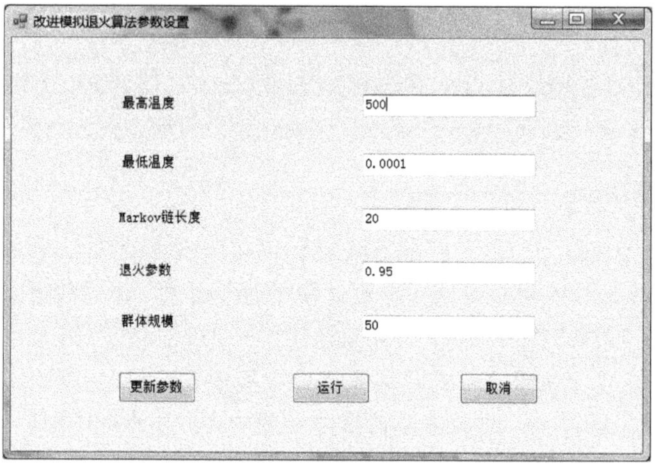

图 7.5　改进模拟退火算法参数设置窗口

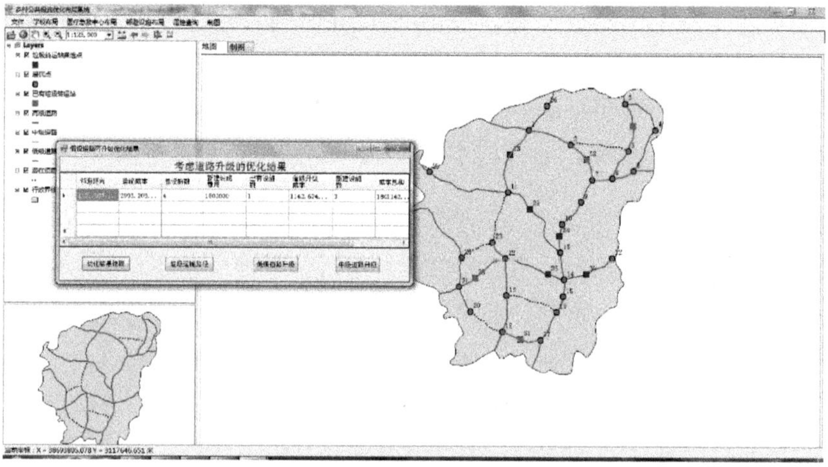

图 7.6　模型计算结果显示

考虑道路新建升级结果

各居民点垃圾运输路径选择及运输成本

居民点序号	居民点名称	垃圾生产量	所选设施点	邻避距离	运输成本	起始点	中转点一/终点	中转点二/终点	中转点三/终点	中转
1	阳雀	1932	32	3965.079...	79057.44	1	2	32		
2	大水沟	1522.5	32	1331.607...	20401.5	2	32			
3	野溪	3285	27	1443.391...	48223.8	3	27			
4	李家庄	1089	27	1372.016...	105240.96	4	3	27		
5	黎堡	1692	27	1520.476...	26259.84	5	27			
6	蕉溪	4749	32	2720.037...	188535.3	6	8	7	32	
7	寨转	4077	32	1290.053...	53897.94	7	32			
8	邓堡	376.5	32	1959.321...	9683.58	8	7	32		
9	上寨	5628	32	2569.072...	158146.8	9	7	32		
10	水源	2634	32	3374.832...	122059.56	10	9	7	32	
11	大塘坡	1069.5	32	5202.337...	89859.39	11	33	1	2	32
12	黑冲	1950	30	1890.883...	112729.5	12	30			
13	罗家寨	2775	30	2073.416...	162198.75	13	14	30		
14	寨英	867	30	1391.516...	36283.95	14	30			
15	王家坪	1965	30	1953.039...	102612.3	15	14	30		
16	凯牌	2568	30	2922.700...	160602.72	16	15	14	30	
17	孝鼓坡	1590	30	4855.492...	130666.2	17	16	15	14	30
18	排木林	2458.5	30	6214.055...	263108.67	18	31	17	16	15
19	半河	1756.5	30	5066.627...	181446.45	19	22	35	14	30
20	半沟	2134.5	30	7479.093...	352570.3065	20	21	28	22	35
21	落满	2379	30	7881.332...	272697.633	21	28	22	35	14

优化结果读取　垃圾运输路径　低级道路升级　中级道路升级　道路新建情况

图 7.7　系统的统计分析功能

5. 空间查询功能

系统采用 Geodatabase 数据库来统一存储和管理空间数据和属性数据，所以二者可进行交互式查询操作，实现地理实体的空间定位，如在图层控制栏，通过鼠标右击某个属性图层，即可弹出该图层属性信息，然后点击属性表中任意一条属性信息，地图中就可快速定位到对应的地理图形，并呈高亮显示（图 7.8）。另一种查询方式是通过编写 SQL 语句进行查询，在菜单栏中点击“属性查询”，弹出属性查询窗口，选择任意图层的任意字段，获取唯一值，然后在 SQL 语句输入区域输入 SQL 语句实现查询，如输入：″居民点″ = '寨英'，点击确定按钮之后，就可在地图中快速定位到该居民点，并呈高亮显示（图 7.9）。

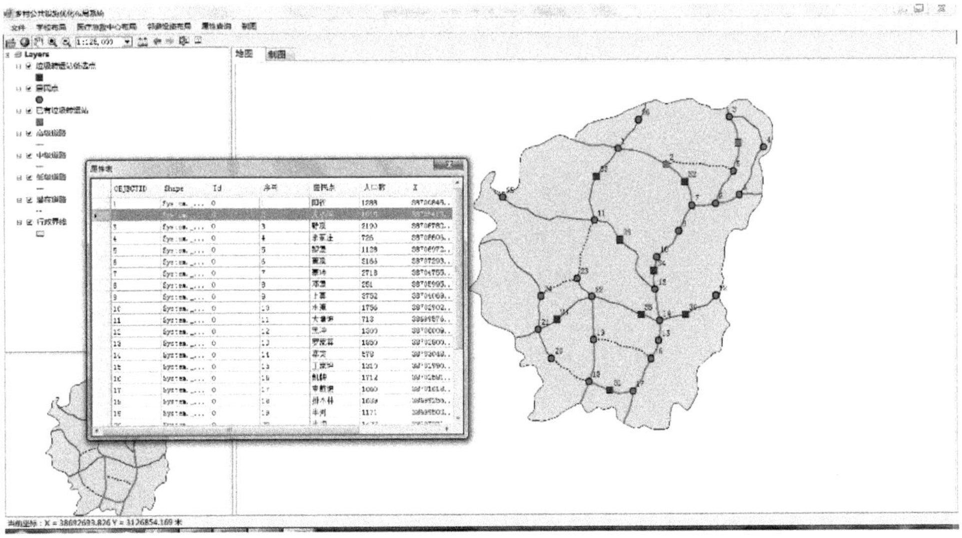

图 7.8　图层属性查询定位

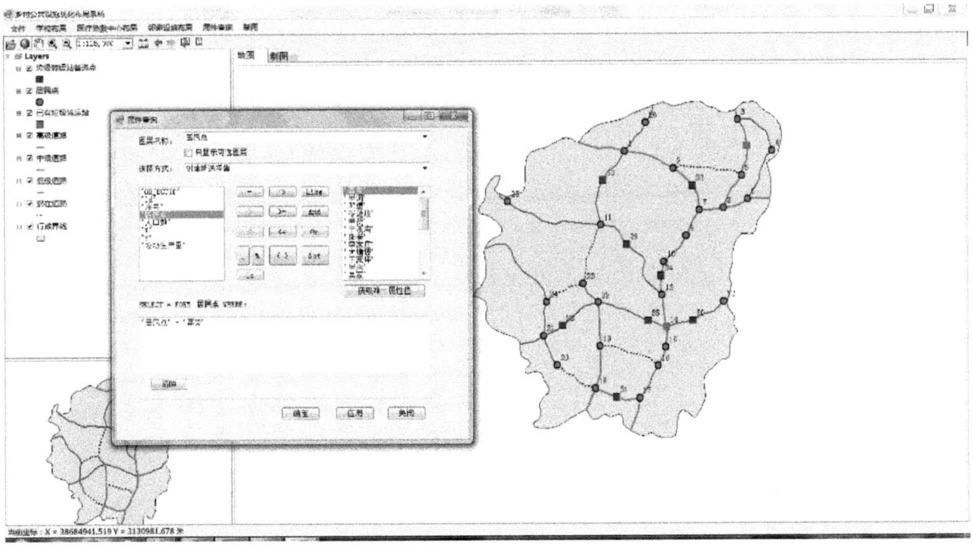

图 7.9　SQL 语句属性查询定位

6. 结果输出与展示功能

除了模型计算结果和优化方案可通过 GIS 技术以地图显示和表格的方式直观地反馈给乡村规划的决策者之外，系统还可将计算结果以图片（图 7.10）或 Excel 的形式导出。

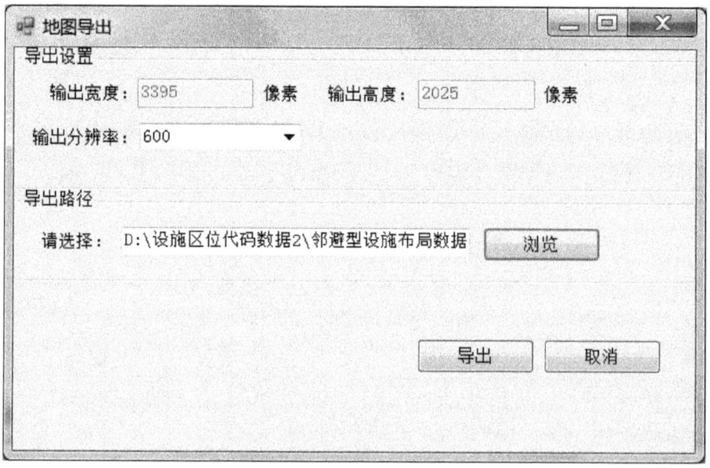

图 7.10　结果导出

7.4　本 章 小 结

本章使用 GIS 技术研制开发了基于 GIS 的乡村公共服务设施优化布局系统，很好地将设施区位理论和 GIS 相结合，将 GIS 的空间数据管理、分析、查询及显示功能用于辅助解决乡村公共服务设施的优化布局问题。所开发的系统能够更加直观、高效、科学地对山村公共服务设施优化布局提供决策支持。

根据系统开发的需求分析结果制定了系统的整体开发框架、要实现的功能模块，并设定了系统的数据库模型。确定系统的总体架构主要包括数据层、功能层和应用层 3 个部分；系统主要包括 5 个功能模块：数据输入模块、GIS 基本操作功能模块、模型计算模块、统计分析模块、结果输出与展示模块；系统使用 ESRI 提出 Geodatabase 模型进行数据逻辑结构组织，很好地解决了空间数据和属性数据的统一存储和管理问题。最终选择以 Visual Studio. Net 2010 为开发平台，使用 C#语言和 ArcGIS Engine 组件库并结合 MATLAB 编程，开发出乡村公共服务设施优化布局系统。

第 8 章　结论与建议

8.1　基 本 结 论

如何提高乡村基础公共设施的公共服务水平，并科学布局乡村公共服务设施是实现乡村振兴战略的重要任务之一。解决乡村公共设施优化布局问题主要存在 3 个难点：第一，如何根据乡村的实际情况进行模型构建；第二，如何对构建出的模型进行有效求解；第三，如何应用地理信息技术和相关数据对所提出的模型和算法进行应用和检验。针对这些问题，本书的主要工作可总结如下。

（1）根据乡村地区具有财政支出水平有限、交通通达性低和居住分散的自身特点，选择使用设施区位设计方法对乡村公共设施优化布局问题进行探讨。分别对基于重心模型、覆盖模型及邻避模型的设施区位设计问题进行多目标模型构建。其中，针对基于重心模型的乡村公共设施区位设计问题，以乡村中小学区位优化作为研究案例进行分析。在模型构建过程中主要考虑两方面的因素，一方面是学生上学的旅行成本（时间花费）最少；另一方面是学校设施建设和道路修建升级的成本花费最小。其中重心模型目标函数主要用来保证所有居民点学生到达距离其最近的学校的时间总花费最少。对于基于覆盖模型的设施区位设计问题，选择对乡村医疗急救设施区位优化案例进行分析。在模型构建过程中考虑三方面的因素；第一方面是保证没有被覆盖到的居民点所受到的惩罚值最小；第二方面是被覆盖到的所有居民点患者到达距离其最近的医疗急救中心的时间总花费最短；第三方面是医疗急救中心设施建设和道路修建升级的成本花费最小。其中使用覆盖模型来判断各居民点（需求点）是否位于医疗急救中心设施的覆盖范围之内，若位于该范围之内，不接受惩罚，否则就接受惩罚。另外，针对基于邻避模型的设施区位设计问题，选择对乡村垃圾转运站区位优化案例进行分析。垃圾转运站的优化布局应该考虑三方面因素，第一方面是垃圾转运站和居民点之间要保持一定距离；第二方面是保证所有居民点的垃圾运输总成本最小；第三方面是垃圾转运站建设成本和道路修建升级的成本花费最小。利用邻避模型中的反中心模型来刻画乡村垃圾转运站的邻避问题，保证距离垃圾中转站最近的居民点（需求点）的欧氏距离最大。

在模型构建方面，本书在经典设施区位设计方法的基础上主要做了四方面贡献：①在以往的方法中，目标函数为单目标，本书将单目标划分为多目标，并引入多目标优化理论来解决设施区位设计问题；②在以往的方法中没有考虑道路的升级情况，本书研究了包含 3 种道路情景的多目标设施区位设计模型（只利用已有道路网络、假设已有道路网络可升级及假设道路网络可升级且可修建）；③针对地处山地环境的乡村地区，在模型构建过程中考虑了道路崎岖度对旅行成本及道路建设成本的影响（模型中引入了道路崎岖度系数)；④提出基于邻避模型的设施区位设计问题，将邻避模型和设施区位设计模型相结合，并应用于乡村地区邻避设施的优化布局中。

(2) 设施区位设计问题属于 NP-难问题，计算的复杂度高，其求解和计算过程困难，所以很难将其应用于解决实际问题。本书结合了经典遗传算法和模拟退火算法的优点和缺点，在模拟退火算法的基础上吸收了遗传算法的群体搜索、变异和交叉思想，并结合快速非支配排序提出了改进的多目标模拟退火算法。尝试运用改进的多目标模拟退火算法来求解多目标的设施区位设计模型，提高计算效率和精确度。选取非劣解数目、修正距离、分散性及计算时间 4 个应用性评价指标来对比分析改进的多目标模拟退火算法与经典多目标模拟退火算法的计算性能。结果表明改进后算法的 4 个指标均优于经典算法，改进的多目标模拟退火算法的计算结果能够更好地逼近真实情况，具有更好的收敛性和分布性，且在目标空间分布更加均匀。最终将该算法应用到解决乡村公共服务设施的选址问题中。

(3) 现实中模型的参数往往会受到大量不确定因素的干扰，或者会随着时间的推移而变化。目前大部分有关于公共服务设施的区位优化研究都是假设需求、服务时间及成本等因素是确定不变的，对不确定性问题的研究还很欠缺。在此背景下，本书考虑了旅行成本的不确定性，通过扩展原有的设施区位设计模型，在 p-鲁棒优化的基础上构建旅行成本不确定条件下的设施区位设计模型，对该问题的研究有重要理论和实际意义。

(4) 通过实际案例应用发现，从道路情景 1 到情景 3，学生的就学效率、医疗急救效率及垃圾运输效率得到了逐步提升，没有被覆盖到的居民点人口数和垃圾运输成本也逐步减少。此外，对比 3 个道路情景计算结果发现，交通网络条件对乡村公共服务设施的优化布局具有重要影响，合理改善交通条件能够有效提高乡村公共设施的服务水平。

(5) 以地理学原理为出发点确定用户的功能性需求，针对乡村公共服务设施优化布局问题建立了乡村公共服务设施优化布局计算系统，为乡村地区公共服务设施的科学合理规划布局提供辅助决策支持。

8.2　建　　议

本书针对乡村公共设施优化布局问题构建设施区位设计模型，提出 IMOSA 算法对模型进行求解，并开发出乡村公共设施优化布局计算系统，最终有效解决乡村公共服务设施的区位优化布局问题。但本书还有一些地方需要进一步完善，主要表现在以下几个方面。

(1) 在模型构建过程中没有考虑设施的规模限制问题，如现实生活中医疗急救中心的床位数有可能限制其接收患者的能力，所以在今后的研究中考虑设施的规模限制是有必要的。

(2) 本书研究的只是静态的设施区位设计问题，没有考虑各居民点需求量，以及设施和道路升级修建成本等参数会随时间的推移而变化，如各居民点的人口数会随时间的发展而变化，这就直接导致需求量的改变，从而影响设施的整体布局。

（3）结合 C#语言和 MATLAB 编程开发了乡村公共服务设施优化布局计算系统，在人机交互过程中，尽管用户可通过参数设置窗口来实现对模型的调整，但并不能修改基础模型，基础模型的改变要通过修改 MATLAB 底层代码来实现。

上述存在的不足，是今后需要进一步研究的方向。

参 考 文 献

Papadimitriou C H, Steigliz K. 1988. 组合最优化算法和复杂性. 刘振宏, 蔡茂诚, 译. 北京: 清华大学出版社.

蔡砥, 滕丽, 林小慧. 2009. 城乡一体化地区 120 急救医疗站点设施区位问题分析——以广东省鹤山市为例. 人文地理, 1: 63-66.

曹勇锋, 荣宏伟, 张可方, 等. 2012. 结合重心法和层次分析法研究垃圾转运站选址. 环境科学与技术, 35(6): 118-121.

陈海滨, 王元刚. 2005. 中小城市(城镇)垃圾转运系统优化设计研究. 四川环境, 3: 86-88.

陈鸿. 2007. 城市消防站空间布局优化研究——以安徽省六安市为例. 上海: 同济大学硕士学位论文.

陈建国. 2005. 区位分析中的若干可计算模型研究. 上海: 华东师范大学硕士学位论文.

陈旸. 2010. 基于 GIS 的社区体育服务设施布局优化研究. 经济地理, 30(8): 1254-1258.

陈瑜有. 2018. 层次型城市生活垃圾站的可计算设施区位建模与算法研究. 北京: 中国科学院大学博士学位论文.

崔雅坤. 2012. 乡镇卫生院空间布局优化研究——以河南省兰考县为例. 开封: 河南大学硕士学位论文.

戴特奇, 王梁, 张宇超, 等. 2016. 农村学校撤并后规模月数对学校优化布局的影响——以北京延庆区为例. 地理科学进展, 35(11): 1352-1358.

杜立智, 陈和平, 符海东. 2015. NP 完全问题研究及北京剖析. 武汉工程大学学报, 10: 73-78.

杜亚娟, 郭强. 2015. 垃圾中转站最优选址及垃圾最优转运方案研究. 计算机工程与应用, 51(10): 252-256.

顾守淮, 李引珍. 1997. 运筹学算法的计算机程序. 北京: 中国铁道出版社.

韩增林, 杜鹏, 王利, 等. 2014. 区域公共服务设施优化配置方法研究——以大连市甘井子区兴华街道小学配置为例. 地理科学, 34(7): 803-809.

黄玲, 柳宗伟. 2004. 基于神经网络的选址区位评价模型分析应用. 地球信息科学, 6(2): 37-41.

贾传兴, 彭绪亚, 刘国涛, 等. 2006. 城市垃圾中转站选址优化模型的建立及其应用. 环境科学学报, 26(11): 1927-1931.

蒋轩. 2017. 连片特困地区致贫因子分析. 上海: 华东师范大学硕士学位论文.

孔云峰, 李小建, 张雪峰. 2008. 农村中小学布局调整之空间可达性分析——以河南省巩义市初级中学为例. 遥感学报, 12(5): 800-809.

孔云峰, 吕建平. 2011. 就近入学空间模型分析——以河南省巩义市初级中学为例. 地理与地理信息科学, 27(5): 87-90.

李劲. 2008. 城市生活垃圾规划管理智能决策支持系统. 昆明: 昆明理工大学博士学位论文.

李立清, 张玲, 李燕凌. 2005. 对加强我国农村公共服务途径的探讨. 农业经济, (8): 12-16.

林万龙. 2007. 中国农村公共服务供求的结构性失衡: 表现及成因. 管理世界, (9): 62-68.

刘红军, 杨智春, 周晓宏. 2003. 基于遗传算法的优化方法研究. 中国高教论丛, 25(3): 60-61.

陆相林, 侯云先, 林文, 等. 2011. 基于设施选址理论的小城镇应急医疗服务中心功能优化——以山东省滕州市为例. 经济地理, 7(31): 1119-1123.

陆砚池, 方世明. 2019. 均衡和效率双重视角下武汉市主城区公园绿地空间布局优化研究. 长江流域资源与环境, 28(1): 68-77.

吕新福, 蔡临宁, 曲志伟. 2005. 废弃物回收物流中的选址路径问题. 系统工程理论与实践, (5): 89-94.

吕学伟, 杨斌, 袁剑斐. 2017. 低碳视角下的多式联运最优路径选择. 广西大学学报(自然科学版), 42(2): 519-526.

马云峰. 2005. 网络选址中基于时间满意的覆盖问题研究. 武汉: 华中科技大学博士学位论文.

聂永丰. 2000. 三废处理工程技术手册(固体废物卷). 北京: 化学工业出版社.

庞碧君. 2009. 线性规划与随机线性规划. 郑州: 郑州大学出版社.

庞恩泽. 2018. 城市电动汽车充电站选址研究. 郑州: 华北电力大学硕士学位论文.

庞金波, 邓凌霏, 师帅. 2015. 城乡二元经济结构的测定及影响因素分析. 农业现代化研究, 36(2): 213-218.

彭永明, 王铮. 2013. 农村中小学选址的空间运筹. 地理学报, 68(10): 1411-1417.

宋正娜, 陈雯, 张桂香, 等. 2010. 公共服务设施空间可达性及其度量方法. 地理科学进展, 29(10): 1217-1224.

宋正娜. 2016. 竞争型公共设施区位决策——概念、选址原则及模型构建. 地理科学, 36(10): 1485-1494.

唐少军. 2008. 基于 GIS 的公共服务设施空间布局选址研究. 长沙: 中南大学硕士学位论文.

王飞飞, 侯云先. 2016. 复杂地形乡镇地区应急设施选址研究. 中国安全科学学报, 26(2): 164-167.

王海军, 刘畅, 王婧. 2013. 应急储备库选址与资源配置随机规划模型研究. 管理学报, 10 (10): 1507-1519.

王劲轲, 毛熙彦, 贺灿飞. 2015. 西南山区乡村公共服务设施空间布局优化研究——以重庆市崇龛镇小学为例. 农业现代化研究, 36(6): 1055-1061.

王远飞, 张超. 2005. GIS 和引力多边形方法在公共设施服务域研究中的应用——以上海浦东新区综合医院为例. 经济地理, 25(6): 800-809.

王铮, 丁金宏, 等. 1994. 理论地理学概论. 北京: 科学出版社.

王铮, 廖悲雨, 隋文娟. 2011. 层次型应急设施布局模型及其应用. 中国管理科学, 19(6): 88-91.

王铮, 吴静. 2016. 计算地理学. 北京: 科学出版社.

王铮, 许世远, 丁金宏, 等. 1993. 地理信息系统的地学信息需求分析模式. 地理学报, 48(2): 186-188.

王铮. 2004. 城市与区域管理的地理计算分析. 北京: 科学出版社.

邬伦, 刘瑜, 张晶. 2001. 地理信息系统——原理、方法和应用. 北京: 科学出版社.

吴建军, 孔云峰, 李斌. 2008. 基于 GIS 的农村医疗设施空间可达性分析—以河南省兰考县为例. 人文地理, 5: 37-42.
武田艳, 宋璐璐, 梁坤宇. 2018. 基于 SA 算法的应急公共服务设施布局优化研究——以上海市长宁区应急避难所为例. 数学的实践与认识, 48(24): 32-40.
解强, 李秀芳. 2010. 基于多目标规划的保险公司资产负债管理. 现代管理科学, (10): 17-18, 27.
肖俊华, 侯云仙. 2015. 带容量限制约束的应急设施双目标多级覆盖选址模型及算法. 计算机应用研究, 32 (12): 3618-3621.
肖小文. 2010. 设施区位决策支持系统设计与开发. 上海: 华东师范大学硕士学位论文.
肖晓伟, 肖迪, 林锦国, 等. 2011. 多目标优化问题的研究概述. 计算机应用研究, (3): 805-808.
徐敬海, 秦骏. 2018. 面向城市规划的避难疏散场所选址模型. 测绘通报, (12): 36-40.
闫阁. 2018. 竞争型设施区位及其设计问题. 上海: 华东师范大学硕士学位论文.
姚恩瑜, 何勇, 陈仕平, 等. 2001. 数学规划与组合优化. 杭州: 浙江大学出版社.
张宁宇, 高山, 赵欣. 2012. 一种求解机组组合问题的快速拉格朗日松弛算法. 电力系统保护与控制, 40(19): 47-53.
张颖, 王铮, 周嵬, 等. 2006. 韦伯型设施区位的可计算模型及其应用. 地理学报, 61(10): 1057-1064.
张颖. 2007. 邻避型设施区位分析系统的建立与应用. 上海: 华东师范大学硕士学位论文.
周炳海, 殷萌, 钟臻怡. 2016. 基于拉格朗日松弛的手术中心调度算法. 系统工程理论与实践, 36 (1): 224-233
周嵬. 2003. 韦伯型设施区位的地理计算研究与分析系统开发. 上海: 华东师范大学.
周之英. 2000. 现代软件工程(基本方法篇). 北京: 科学出版社.
朱昌锋. 2014. 铁路大型客运站到发线分配耦合优化及时域调整研究. 兰州: 兰州交通大学博士学位论文.
Aboolian R, Berman O, Krass D. 2007. Competitive facility location model with concave demand. European Journal of Operational Research, 181(2): 598-619.
Achabal D, Gorr W L, Mahajian V. 1982. MULTILOC: a multiple store location model. Journal of Retailing, 58: 5-25.
Adenso-Díaz B, Rodríguez F. 1997. A simple search heuristic for the MCLP: application to the location of ambulance bases in a rural region. Omega, 25(2): 181-187.
Akgun I, Erdal H. 2019. Solving an ammunition distribution network design problem using multi-objective mathematical modeling, combined AHP-TOPSIS, and GIS. Computers and Industrial Engineering, 129: 512-528.
Albareda-Sambola M, Alonso-Ayuso A, Escudero L F, et al. 2009. A computational comparison of several formulations for the multi-period incremental service facility location problem. Top, 18: 62-80.
Alumur S, Kara B Y. 2008. Network hub location problems: the state of the art. European Journal of Operational Research, 190(1): 1-21.
Anderson L E A. 1968. Mathematical model for the optimization of a waste management system. Sanitary Engineering Research Laboratory Report, 68(1): 121-143.
Antunes A, Peeters D. 2000. A dynamic optimization model for school network planning. Socio-Economic

Planning Sciences, 34(2): 101-120.

Armas D J, Juan A A, Marquès J M, et al. 2017. Solving the deterministic and stochastic un-capacitated facility location problem: from a heuristic to a sim-heuristic. Journal of the Operational Research Society, 68(10): 1161-1176.

Austin C M. 1974. The evaluation of urban public facility location: an alternative to cost-benefit analysis. Geographical Analysis, 6: 135-146.

Balakrishnan A, Magnanti T L, Wong R T. 1989. A dual-ascent procedure for large-scale uncapacitated network design. Operations Research, 37: 716-740.

Ballou R H. 1968. Dynamic warehouse location analysis. Journal of Marketing Research, 5: 271-276.

Ben-Tal A, Nemirovski A. 1999. Robust solutions of uncertain linear programs. Operations Research Letters, 25(1): 1-13.

Ben-Tal A, Nemirovski A. 2000. Robust solutions of linear programming problems contaminated with uncertain data. Mathematical Programming Series A, 88(2): 411-424.

Berman O, Drezner Z, Krass D, et al. 2009. The variable radius covering problem. European Journal of Operational Research, 196: 516-525.

Berman O, Ingco D I, Odoni A R. 1992. Improving the location of mini-sum facilities through network modification. Annals of Operations Research, 40: 1-16.

Berman O, Krass D. 2002. The generalized maximal covering location problem. Computers & Operations Research, 29: 563-581.

Bertsimas D, Sim M. 2004. The price of robustness. Operations Research, 52(1): 35-53.

Bigman D, ReVelle C. 1979. An operational approach to welfare considerations in applied public-facility-location models. Environment & Planning A, 11(1): 83-95.

Bigotte J F, Krass D, Antunes A P, et al. 2010. Integrated modeling of urban hierarchy and transportation networking planning. Transportation Research, Part A, 44: 506-522.

Bollapragada R, Camm J, Rao U S, et al. 2005. A Two-phase greedy algorithm to locate and allocation hubs for fixed-wireless broadband access. Operations Research Letters, 33(2): 134-142.

Chang N B, Shoemaker C A, Schuler R E. 1996. Solid waste management analysis with noise and traffic congestion limitation. Journal of Environment Engineering, 122(7): 122-131.

Chang N B, Wang S F. 1994. A location model for the site selection of solid waste management facilities with traffic congestion constraint. Civil Engineering Systems, 11: 289-306.

Chankong V, Haimes Y Y. 1983. Multi-Objective Decision Making Theory and Methodology. New York: North-Holland.

Chanta S, Mayorga M E, Albert L, et al. 2014. Improving emergency service in rural areas: a bi-objective covering location model for EMS systems. Annals of Operations Research, 221: 133-159.

Chen A Y, Yu T Y. 2016. Network based temporary facility location for the Emergency Medical Services considering the disaster induced demand and the transportation infrastructure in disaster response. Transportation Research. B: Methodol, 91: 408-423.

Chen R, Handler G Y. 1993. The conditional p-center problem in the plane. Naval Research Logistics, 40(1): 117-127.

Chrissis J W, Davis R P, Miller D M. 1982. The dynamic set covering problem. Applied Mathematical Modelling, 6: 2-6.

Church R L, ReVelle C. 1974. The maximal covering location problem. Papers in Regional Science Association, 32(1): 101-118.

Church R L. 1987. Hierarchical location analysis using covering objectives. Spatial Analysis and Location-Allocation Models, 7: 163-185.

Cocking C. 2008. Solutions to facility location–network design problems. Heidelberg: University of Heidelberg, Doctor of Philosophy Thesis.

Coello C A, Pulido G T, Lechuga M S. 2004. Handing multiple objectives with particle swarm optimization. IEEE Transactions on Evolutionary Computations, 8(3): 256-279.

Contreras I, Fernández E, Reinelt G. 2012. Minimizing the maximum travel time in a combined model of facility location and network design. Omega, 40(6): 847-860.

Contreras I, Fernández E. 2012. General network design: a unified view of combined location and network design problems. European Journal of Operational Research, 219: 680-697.

Crainic T G, Hewitt M, Toulouse M, et al. 2018. Scheduled service network design with resource acquisition and management. EURO Journal on Transportation and Logistics, 7: 277-309.

Current J, Ratick S, ReVelle C. 1997. Dynamic facility location when the total number of facilities is uncertain: a decision analysis approach. European Journal of Operational Research, 110: 597-609.

Daskin M S, Coullard C R, Shen Z J M, et al. 2002. An inventory-location model: formulation, solution algorithm and computational results. Annals of Operations Research, 110: 83-106.

Daskin M S, Hurter A P, VanBuer M G. 1993. Toward an integrated model of facility location and transportation network design, Working Paper, Transportation Center. Northwestern University.

Daskin M S. 1983. A maximum expected location model: formulation, properties and heuristic solution. Transportation Science, 17(7): 48-70.

Daskin M S. 1995. Network and Discrete Location: Models, Algorithms, and Applications. New York: Wiley Interscience.

Dear M. 1992. Understanding and overcoming the NIMBY syndrome. Journal of the American Planning Association, 58(3): 288-300.

Dearing P M, Francis R L. 1974. A minimax location problem on a network. Transportation Science, 8: 333-343.

Deb K, Agrawal S, Pratap A, et al. 2000. A fast elitist non-dominated sorting genetic algorithm for multi-objective optimization: NSGA-II//International Conference on Parallel Problem Solving from Nature. Berlin: Springer-Verlag.

Deb K, Pratap A, Agarwal S, et al. 2002. A fast and elitist multi-objective genetic algorithm: NSGA-II. IEEE Trans on Evolutionary Computation, 6(2): 182-197.

Densham P J, Rushton G. 1992. A more efficient heuristic for solving large P-median problem. Papers in Regional Science: The Journal of the RSAI, 71(3): 307-329.

Dessouky M, Ordonez F, Jia H, et al. 2006. Rapid distribution of medical supplies. In: Hall R W. Patient Flow: Reducing Delay in Healthcare Delivery. California, USA: Springer, US: 309-338.

Dias J, EugéniaCaptivo M, Clímaco J. 2007. Efficient primal–dual heuristic for a dynamic location problem. Computers & Operations Research, 34: 1800-1823.

Dobson J E. 1979. A regional screening procedure for land use suitability analysis. Geographical Review, 69(2): 224-234.

Dost J. 1968. Reassessment of the school location problem: a multifunctional role for the school in the urban environment. The Annals of Regional Science, 2(1): 136-141.

Drezner T, Drezner Z. 2001. A note on Applying the gravity rule to the airline hub problem. Journal of Regional Science, 41(1): 67-73.

Drezner Z, Hamacher H. 2002. Facility Location: Applications and Theory. New York: Springer.

Drezner Z, Wesolowsky G O. 2003. Network design: selection and design of links and facility location. Transportation Research Part A, 37(3): 241-256.

Drezner Z. 1995a. Dynamic facility location: the progressive *p*-median problem. Location Science, 3(1): 1-7.

Drezner Z. 1995b. Facility Location: A Survey of Applications and Methods. New York: Spring Verlag.

Eiselt H A, Laporte G, Thisse J F. 1993. Competitive location models: a framework and bibliography. Transportation Science, 27: 44-54.

El-Ghaoui L, Lebret H. 1997. Robust solutions to least-square problems to uncertain data matrices. SIAM Journal on Matrix Analysis and Application, 18(4): 1035-1064.

El-Ghaoui L, Oustry F, Lebret H. 1998. Robust solutions to uncertain semidefinite programs. SIAM Journal on Matrix Analysis and Application, 9(1): 33-52.

Eskandarpour M, Dejax P, Péton O. 2017. A large neighborhood search heuristic for supply chain network design. Computers and Operations Research, 80: 23-37.

Farahani R Z, Drezner Z, Asgari N. 2009. Single facility location and relocation problem with time dependent weights and discrete planning horizon. Annals of Operations Research, 167: 353-368.

Fonseca C M, Fleming P J. 1993. Genetic algorithms for multi-objective optimization: Formulation, discussion and generalization. Proceedings of the Fifth International Conference on Genetic Algorithms, Burlington.

Fotuhi F, Huynh N. 2017. Reliable intermodal freight network expansion with demand uncertainties and network disruptions. Networks and Spatial Economics, 17: 405-433.

Garey J. 1979. Computers and in Tractability: A Guide to the Theory of NP-Completeness. New York: Freeman.

Ghaderi A, Jabalameli M S. 2013. Modeling the budget-constrained dynamic uncapacitated facility location-network design problem and solving it via two efficient heuristics: a case study of health care. Mathematical and Computer Modelling, 57: 382-400.

Ghaderi A. 2015. Heuristic algorithms for solving an integrated dynamic center facility location- network design model. Networks and Spatial Economics, 15: 43-69.

Ghosh A, Craig C S. 1991. FRANSYS: a franchise distribution system location model. Journal of Retailing, 67: 467-495.

Greenberg M, Carana J, Krugman B. 1976. Solid waste management: a test of alternative strategies using optimization techniques. Environment and Planning, 8: 587-597.

Haimes Y Y, Lasdon L S, Wismer D A. 1971. On a bi-criterion formulation of the problems of integrated system identification and system optimization. IEEE Transaction System, Man and Cybernetics, (3): 296-297.

Hakimi S L. 1964. Optimum locations of switching centers and the absolute centers and medians of a graph. Operations Research, 12: 450-459.

Hakimi S L. 1965. Optimum distribution of switching centers in a communication network and some related graph theoretic problem. Operations Research, 12: 426-475.

Hakimi S L. 1986. p -Median theorems for competitive locations. Annals of Operations Research, 18: 62-80.

Hinojosa Y, Puerto J, Fernández F. 2000. A multi-period two-echelon multi-commodity capacitated plant location problem. European Journal of Operational Research, 123: 271-291.

Hodge D, Gatrell A. 1976. Spatial constraint and the location of urban public facilities. Environment & Planning A, 8(2): 215-230.

Holland J H. 1975. Adapation in natural and artificial systems. Ann Arbor: The University of MichganPress.

Hom J, Nafploitis N, Goldberg D E. 1994. A niched Pareto genetic algorithm for multi-objective optimization. In Proceedings of the First IEEE Conference on Evolutionary Computation, Z. Michalewicz, Ed. Piscataway, NJ: IEEE Press.

Hotelling H. 1929. Stability in competition. Economics Journal, 39: 41-57.

Huff D L. 1964. Defining and estimating a trade area. Journal of Marketing, 28: 34-38.

Huff D L. 1966. A programmed solution for approximating an optimum retail location. Land Economics, 42: 293-303.

Jarvinen P, Rajala J, Sinervo H. 1972. A branch-and-bound algorithm for seeking the p-median. Operation Research, 20: 173-178.

Jeong J S, et al. 2018. Optimizing the location of a biomass plant with a fuzzy-DEcision-MAking Trial and Evaluation Laboratory (F-DEMATEL) and multi-criteria spatial decision assessment for renewable energy management and long-term sustainability. Journal of Cleaner Production, 182: 509-520.

Jiang X, Song J, Lin Y Y, et al. 2018. A practical approach to constructing hierarchical networks for urban hazard mitigation planning using GIS: The case of Futian, Shenzhen. International Journal of Disaster Risk Reduction, 28: 629-639.

Jin X, Zhang J, Gao J L, et al. 2008. Multi-objective optimization of water supply network rehabilitation with non-dominated sorting Genetic Algorithm-II. Journal of Zhejiang University-Science A, 9(3): 391-400.

Johnson D S, Aragon C R, McGeoch L A, et al. 1989. Optimization by simulated annealing: an experimental evaluation, part I. Operations Research, 37(6): 865-892.

Jonathan, Rosenhead, Martin, et al. 1972. Robustness and optimality as criteria for strategic decisions . Journal of the Operational Research Society, 6: 126-137.

Kariv O, Hakimi S L. 1979. An algorithmic approach to network location problems. Applying Mathematics, (37): 539-560.

Kirca O, Erkip N. 1988. Selecting transfer station location for large solid waste systems. European Journal Research, 38: 339-349.

Kirkpatrick S, Gelat C D, Vecchi M P. 1983. Optimization by simulated annealing. Seience, 220: 671-680.

Klose A, Drexl A. 2005. Facility location models for distribution system design. European Journal of

Operational Research, 162: 4-29.

Kouvelis P, Kurawarwala A A, Gutierrez G J. 1992. Algorithms for robust single and multiple period layout planning for manufacturing systems. European Journal of Operational Research, 63(2): 287-303.

Lee D H, Dong M. 2009. Dynamic network design for reverse logistics operations under uncertainty. Transportation Research Part E, 45: 61-71.

Manne A S. 1961. Capacity expansion and probabilistic growth. Econometrica, 29: 632-649.

Marianov V, Serra D. 2002. Location–allocation of multiple-server service centers with constrained queues or waiting times. Annals of Operations Research, 111: 35-50.

Megiddo N, Supowit K. 1984. On the complexity of some common geometric location problems. SIAM Journal on Computing, 13: 182-196.

Melkote S, Daskin M S. 2001a. An integrated model of facility location and transportation network design. Transportation Research Part A, 35: 515-538.

Melkote S, Daskin M S. 2001b. Capacitated facility location/network design problems. European Journal of Operational Research, 129: 481-495.

Melkote S. 1996. Integrated models of facility location and network design. Evaston: Northwestern University, Doctor of Philosophy.

Melo M T, Nickel S, Saldanha-da-Gama F. 2009a. Facility location and supply chain management—a review. European Journal of Operational Research, 196(2): 401-412.

Mesa J A. 1991. Multi-period medians on networks. Operations Research, 25: 87-95.

Metropolis N, Rosenbluth A W, Teller A H, et al. 1953. Equation of state acluclatinos by fast computing macilines. The Journal of Chemical Physics, 21: 1087-1092.

Miranda P A, Garrido R A. 2006. A simultaneous inventory control and facility location model with stochastic capacity constraints. Networks Spatial Economics, 6: 39-53.

Murali P, Ordóñez F, Dessouky M M. 2012. Facility location under demand uncertainty: response to a large-scale bio-terror attack. Socio-Economic Planning Sciences, 46 (1): 78-87.

Murawski L, Church R L. 2009. Improving accessibility to rural health services: the maximal covering network improvement problem. Socio-Economic Planning Sciences, 43: 102-110.

Nagy G, Salhi S. 2007. Location-routing: issues, models and methods. European Journal of Operational Research, 177(2): 649-672.

Nakanishi M, Cooper L G. 1974. Parameter estimate for multiplicative interactive choice model: least squares approach. Journal of Marketing Research, 11: 303-311.

Narula S C. 1986. Minisum hierarchical location-allocation problems on a network: a survey. Annals of Operations Research, 6: 257-272.

Okabe A, Okunuki K. 2001. A computational method for estimating the demand of retail stores on a street network and its implementation in GIS. Transactions in GIS, 5(3): 209-220.

Owen S H, Daskin M S. 1998. Strategic facility location: a review. European Journal of Operational Research, 111: 423-447.

Paul J A, Wang X F. 2019. Robust location-allocation network design for earthquake preparedness. Transportation Research Part B, 119: 139-155.

Pearce R H, Forbes M. 2018. Disaggregated Benders decomposition and branch-and-cut for solving the budget-constrained dynamic un-capacitated facility location and network design problem. European Journal of Operational Research, 270(1): 78-88.

Peeters D, Thomas I. 1993. The effect of spatial structure on location-allocation results. Lesvos: ISOLDE VI Conference.

Pirkul H, Schilling D. 1989. The capacitated maximal covering location problem with backup service. Annals of Operation Research, 18: 141-154.

Pizzolate N D, Silva H B F. 1997. The location of public schools: evaluation of practical experiences. International Transactions in Operational Research, 4(1): 13-22.

Pizzolato N D, Barcelos F B, Lorena N, et al. 2004. School location methodology in urban areas of developing countries. International Transactions in Operational Research, 11(6): 667-681.

Rahmaniani R, Ghaderi A. 2013. A combined facility location and network design problem with multi-type of capacitated links. Applied Mathematical Modelling, 37: 6400-6414.

Rahmaniani R, Ghaderi A. 2015. An algorithm with exploration mechanisms: experimental results to capacitated facility location/network design problem. Expert Systems with Applications, 42: 3790-3800.

Rahmaniani R, Shafia M A. 2013. A study on maximum covering transportation network design with facility location under uncertainty. Journal of Industrial and Production Engineering, 30(2) : 78-93.

ReVelle C S, Eiselt H A. 2005. Location analysis: a synthesis and survey. European Journal of Operational Research, 165: 1-19.

ReVelle C S, Hogan K. 1989. The maximum availability location problem. Transportation Science, 23(3): 192-200.

ReVelle C. 1986. The maximum capture or "sphere of influence" location problem: hotelling revisited on anetwork. Journal of Regional Science, 26 (2): 343-358.

Roth R. 1969. Computer solutions to minimum cover problem. Operations Research, 17: 455-465.

Saameño Rodríguez J J, Guerrero García C, Muñoz Pérez J, et al. 2006. A general model for the undesirable single facility location problem. Operations Research Letters, 34: 427-436.

Saeidian B, Mesgari M S, Pradhan B, et al. 2018. Optimized location-allocation of earthquake relief centers using PSO and ACO, complemented by GIS, clustering, and TOPSIS. International Journal of Geo-Information, 7(8): 292.

Sahin G, Sural H. 2007. A review of hierarchical facility location models. Computers & Operations Research, 34: 2310-2331.

Sahoo K, Mani S, et al. 2018. GIS-based assessment of sustainable crop residues for optimal siting of biogas plants. Biomass and Bioenergy, 110: 63-74.

Schultz G P. 1970. The logic of health care facility planning. Socio-Economic Planning Sciences, 4: 383-393.

Snyder L V, Daskin M S, Teo C P. 2007. The stochastic location model with risk pooling. European Journal of Operational Research, 179(3): 1221-1238.

Snyder L V, Daskin M S. 2006. Stochastic *p*-robust location problems. IIE Transactions, 38(11): 971-985.

Snyder LV. 2006. Facility location under uncertainty: a review. IIE Transactions, 38(7): 537-554.

Soyder A L. 1973. Technical note-convex programming with set-inclusive constraints and applications to inexact linear programming. Operations Research, 21(5): 1154-1157.

Soyster A L. 1973. Convex programming with set-inclusive constraints and applications to inexact linear programming. Operations Research, 21: 1154-1157.

Srinivas N, Deb K. 1995. Multi-objective function optimization using non-dominated sorting genetic Algorithms. Evolutionary Compute, 2(3): 221-248.

Sviridenko M I. 2000. Worse-case analysis of the greedy algorithm for a generalization of maximum p-facility location problem. Operation Research Letters, 26(4): 193-197.

Taylor R G, Vasu M L, Causby J F. 1999. Integrated planning for school and community: the case of johnston country. North Carolina, 29(1): 67-89.

Taylor R G, Vasu M L, Causby J F. 1999. Intergrated planning for school and community: the case of Johnston Country, North Carolina. Interfaces, 29(1): 67-89.

Teitz M B, Bart P. 1968. Heuristic methods for estimating the generalized vertex median of a weighted graph. Operations Research, 16: 955-965.

Teitz M B. 1968. Toward a theory of urban public facility location. Papers in Regional Science, 21(1): 35-51.

Teixeira J C, Antunes A P. 2008. A hierarchical location model for public facility planning. European Journal of Operational Research, 185(1): 92-104.

Tewari V K, Jena S. 1987. High school location decision making in rural India and location-allocation. In: Ghosh A, Rushton G. Spatial Analysis and Location-Allocation Models. New York: Van Nostrand Reinhold: 137-162.

Toregas C, Swaim R, ReVelle C, et al. 1971. The location of emergency service facilities. Operations Research. 19: 1363-1373

Ukkusuri S V, Patil G. 2009. Multi-period transportation network design under demand uncertainty. Transportation Research Part B, 43: 625-642.

Vu H L, Wai Ng K T, Bolingbroke D. 2018. Parameter interrelationships in a dual phase GIS-based municipal solid waste collection model. Waste Management, 78: 258-270.

Wang D J, Zhu J Q, Wei X, et al. 2019. Integrated production and multiple trips vehicle routing with time windows and uncertain travel times. Computers and Operations Research, 103: 1-12.

Weber A. 1909. Theory of the location of industries (translated by C. Friedrich, 1929). Chicago: University of Chicago Press.

Williams H C, Kim K S, Martin D. 1990. Location-spatial interaction model: Benefit-maximizing configurations of services. Environment and Planning A, 22: 1079-1089.

Wilson A G. 1967. A statistical theory of spatial distribution models. Transportation Research, 1(3): 253-269.

Wolch J, Dear M. 1993. Malign Neglect: Homelessness in an American City. San Franciso: Jossey-Bass Publishers.

Wu L Y, Zhang X Z, Zhang J L. 2006. Capacitated facility location problem with general setup cost. Computers & Operations Research, 33(5): 1226-1241.

Yasenovskiy V, Hodgson J. 2007. Hierarchical location-allocation with spatial choice interaction modeling. Annals of the Association of American Geographers, 97(3): 496-511.

Yurteri C, Siber S. 1985. Application of location models for transfer stations. In: Curi K. Appropriate Waste Management for Developing Countries. New York: Plenum Press: 620-633.

附录　设施区位设计模型 Matlab 核心计算代码

附录 I　基于重心模型的设施区位设计问题核心代码

```
    function [ParetoSet, DebugTime] = MOSAUpP (ProblemData, SAPara, OutFName)
    NewFNum = ProblemData.NewFNum;
    UpRLen = ProblemData.CanUpRNum;
    PoRLen = ProblemData.PotentRNum;
    ChromLen = NewFNum + UpRLen + PoRLen;
    ChromLenV = [NewFNum, UpRLen, PoRLen, ChromLen];
    % 初始化染色体
    PopInfo = initPopUpP (PopSize, ChromLenV, ProblemData);
    ParetoSet = findParetoSet (PopInfo, MaxPBNum, ChromLenV);
    curT = MaxTemp;
    % 模拟退火过程
    while curT >= MinTemp
% 交叉操作：单点交叉
        PopInfo = CrossOperator (PopInfo, ChromLenV, ProblemData, curT);
% 更新 Pareto 集合
        ParetoSet = updateParetoSet (PopInfo, ParetoSet, NewFNum, MaxPBNum, ChromLenV);
% 变异操作
        for ii = 1: PopSize
            for L = 1: Markov
                Chrom = PopInfo.ChromMat (ii,:);
                ChromInfo = MutateChromUpP ( Chrom , ChromLenV , ProblemData);
% 找出最小的差额：新目标值-旧目标值
```

```
            Delta = min([ChromInfo.BuildCost - PopInfo.BuildCost
            (1, ii), ...
               ChromInfo.ServeCost - PopInfo.ServeCost(1,ii)]);
            if exp (- Delta / curT) >= rand ()
               PopInfo.ChromMat (ii,:) = ChromInfo.Chrom;
               PopInfo.NewFCost (1, ii) = ChromInfo.NewFCost;
               PopInfo.UpCost (1, ii) = ChromInfo.UpCost;
               PopInfo.PoCost (1, ii) = ChromInfo.PoCost;
               PopInfo.BuildCost (1, ii) = ChromInfo.BuildCost;
               PopInfo.ServeCost (1, ii) = ChromInfo.ServeCost;
               PopInfo.LinkFP (ii,:) = ChromInfo.LinkFP;
               PopInfo.NearDist (ii,:) = ChromInfo.NearDist;
               PopInfo.RoadCell{1, ii} = ChromInfo.RoadCell;
               PopInfo.ServeNode{1, ii} = ChromInfo.ServeNode;
            End
         end
      end
   % 更新温度
      curT = curT * alpha;
      ObjFVal = [PopInfo.BuildCost; PopInfo.ServeCost]';
      CompIndex = [1, 1];
      pRank = fastNonDominatedSort (ObjFVal, CompIndex);
      totalCrowdDist = CrowdDist (ObjFVal);
      Position = CrowdOperator (pRank, totalCrowdDist);
      % 根据 pareto 拥挤度排序的位置
      PopInfo.Position = Position;
      PopInfo.pRank = pRank;
   % 拥挤度距离
      PopInfo.Crowd = totalCrowdDist;
% 更新 pareto 集合
      ParetoSet = updateParetoSet (PopInfo, ParetoSet, NewFNum,
MaxPBNum, ChromLenV);
   end
   ParetoSet2Xls (ParetoSet, OutFName);

   function [PopInfo] = initPopUpP(PopSize,ChromLenV,ProblemData)
   % 初始化染色体，计算染色体的信息,即建设成本和旅行成本
```

```
NewFNum = ChromLenV (1); UpRLen = ChromLenV (2);
PoRLen = ChromLenV (3); ChromLen = ChromLenV (4);
NodeNum = length (ProblemData.FixCost);
ChromMat = zeros (PopSize, ChromLen);
% 新建设施、道路升级和道路修建的成本
NewFCost = zeros (1, PopSize);
UpCost = zeros (1, PopSize);
PoCost = zeros (1, PopSize);
BuildCost = zeros (1, PopSize);
ServeCost = zeros (1, PopSize);
% 关联设施点编号
LinkFP = zeros (PopSize, NodeNum);
% 与最近设施点的距离
NearDist = zeros (PopSize, NodeNum);
% 每个需求节点到某设施点接受服务的最短路径
RoadCell = cell (1, PopSize);
% 设施点所服务的节点矩阵
ServeNode = cell (1, PopSize);
for ii = 1: PopSize
    NodePool = setdiff (linspace (1, NodeNum, NodeNum),
ProblemData.FixFP);
    Chrom_fp = randsample (NodePool, NewFNum);
    Chrom_up = round (rand (1, UpRLen));
    Chrom_po = round (rand (1, PoRLen));
    ChromMat (ii,:) = [Chrom_fp, Chrom_up, Chrom_po];
    ChromInfo = calChromObj (ChromMat (ii,:), ChromLenV,
ProblemData);
    % 个体信息赋值
    ChromMat (ii,:) = ChromInfo.Chrom;
    BuildCost (1, ii) = ChromInfo.BuildCost;
    ServeCost (1, ii) = ChromInfo.ServeCost;
    NewFCost (1, ii) = ChromInfo.NewFCost;
    UpCost (1, ii) = ChromInfo.UpCost;
    PoCost (1, ii) = ChromInfo.PoCost;
    LinkFP (ii,:) = ChromInfo.LinkFP;
    NearDist (ii,:) = ChromInfo.NearDist;
```

```
    RoadCell{1, ii} = ChromInfo.RoadCell;
    ServeNode{1, ii} = ChromInfo.ServeNode;
end
ObjFVal = [BuildCost; ServeCost]';
CompIndex = [1, 1];
pRank = fastNonDominatedSort (ObjFVal, CompIndex);
totalCrowdDist = crowddist (ObjFVal);
Position = CrowdOperator (pRank, totalCrowdDist);
PopInfo.ChromMat = ChromMat;
PopInfo.BuildCost = BuildCost;
PopInfo.ServeCost = ServeCost;
PopInfo.Position = Position;
%设施建设、道路升级和修建成本
PopInfo.NewFCost = NewFCost;
PopInfo.UpCost = UpCost;
PopInfo.PoCost = PoCost;
%各需求点寻求服务情况
PopInfo.LinkFP = LinkFP;
PopInfo.NearDist = NearDist;
PopInfo.RoadCell = RoadCell;
PopInfo.ServeNode = ServeNode;
% pareto 等级
PopInfo.pRank = pRank;
% 拥挤度距离
PopInfo.Crowd = totalCrowdDist;
% end of function initPopUpP

function ParetoSet = findParetoSet(PopInfo,MaxPBNum,ChromLenV)
% 在给定群体中根据 pareto 等级找出 pareto 集合
ChromMat0 = PopInfo.ChromMat;
pRank = PopInfo.pRank;
pos = find (pRank == 1);
% 查找第一前沿的解个体
tChromMat = ChromMat0 (pos,:);
Index = findDuplicate (tChromMat, pos, ChromLenV);
pSetNum = length (Index);
ChromMat = ChromMat0 (Index,:);
```

```
BuildCost = PopInfo.BuildCost (1, Index);
ServeCost = PopInfo.ServeCost (1, Index);
NewFCost = PopInfo.NewFCost (1, Index);
UpCost = PopInfo.UpCost (1, Index);
PoCost = PopInfo.PoCost (1, Index);
LinkFP = PopInfo.LinkFP (Index,:);
NearDist = PopInfo.NearDist (Index,:);
RoadCell = PopInfo.RoadCell (1, Index);
ServeNode = PopInfo.ServeNode (1, Index);
if pSetNum <= MaxPBNum
   ParetoSet.pSetNum = pSetNum;
   ParetoSet.ChromMat = ChromMat;
   ParetoSet.BuildCost = BuildCost;
   ParetoSet.ServeCost = ServeCost;
   ParetoSet.NewFCost = NewFCost;
   ParetoSet.UpCost = UpCost;
   ParetoSet.PoCost = PoCost;
   ParetoSet.LinkFP = LinkFP;                % 关联设施点
   ParetoSet.NearDist = NearDist;              % 最近距离
   ParetoSet.RoadCell = RoadCell;             % 服务路径
   ParetoSet.ServeNode = ServeNode;            % 设施点服务节点情况
else
   ParetoSet.pSetNum = MaxPBNum;
% 所有 Pareto 个体的目标值
objVal = [BuildCost', ServeCost'];
   Crowd = crowddist (objVal);
   [~, IX] = sort (Crowd, 'descend');
   SelID = IX (1: MaxPBNum);
   ParetoSet.ChromMat = ChromMat (SelID,:);
   ParetoSet.BuildCost = BuildCost (1, SelID);
   ParetoSet.ServeCost = ServeCost (1, SelID);
   ParetoSet.NewFCost = NewFCost (1, SelID);
   ParetoSet.UpCost = UpCost (1, SelID);
   ParetoSet.PoCost = PoCost (1, SelID);
   %需求点到设施点寻求服务情况
   ParetoSet.LinkFP = LinkFP (SelID,:);
   ParetoSet.NearDist = NearDist (SelID,:);
```

```
        ParetoSet.RoadCell = RoadCell (1, SelID);
        ParetoSet.ServeNode = ServeNode (1, SelID);
    end
    % end of function findParetoSet

    Function NewParetoSet= updateParetoSet (PopInfo, ParetoSet,
NewFNum,
    MaxPBNum, ChromLenV)
    % 更新 Pareto 集合
    pRank = PopInfo.pRank;
    pos = find (pRank == 1);
    ChromMat = [ParetoSet.ChromMat; PopInfo.ChromMat (pos,:) ];
    BuildCost = [ParetoSet.BuildCost, PopInfo.BuildCost (1, pos) ];
    ServeCost = [ParetoSet.ServeCost, PopInfo.ServeCost (1, pos) ];
    NewFCost = [ParetoSet.NewFCost, PopInfo.NewFCost (1, pos) ];
    UpCost = [ParetoSet.UpCost, PopInfo.UpCost (1, pos) ];
    PoCost = [ParetoSet.PoCost, PopInfo.PoCost (1, pos) ];
    LinkFP = [ParetoSet.LinkFP; PopInfo.LinkFP (pos,:) ];
    NearDist = [ParetoSet.NearDist; PopInfo.NearDist (pos,:) ];
    RoadCell = [ParetoSet.RoadCell, PopInfo.RoadCell (1, pos) ];
    ServeNode = [ParetoSet.ServeNode, PopInfo.ServeNode (1, pos) ];
    for ii = 1: size (ChromMat, 1)
        tV = ChromMat (ii, 1: NewFNum);
        tV = sort (tV, 'ascend');
        ChromMat (ii, 1: NewFNum) = tV;
    end
    Index0 = 1: size (ChromMat, 1);
    Index = findDuplicate (ChromMat, Index0, ChromLenV);
    % 构建临时解群体，以便调用 findParetoSet 函数更新 pareto 解集合
    ObjFVal = [BuildCost (1, Index); ServeCost (1, Index) ]';
    CompIndex = [1, 1];
    pRank = fastNonDominatedSort (ObjFVal, CompIndex);
    tPopInfo.ChromMat = ChromMat (Index,:);
    tPopInfo.BuildCost = BuildCost (1, Index);
    tPopInfo.ServeCost = ServeCost (1, Index);
    tPopInfo.NewFCost = NewFCost (1, Index);
    tPopInfo.UpCost = UpCost (1, Index);
```

```
tPopInfo.PoCost = PoCost (1, Index);
tPopInfo.LinkFP = LinkFP (Index,:);
tPopInfo.NearDist = NearDist (Index,:);
tPopInfo.RoadCell = RoadCell (1, Index);
tPopInfo.ServeNode = ServeNode (1, Index);
tPopInfo.pRank = pRank;
NewParetoSet = findParetoSet (tPopInfo, MaxPBNum, ChromLenV);
% end of function updateParetoSet

function [NewPopInfo] = CrossOperator (PopInfo, ChromLenV, ProblemData, curT)
% 交叉算子：单点交叉
% 利用Metropolis准则判断是否接受新的解个体
NodeNum = length (ProblemData.FixCost);
BuildCost0 = PopInfo.BuildCost;
ServeCost0 = PopInfo.ServeCost;
[PopSize, ChromLen] = size (PopInfo.ChromMat);
ChromMat = zeros (PopSize, ChromLen);
NewFCost = zeros (1, PopSize);
UpCost = zeros (1, PopSize);
PoCost = zeros (1, PopSize);
BuildCost = zeros (1, PopSize);
ServeCost = zeros (1, PopSize);
LinkFP = zeros (PopSize, NodeNum);
NearDist = zeros (PopSize, NodeNum);     % 离最近设施点的距离
RoadCell = cell (1, PopSize);            % 每个需求节点到某设施点接受服务的最短路径
ServeNode = cell (1, PopSize);           % 设施点所服务的节点矩阵
[~, Index] = sort (rand (1, PopSize));      % 随机打乱顺序
for ii = 1: 2: (PopSize - 1)
OldObj=[BuildCost0 (1, Index (ii)), ServeCost0 (1, Index (ii)); BuildCost0 (1, Index (ii+1)), ServeCost0 (1, Index (ii+1)) ];
    Chrom1 = PopInfo.ChromMat (Index (ii),:);
    Chrom2 = PopInfo.ChromMat (Index (ii+1),:);
    % 单点交叉
    pos = randi (ChromLen - 1);
    tV = Chrom1 (1, pos+1: ChromLen);
```

```
        Chrom1 (1, pos+1: ChromLen) = Chrom2 (1, pos+1: ChromLen);
        Chrom2 (1, pos+1: ChromLen) = tV;
        tV = Chrom1 (1, 1: ChromLenV (1));
        tV = DelDupNode (tV, NodeNum, ProblemData.FixFP);
        Chrom1 (1, 1: ChromLenV (1)) = tV;
        tV = Chrom2 (1, 1: ChromLenV (1));
        tV = DelDupNode (tV, NodeNum, ProblemData.FixFP);
        Chrom2 (1, 1: ChromLenV (1)) = tV;
        ChromInfo1 = calChromObj (Chrom1, ChromLenV, ProblemData);
        ChromInfo2 = calChromObj (Chrom2, ChromLenV, ProblemData);
        % 找出最小的差额：新目标值-旧目标值
        Delta1 = min ([ChromInfo1.BuildCost - OldObj (1, 1),
ChromInfo1.ServeCost - OldObj (1, 2), ...
            ChromInfo1.BuildCost - OldObj (2, 1),
ChromInfo1.ServeCost - OldObj (2, 2) ]);
        if exp (- Delta1 / curT) >= rand ()
            ChromMat (ii,:) = ChromInfo1.Chrom;
            NewFCost (1, ii) = ChromInfo1.NewFCost;
            UpCost (1, ii) = ChromInfo1.UpCost;
            PoCost (1, ii) = ChromInfo1.PoCost;
            BuildCost (1, ii) = ChromInfo1.BuildCost;
            ServeCost (1, ii) = ChromInfo1.ServeCost;
            LinkFP (ii,:) = ChromInfo1.LinkFP;
            NearDist (ii,:) = ChromInfo1.NearDist;
            RoadCell{1, ii} = ChromInfo1.RoadCell;
            ServeNode{1, ii} = ChromInfo1.ServeNode;
        else
            ChromMat (ii,:) = PopInfo.ChromMat (Index (ii),:);
            NewFCost (1, ii) = PopInfo.NewFCost (1, Index (ii));
            UpCost (1, ii) = PopInfo.UpCost (1, Index (ii));
            PoCost (1, ii) = PopInfo.PoCost (1, Index (ii));
            BuildCost (1, ii) = BuildCost0 (1, Index (ii));
            ServeCost (1, ii) = ServeCost0 (1, Index (ii));
            LinkFP (ii,:) = PopInfo.LinkFP (Index (ii),:);
            NearDist (ii,:) = PopInfo.NearDist (Index (ii),:);
            RoadCell{1, ii} = PopInfo.RoadCell (1, Index (ii));
```

```
            ServeNode{1, ii} = PopInfo.ServeNode (1, Index (ii));
        end
        % 找出最小的差额：新目标值-旧目标值
        Delta2 = min ( [ChromInfo2.BuildCost - OldObj (1, 1), ChromInfo2.ServeCost - OldObj (1, 2), ...
            ChromInfo2.BuildCost - OldObj (2, 1), ChromInfo2.ServeCost - OldObj (2, 2) ]);
        if exp (- Delta2 / curT) >= rand ()
            ChromMat (ii+1,:) = ChromInfo2.Chrom;
            NewFCost (1, ii+1) = ChromInfo2.NewFCost;
            UpCost (1, ii+1) = ChromInfo2.UpCost;
            PoCost (1, ii+1) = ChromInfo2.PoCost;
            BuildCost (1, ii+1) = ChromInfo2.BuildCost;
            ServeCost (1, ii+1) = ChromInfo2.ServeCost;
            LinkFP (ii+1,:) = ChromInfo2.LinkFP;
            NearDist (ii+1,:) = ChromInfo2.NearDist;
            RoadCell{1, ii+1} = ChromInfo2.RoadCell;
            ServeNode{1, ii+1} = ChromInfo2.ServeNode;
        else
            ChromMat (ii+1,:) = PopInfo.ChromMat (Index (ii+1),:);
            NewFCost (1, ii+1) = PopInfo.NewFCost (1, Index (ii+1));
            UpCost (1, ii+1) = PopInfo.UpCost (1, Index (ii+1));
            PoCost (1, ii+1) = PopInfo.PoCost (1, Index (ii+1));
            BuildCost (1, ii+1) = BuildCost0 (1, Index (ii+1));
            ServeCost (1, ii+1) = ServeCost0 (1, Index (ii+1));
            LinkFP (ii+1,:) = PopInfo.LinkFP (Index (ii+1),:);
            NearDist (ii+1,:) = PopInfo.NearDist (Index (ii+1),:);
            RoadCell{1, ii+1} = PopInfo.RoadCell (1, Index (ii+1));
            ServeNode{1, ii+1} = PopInfo.ServeNode (1, Index (ii+1));
        end
    end
    ObjFVal = [BuildCost; ServeCost]';
    CompIndex = [1, 1];
    pRank = fastNonDominatedSort (ObjFVal, CompIndex);
    totalCrowdDist = crowddist (ObjFVal);
    Position =CrowdOperator (pRank, totalCrowdDist);
    NewPopInfo.ChromMat = ChromMat;
```

```
NewPopInfo.BuildCost = BuildCost;
NewPopInfo.ServeCost = ServeCost;
NewPopInfo.Position = Position;
NewPopInfo.NewFCost = NewFCost;              % 新建设施点的成本
NewPopInfo.UpCost = UpCost;                  % 道路升级成本
NewPopInfo.PoCost = PoCost;                  % 潜在道路修建成本
NewPopInfo.LinkFP = LinkFP;
NewPopInfo.NearDist = NearDist;
NewPopInfo.RoadCell = RoadCell;
NewPopInfo.ServeNode = ServeNode;
NewPopInfo.pRank = pRank;                    % Pareto 等级，越小越好
NewPopInfo.Crowd = totalCrowdDist;           % 拥挤度距离
% end of function CrossOperator

function [ChromInfo] = calChromObj (Chrom, ChromLenV, 
ProblemData)
% 计算解个体（单个染色体）的目标函数值
NewFNum = ChromLenV (1); UpRLen = ChromLenV (2);
PoRLen = ChromLenV (3);
FixFP = ProblemData.FixFP;
Demand = ProblemData.Demand;
FixCost = ProblemData.FixCost;               % 新建设施的固定成本
CanUpRoad = ProblemData.CanUpRoad;           % 所有能升级的道路信息
PotentRoad = ProblemData.PotentRoad;         % 所有潜在道路的信息
TourMat = ProblemData.ExistTour;
NewFCost = 0;                                % 计算新建设施固定成本
%计算道路升级成本
for jj = 1: NewFNum
   NewFCost = NewFCost + FixCost (Chrom (1, jj));
end
for jj = 1: UpRLen
   if Chrom (1, NewFNum+jj) == 1
      row = CanUpRoad (jj, 2);
      col = CanUpRoad (jj, 3);
      TourMat (row, col) = CanUpRoad (jj, 8);
      TourMat (col, row) = TourMat (row, col);
   end
```

```
    end
    % 计算新建潜在道路成本
    for jj = 1: PoRLen
        if Chrom (1, NewFNum+UpRLen+jj) == 1
            % PoCost = PoCost + PotentRoad (jj, 4);

            row = PotentRoad (jj, 2);
            col = PotentRoad (jj, 3);
            TourMat (row, col) = PotentRoad (jj, 8);
            TourMat (col, row) = TourMat (row, col);
        end
    end
    [AllTour, PathMat] = Floyd (TourMat);
    [LinkFP, NearDist, RoadCell, ServeNode] = NearestAssign (Chrom
(1, 1: NewFNum), FixFP, AllTour, PathMat);
    ServeCost = NearDist * Demand';            % 设施点服务需求点的服务
总成本
    NodeNum = length (ProblemData.FixCost);
    [tChrom, UpCost, PoCost] = RepairChromUpP (RoadCell, NodeNum,
CanUpRoad, PotentRoad);
    BuildCost = NewFCost + UpCost + PoCost;  % 建设总成本
    Chrom (1, NewFNum+1: end) = tChrom;
    % 整合成结构体方便输出调用
    ChromInfo.Chrom = Chrom;                % 解的染色体表示
    ChromInfo.BuildCost = BuildCost;            % 建设成本
    ChromInfo.ServeCost = ServeCost;            % 服务成本
    ChromInfo.NewFCost = NewFCost;            % 新建设施成本
    ChromInfo.UpCost = UpCost;                % 道路升级成本
    ChromInfo.PoCost = PoCost;                % 道路新建成本
    % 避免输出最优解时重复计算（修正染色体）
    ChromInfo.LinkFP = LinkFP;                % 关联设施点
    ChromInfo.NearDist = NearDist;              % 最近距离
    ChromInfo.RoadCell = RoadCell;            % 服务路径
    ChromInfo.ServeNode = ServeNode;            % 设施点服务节点情况
    % end of function calChromObj

    function  ChromInfo  =  MutateChromUpP  ( Chrom ,  ChromLenV ,
```

```
ProblemData)
    % 变异生成新的染色体
    NodeNum = length (ProblemData.FixCost);
    NewFNum = ChromLenV (1);
    ChromLen = length (Chrom);
    NewChrom = Chrom;
    mpos = randi (ChromLen);
    if mpos <= NewFNum
        NodePool = setdiff ( linspace ( 1 , NodeNum , NodeNum ),
ProblemData.FixFP);
        n = length (NodePool);
        NewChrom (1, mpos) = NodePool (randi (n));
        tV = NewChrom (1, 1: NewFNum);
        tV = DelDupNode (tV, NodeNum, ProblemData.FixFP);
        NewChrom (1, 1: NewFNum) = tV;
    else
        NewChrom (1, mpos) = ~ (NewChrom (1, mpos)); % 0-1 变异
    end
    ChromInfo = calChromObj (NewChrom, ChromLenV, ProblemData);
    % end of function MutateChromUpP

    function [LinkFP, NearDist, RoadCell, ServeNode]=NearestAssign
(NewFP, FixFP, AllDistMat, PathMat)
    % 依据需求点距离设施点最近的原则选择设施点
    N = size (AllDistMat, 1);                % 总的需求节点数目
    AllFP = [NewFP, FixFP];
    AllFP = sort (AllFP, 'ascend');
    NumFP = length (AllFP);                  % 总设施点数目
    DemandNode = 1: N;
    DemandNode (AllFP) = [];
    LinkFP = zeros (1, N);
    NearDist = zeros (1, N);                 % 需求点到最近设施点的距离（旅
行时间）
    RoadCell = cell (1, N);                  % 每个需求节点到某设施点接受
服务的最短路径
    for ii = 1: NumFP                        % 设施点给自己指派服务
        LinkFP (AllFP (ii)) = AllFP (ii);
```

```
        NearDist (AllFP (ii)) = 0;
        RoadCell{AllFP (ii) } = AllFP (ii);
    end
    for ii = 1: length (DemandNode)            % 给需求点指派服务设施点
        DNodeID = DemandNode (ii);           % 待指派服务的需求点 ID
        tDistVec = AllDistMat (DNodeID, AllFP);
        [minDist, minIndex] = min (tDistVec);
        NearDist (DNodeID) = minDist;          % 记录最短距离（最少旅行时
间等）
        LinkFP (DNodeID) = AllFP (minIndex);  % 记录服务的设施点
        Road = SimpleRouter (PathMat, DNodeID, AllFP (minIndex));
        RoadCell{DNodeID} = Road;            % 记录接受服务的最短路径
    end
    ServeNode = cell (1, NumFP);               % 设施点所服务的需求节点
集合
    for ii = 1: NumFP
        ServeNode{ii} = find (LinkFP == AllFP (ii));
    end
```

附录II　基于覆盖模型的设施区位设计问题核心代码

```
    function [ParetoSet, DebugTime] = MOSACP_UpP (ProblemData, 
SAPara, OutFName)
    NewFNum = ProblemData.NewFNum;              % 新建设施数量
    UpRLen = ProblemData.CanUpRNum;              % 所有能升级的道路数量
    PoRLen = ProblemData.PotentRNum;              % 所有潜在道路数量
    ChromLen = NewFNum + UpRLen + PoRLen;
    ChromLenV = [NewFNum, UpRLen, PoRLen, ChromLen];    % 解个体（染
色体）各分段长度
    % 初始化染色体：染色体对应一种设施选址、道路升级及新建的可能
    PopInfo = initPopUpP (PopSize, ChromLenV, ProblemData);
    ParetoSet = findParetoSet (PopInfo, MaxPBNum, ChromLenV);
    SpecPareto = calSpecPareto (ProblemData, ChromLenV);
    ParetoSet = addSpecPareto (ParetoSet, SpecPareto);
    curT = MaxTemp;                                    % 设置当前温度为初
始温度
    while curT >= MinTemp                               % 模拟退火过程
% 交叉操作：单点交叉
        PopInfo = CrossOperator (PopInfo, ChromLenV, ProblemData, 
curT);
% 更新 Pareto 集合
        ParetoSet = updateParetoSet (PopInfo, ParetoSet, NewFNum, 
MaxPBNum, ChromLenV);
% 变异操作
        for ii = 1: PopSize
            for L = 1: Markov
                Chrom = PopInfo.ChromMat (ii,:);
                ChromInfo = MutateChromUpP ( Chrom , ChromLenV , 
ProblemData);
% 找出最小的差额：新目标值 - 旧目标值
                Delta   =   min   (   [ChromInfo.PunishCost   - 
PopInfo.PunishCost (1, ii), ...
                    ChromInfo.BuildCost - PopInfo.BuildCost ( 1 , 
ii), ...
```

```
                ChromInfo.ServeCost - PopInfo.ServeCost(1,ii)]);
            if exp (- Delta / curT) >= rand ()
                PopInfo.ChromMat (ii,:) = ChromInfo.Chrom;
                PopInfo.NewFCost (1, ii) = ChromInfo.NewFCost;
                PopInfo.UpCost (1, ii) = ChromInfo.UpCost;
                PopInfo.PoCost (1, ii) = ChromInfo.PoCost;
                PopInfo.PunishCost(1,ii)=ChromInfo.PunishCost;
                PopInfo.BuildCost (1, ii) = ChromInfo.BuildCost;
                PopInfo.ServeCost (1, ii) = ChromInfo.ServeCost;
                PopInfo.LinkFP (ii,:) = ChromInfo.LinkFP;
                PopInfo.NearFP (ii,:) = ChromInfo.NearFP;
                PopInfo.NearDist (ii,:) = ChromInfo.NearDist;
                PopInfo.RoadCell{1, ii} = ChromInfo.RoadCell;
                PopInfo.ServeNode{1, ii} = ChromInfo.ServeNode;
            end
        end
    end
    curT = curT * alpha;                    % 更新温度
    ObjFVal  =  [PopInfo.PunishCost ; PopInfo.BuildCost ;
PopInfo.ServeCost]';
    CompIndex = [1, 1, 1];
    pRank = fastNonDominatedSort (ObjFVal, CompIndex);
    totalCrowdDist = crowddist (ObjFVal);
    Position = CrowdOperator (pRank, totalCrowdDist);
    PopInfo.Position = Position;            % 根据 Pareto 拥挤度排
序的位置
    PopInfo.pRank = pRank;                  % Pareto 等级，越小越好
    PopInfo.Crowd = totalCrowdDist;         % 拥挤度距离
    % 更新 Pareto 集合
    ParetoSet = updateParetoSet (PopInfo, ParetoSet, NewFNum,
MaxPBNum, ChromLenV);
  end
  ParetoSet2Xls (ParetoSet, OutFName);
  % end of main function lzzMOSACP_UpP

  function [PopInfo] = initPopUpP(PopSize,ChromLenV,ProblemData)
  % 初始化染色体
```

```
NewFNum = ChromLenV (1); UpRLen = ChromLenV (2);
PoRLen = ChromLenV (3); ChromLen = ChromLenV (4);
NodeNum = length (ProblemData.FixCost);
ChromMat = zeros (PopSize, ChromLen);
NewFCost = zeros (1, PopSize);          % 新建设施点的成本
UpCost = zeros (1, PopSize);            % 道路升级成本
PoCost = zeros (1, PopSize);            % 潜在道路修建成本
PunishCost = zeros (1, PopSize);          % 未被覆盖的惩罚成本
BuildCost = zeros (1, PopSize);           % 建设成本
ServeCost = zeros (1, PopSize);           % 服务成本
LinkFP = zeros (PopSize, NodeNum);       % 关联设施点编号
NearFP = zeros (PopSize, NodeNum);       % 最近设施点编号
NearDist = zeros (PopSize, NodeNum);      % 离最近设施点的距离
RoadCell = cell (1, PopSize);             % 每个需求节点到某设施点接
受服务的最短路径
ServeNode = cell (1, PopSize);            % 设施点所服务的节点矩阵
for ii = 1: PopSize
    NodePool = setdiff ( linspace ( 1 , NodeNum , NodeNum ),
ProblemData.FixFP);
    Chrom_fp = randsample (NodePool, NewFNum);  % 新建设施点
    Chrom_up = round (rand (1, UpRLen));   % 升级道路
    Chrom_po = round (rand (1, PoRLen));   % 新建潜在道路
    ChromMat (ii,:) = [Chrom_fp, Chrom_up, Chrom_po];
    ChromInfo = calChromObj ( ChromMat ( ii , : ), ChromLenV ,
ProblemData);
% 个体信息赋值
    ChromMat (ii,:) = ChromInfo.Chrom;
    PunishCost (1, ii) = ChromInfo.PunishCost;
    BuildCost (1, ii) = ChromInfo.BuildCost;
    ServeCost (1, ii) = ChromInfo.ServeCost;
    NewFCost (1, ii) = ChromInfo.NewFCost;
    UpCost (1, ii) = ChromInfo.UpCost;
    PoCost (1, ii) = ChromInfo.PoCost;
    LinkFP (ii,:) = ChromInfo.LinkFP;
    NearFP (ii,:) = ChromInfo.NearFP;
    NearDist (ii,:) = ChromInfo.NearDist;
```

```
        RoadCell{1, ii} = ChromInfo.RoadCell;
        ServeNode{1, ii} = ChromInfo.ServeNode;
    end
    ObjFVal = [BuildCost; BuildCost; ServeCost]';
    CompIndex = [1, 1, 1];
    pRank = fastNonDominatedSort (ObjFVal, CompIndex);
    totalCrowdDist = CrowdDist (ObjFVal);
    Position = CrowdOperator (pRank, totalCrowdDist);
    PopInfo.ChromMat = ChromMat;          % 解个体（染色体）
    PopInfo.PunishCost = PunishCost;         % 未被覆盖的惩罚成本
    PopInfo.BuildCost = BuildCost;          % 建设成本
    PopInfo.ServeCost = ServeCost;          % 旅行成本
    PopInfo.Position = Position;           % 根据 Pareto 拥挤度排序的位置
    PopInfo.NewFCost = NewFCost;          % 新建设施点的成本
    PopInfo.UpCost = UpCost;             % 道路升级成本
    PopInfo.PoCost = PoCost;              % 潜在道路修建成本
    PopInfo.LinkFP = LinkFP;             % 关联设施点
    PopInfo.NearFP = NearFP;             % 最近设施点
    PopInfo.NearDist = NearDist;            % 最近距离
    PopInfo.RoadCell = RoadCell;           % 服务路径
    PopInfo.ServeNode = ServeNode;         % 设施点服务节点情况
    PopInfo.pRank = pRank;              %  Pareto 等级，越小越好
    PopInfo.Crowd = totalCrowdDist;          % 拥挤度距离
    % end of function initPopUpP

    function [NewPopInfo] = CrossOperator (PopInfo, ChromLenV, ProblemData, curT)
    % 交叉算子：单点交叉
    % 利用 Metropolis 准则判断是否接受新的解个体
    NodeNum = length (ProblemData.FixCost);
    PunishCost0 = PopInfo.PunishCost;
    BuildCost0 = PopInfo.BuildCost;
    ServeCost0 = PopInfo.ServeCost;
    [PopSize, ChromLen] = size (PopInfo.ChromMat);
    ChromMat = zeros (PopSize, ChromLen);  % 新染色体群体
    NewFCost = zeros (1, PopSize);        % 新建设施的成本
```

```
    UpCost = zeros (1, PopSize);                    % 道路升级成本
    PoCost = zeros (1, PopSize);                    % 潜在道路修建成本
    PunishCost = zeros (1, PopSize);                 % 惩罚成本
    BuildCost = zeros (1, PopSize);                  % 建设成本
    ServeCost = zeros (1, PopSize);                  % 旅行成本
    LinkFP = zeros (PopSize, NodeNum);              % 关联设施点编号
    NearFP = zeros (PopSize, NodeNum);              % 最近设施点编号
    NearDist = zeros (PopSize, NodeNum);             % 与最近设施点的距离
    RoadCell = cell (1, PopSize);                    % 每个需求节点到某设施点接
受服务的最短路径
    ServeNode = cell (1, PopSize);                   % 设施点所服务的节点矩阵
    [~, Index] = sort (rand (1, PopSize));                % 随机打乱顺序
    for ii = 1: 2: (PopSize - 1)
        OldObj = [PunishCost0 (1, Index (ii)), BuildCost0 (1, Index
(ii)), ServeCost0 (1, Index (ii)); ...
            PunishCost0(1,Index(ii+1)),BuildCost0(1,Index(ii+1)),
ServeCost0 (1, Index (ii+1)) ];
        Chrom1 = PopInfo.ChromMat (Index (ii),:);
        Chrom2 = PopInfo.ChromMat (Index (ii+1),:);
        % 单点交叉
        pos = randi (ChromLen - 1);
        tV = Chrom1 (1, pos+1: ChromLen);
        Chrom1 (1, pos+1: ChromLen) = Chrom2 (1, pos+1: ChromLen);
        Chrom2 (1, pos+1: ChromLen) = tV;
        tV = Chrom1 (1, 1: ChromLenV (1));
        tV = DelDupNode (tV, NodeNum, ProblemData.FixFP);
        Chrom1 (1, 1: ChromLenV (1)) = tV;
        tV = Chrom2 (1, 1: ChromLenV (1));
        tV = DelDupNode (tV, NodeNum, ProblemData.FixFP);
        Chrom2 (1, 1: ChromLenV (1)) = tV;
        ChromInfo1 = calChromObj (Chrom1, ChromLenV, ProblemData);
        ChromInfo2 = calChromObj (Chrom2, ChromLenV, ProblemData);
% 找出最小的差额：新目标值 - 旧目标值
        Delta1 = min ( [ChromInfo1.PunishCost - OldObj (1, 1),
ChromInfo1.BuildCost - OldObj (1, 2), ...
            ChromInfo1.ServeCost - OldObj (1, 3),
```

```
ChromInfo1.PunishCost - OldObj (2, 1), ...
          ChromInfo1.BuildCost - OldObj (2, 2),
ChromInfo1.ServeCost - OldObj (2, 3) ]);
       if exp (- Delta1 / curT) >= rand ()
          ChromMat (ii,:) = ChromInfo1.Chrom;
          NewFCost (1, ii) = ChromInfo1.NewFCost;
          UpCost (1, ii) = ChromInfo1.UpCost;
          PoCost (1, ii) = ChromInfo1.PoCost;
          PunishCost (1, ii) = ChromInfo1.PunishCost;
          BuildCost (1, ii) = ChromInfo1.BuildCost;
          ServeCost (1, ii) = ChromInfo1.ServeCost;
          LinkFP (ii,:) = ChromInfo1.LinkFP;
          NearFP (ii,:) = ChromInfo1.NearFP;
          NearDist (ii,:) = ChromInfo1.NearDist;
          RoadCell{1, ii} = ChromInfo1.RoadCell;
          ServeNode{1, ii} = ChromInfo1.ServeNode;
       else
          ChromMat (ii,:) = PopInfo.ChromMat (Index (ii),:);
          NewFCost (1, ii) = PopInfo.NewFCost (1, Index (ii));
          UpCost (1, ii) = PopInfo.UpCost (1, Index (ii));
          PoCost (1, ii) = PopInfo.PoCost (1, Index (ii));
          PunishCost (1, ii) = PunishCost0 (1, Index (ii));
          BuildCost (1, ii) = BuildCost0 (1, Index (ii));
          ServeCost (1, ii) = ServeCost0 (1, Index (ii));
          LinkFP (ii,:) = PopInfo.LinkFP (Index (ii),:);
          NearFP (ii,:) = PopInfo.NearFP (Index (ii),:);
          NearDist (ii,:) = PopInfo.NearDist (Index (ii),:);
          RoadCell{1, ii} = PopInfo.RoadCell (1, Index (ii));
          ServeNode{1, ii} = PopInfo.ServeNode (1, Index (ii));
       end
       % 找出最小的差额：新目标值 - 旧目标值
       Delta2 = min ([ChromInfo2.PunishCost - OldObj (1, 1),
ChromInfo2.BuildCost - OldObj (1, 2), ...
          ChromInfo2.ServeCost - OldObj (1, 3),
ChromInfo2.PunishCost - OldObj (2, 1), ...
          ChromInfo2.BuildCost - OldObj (2, 2),
ChromInfo2.ServeCost - OldObj (2, 3) ]);
```

```
    if exp (- Delta2 / curT) >= rand ()
        ChromMat (ii+1,:) = ChromInfo2.Chrom;
        NewFCost (1, ii+1) = ChromInfo2.NewFCost;
        UpCost (1, ii+1) = ChromInfo2.UpCost;
        PoCost (1, ii+1) = ChromInfo2.PoCost;
        PunishCost (1, ii+1) = ChromInfo2.PunishCost;
        BuildCost (1, ii+1) = ChromInfo2.BuildCost;
        ServeCost (1, ii+1) = ChromInfo2.ServeCost;
        LinkFP (ii+1,:) = ChromInfo2.LinkFP;
        NearFP (ii+1,:) = ChromInfo2.NearFP;
        NearDist (ii+1,:) = ChromInfo2.NearDist;
        RoadCell{1, ii+1} = ChromInfo2.RoadCell;
        ServeNode{1, ii+1} = ChromInfo2.ServeNode;
    else
        ChromMat (ii+1,:) = PopInfo.ChromMat (Index (ii+1),:);
        NewFCost (1, ii+1) = PopInfo.NewFCost (1, Index (ii+1));
        UpCost (1, ii+1) = PopInfo.UpCost (1, Index (ii+1));
        PoCost (1, ii+1) = PopInfo.PoCost (1, Index (ii+1));
        PunishCost (1, ii+1) = PunishCost0 (1, Index (ii+1));
        BuildCost (1, ii+1) = BuildCost0 (1, Index (ii+1));
        ServeCost (1, ii+1) = ServeCost0 (1, Index (ii+1));
        LinkFP (ii+1,:) = PopInfo.LinkFP (Index (ii+1),:);
        NearFP (ii+1,:) = PopInfo.NearFP (Index (ii+1),:);
        NearDist (ii+1,:) = PopInfo.NearDist (Index (ii+1),:);
        RoadCell{1, ii+1} = PopInfo.RoadCell (1, Index (ii+1));
        ServeNode{1, ii+1} = PopInfo.ServeNode (1, Index (ii+1));
    end
end
ObjFVal = [PunishCost; BuildCost; ServeCost]';
CompIndex = [1, 1, 1];
pRank = fastNonDominatedSort (ObjFVal, CompIndex);
totalCrowdDist = crowddist (ObjFVal);
Position = CrowdOperator (pRank, totalCrowdDist);
NewPopInfo.ChromMat = ChromMat;            % 解个体（染色体）
NewPopInfo.PunishCost = PunishCost;           % 未被覆盖的惩罚成本
NewPopInfo.BuildCost = BuildCost;             % 建设成本
NewPopInfo.ServeCost = ServeCost;             % 服务成本
```

```
    NewPopInfo.Position = Position;                    % 根据 Pareto 拥挤度排
序的位置
    NewPopInfo.NewFCost = NewFCost;                 % 新建设施点的成本
    NewPopInfo.UpCost = UpCost;                     % 道路升级成本
    NewPopInfo.PoCost = PoCost;                      % 潜在道路修建成本
    NewPopInfo.LinkFP = LinkFP;
    NewPopInfo.NearFP = NearFP;
    NewPopInfo.NearDist = NearDist;
    NewPopInfo.RoadCell = RoadCell;
    NewPopInfo.ServeNode = ServeNode;
    NewPopInfo.pRank = pRank;                       % Pareto 等级，越小越好
    NewPopInfo.Crowd = totalCrowdDist;                  % 拥挤度距离
    % end of function CrossOperator

    function [ChromInfo] = calChromObj (Chrom, ChromLenV,
ProblemData)
    % 计算解个体（单个染色体）的目标函数值
    NewFNum = ChromLenV (1); UpRLen = ChromLenV (2);
    PoRLen = ChromLenV (3);
    FixFP = ProblemData.FixFP;
    Demand = ProblemData.Demand;
    FixCost = ProblemData.FixCost;               % 新建设施的固定成本
    CanUpRoad = ProblemData.CanUpRoad;   % 所有能升级的道路信息
    PotentRoad = ProblemData.PotentRoad;    % 所有潜在道路的信息
    Radius = ProblemData.Radius;              % 临界指派服务半径，用来判断
能否被设施点覆盖
    Beta = ProblemData.Beta;                    % 惩罚系数
    TourMat = ProblemData.ExistTour;
    NewFCost = 0;                            % 计算新建设施固定成本
    for jj = 1: NewFNum
        NewFCost = NewFCost + FixCost (Chrom (1, jj));
    end
    for jj = 1: UpRLen
        if Chrom (1, NewFNum+jj) == 1
            % UpCost = UpCost + CanUpRoad (jj, 4);
             row = CanUpRoad (jj, 2);
            col = CanUpRoad (jj, 3);
```

```
            TourMat (row, col) = CanUpRoad (jj, 8);
            TourMat (col, row) = TourMat (row, col);
        end
    end
    for jj = 1: PoRLen
        if Chrom (1, NewFNum+UpRLen+jj) == 1
            row = PotentRoad (jj, 2);
            col = PotentRoad (jj, 3);
            TourMat (row, col) = PotentRoad (jj, 8);
            TourMat (col, row) = TourMat (row, col);
        end
    end
    [AllTour, PathMat] = Floyd (TourMat);
    [LinkFP,NearDist,RoadCell,ServeNode,NearFP] = NearestAssignCP
(Chrom (1, 1: NewFNum), FixFP, Radius, AllTour, PathMat);
    NodeNum = length (ProblemData.FixCost);
    [tChrom, UpCost, PoCost] = RepairChromUpP (RoadCell, NodeNum,
CanUpRoad, PotentRoad);
    BuildCost = NewFCost + UpCost + PoCost;  % 建设总成本
    Chrom (1, NewFNum+1: end) = tChrom;
    PunishCost = 0;                        % 未被设施点覆盖的惩罚总成本
    ServeCost = 0;                         % 设施点服务需求点的服务总成本
    % ServeCost = NearDist * Demand';          % 设施点服务需求点的服务总
成本
    for ii = 1: NodeNum
        if LinkFP (ii) < 0
            PunishCost = PunishCost + Beta * Demand (ii);
        else
            ServeCost = ServeCost + NearDist (ii) * Demand (ii);
        end
    end

    function ChromInfo = MutateChromUpP ( Chrom , ChromLenV ,
ProblemData)
    % 变异生成新的染色体（道路升级及新建指示变量）
    NodeNum = length (ProblemData.FixCost);
    NewFNum = ChromLenV (1);
```

```
    ChromLen = length (Chrom);
    NewChrom = Chrom;
    mpos = randi (ChromLen);
    if mpos <= NewFNum
        NodePool = setdiff ( linspace ( 1 , NodeNum , NodeNum ),
ProblemData.FixFP);
        n = length (NodePool);
        NewChrom (1, mpos) = NodePool (randi (n));
        tV = NewChrom (1, 1: NewFNum);
        tV = DelDupNode (tV, NodeNum, ProblemData.FixFP);
        NewChrom (1, 1: NewFNum) = tV;
    else
        NewChrom (1, mpos) = ~ (NewChrom (1, mpos)); % 0-1 变异
    end
    ChromInfo = calChromObj (NewChrom, ChromLenV, ProblemData);
    % end of function MutateChromUpP

    Function [LinkFP, NearDist, RoadCell, ServeNode,
NearFP]=NearestAssignCP(NewFP, FixFP, Radius, AllDistMat, PathMat)
    % 依据需求点距离设施点最近的原则选择设施点
    N = size (AllDistMat, 1);
    AllFP = [NewFP, FixFP];
    AllFP = sort (AllFP, 'ascend');
    NumFP = length (AllFP);
    DemandNode = 1: N;
    DemandNode (AllFP) = [];            % (非设施点的) 需求节点集合
    LinkFP = zeros (1, N);              % 需求点接受服务的设施点编号,
                                          即设施指派向量
    NearDist = zeros (1, N);            % 需求点到最近设施点的距离 (旅
                                          行时间)
    RoadCell = cell (1, N);             % 每个需求节点到某设施点接受服
                                          务的最短路径
    NearFP = zeros (1, N);              % 离需求点最近设施点编号
    for ii = 1: NumFP                   % 设施点给自己指派服务
        LinkFP (AllFP (ii)) = AllFP (ii);
        NearDist (AllFP (ii)) = 0;
        RoadCell{AllFP (ii) } = AllFP (ii);
```

```
        NearFP (AllFP (ii)) = AllFP (ii);
    end
    for ii = 1: length (DemandNode)              % 给（非设施点）需求点指
                                                   派服务设施点
        DNodeID = DemandNode (ii);              % 待指派服务的需求点 ID
        tDistVec = AllDistMat (DNodeID, AllFP);
        [minDist, minIndex] = min (tDistVec);
            if minDist <= Radius                % 在最小指派服务半径范围内
            NearDist (DNodeID) = minDist;          % 记录最短距离（最少旅
行时间等）
            LinkFP (DNodeID) = AllFP (minIndex);  % 记录服务的设施点
            Road = SimpleRouter (PathMat, DNodeID, AllFP (minIndex));
            RoadCell{DNodeID} = Road;           % 记录接受服务的最短路径
            NearFP (DNodeID) = AllFP (minIndex); % 记录最近的设施点
        else
            NearDist (DNodeID) = minDist;          % 记录最短距离（最少旅
行时间等）
            LinkFP (DNodeID) = -1;              % 记录服务的设施点：虚拟
设施点-1
            RoadCell{DNodeID} = -1;             % 记录接受服务的最短路径
            NearFP (DNodeID) = AllFP (minIndex);  % 记录最近的设施点
        end
    end
    ServeNode = cell (1, NumFP);                    % 设施点所服务的需求
节点集合
    for ii = 1: NumFP
        ServeNode{ii} = find (LinkFP == AllFP (ii));
    end
    % end of function NearestAssignCP
```

附录III　基于邻避模型的设施区位设计问题核心代码

```
function [ParetoSet, DebugTime] = MOSALB_UpP (ProblemData, SAPara, OutFName)
    NewFNum = ProblemData.NewFNum;
    UpRLen = ProblemData.CanUpRNum;
    PoRLen = ProblemData.PotentRNum;
    ChromLen = NewFNum + UpRLen + PoRLen;
    ChromLenV = [NewFNum, UpRLen, PoRLen, ChromLen];
    % 初始化染色体
    PopInfo = initPopUpPo (PopSize, ChromLenV, ProblemData);
    ParetoSet = findParetoSet (PopInfo, MaxPBNum, ChromLenV);
    % 将特殊极端解加入 Pareto 解集合
    SpecPareto = calSpecPareto (ProblemData, ChromLenV);
    ParetoSet = addSpecPareto (ParetoSet, SpecPareto);
    curT = MaxTemp;                          % 设置当前温度为初始温度
    while curT >= MinTemp                      % 模拟退火过程
% 交叉操作：单点交叉
        PopInfo = CrossOperator (PopInfo, ChromLenV, ProblemData, curT);
% 更新 Pareto 集合
        ParetoSet = updateParetoSet (PopInfo, ParetoSet, NewFNum, MaxPBNum, ChromLenV);
% 变异操作
        for ii = 1: PopSize
            for L = 1: Markov
                Chrom = PopInfo.ChromMat (ii,:);
                ChromInfo = MutateChromUpP (Chrom, ChromLenV, ProblemData);
% 找出最小的差额：新目标值 - 旧目标值
                Delta = min([ChromInfo.LBEucDist - PopInfo.LBEucDist(1, ii), ...
                    ChromInfo.BuildCost - PopInfo.BuildCost (1, ii), ...
                    ChromInfo.ServeCost - PopInfo.ServeCost(1,ii)]);
```

```
            if exp (- Delta / curT) >= rand ()
                PopInfo.ChromMat (ii,:) = ChromInfo.Chrom;
                PopInfo.NewFCost (1, ii) = ChromInfo.NewFCost;
                PopInfo.UpCost (1, ii) = ChromInfo.UpCost;
                PopInfo.PoCost (1, ii) = ChromInfo.PoCost;
                PopInfo.LBEucDist (1, ii) = ChromInfo.LBEucDist;
                PopInfo.BuildCost (1, ii) = ChromInfo.BuildCost;
                PopInfo.ServeCost (1, ii) = ChromInfo.ServeCost;
                PopInfo.LinkFP (ii,:) = ChromInfo.LinkFP;
                PopInfo.NearFP (ii,:) = ChromInfo.NearFP;
                PopInfo.NearDist (ii,:) = ChromInfo.NearDist;
                PopInfo.LBEucDistV(ii,:)=ChromInfo.LBEucDistV;
                PopInfo.RoadCell{1, ii} = ChromInfo.RoadCell;
                PopInfo.ServeNode{1, ii} = ChromInfo.ServeNode;
            end
            end
        end
        curT = curT * alpha;
         ObjFVal  =  [PopInfo.LBEucDist ;  PopInfo.BuildCost ;
PopInfo.ServeCost]';
        CompIndex = [-1, 1, 1];
        pRank = fastNonDominatedSort (ObjFVal, CompIndex);
        totalCrowdDist = crowddist (ObjFVal);
        Position = CrowdOperator (pRank, totalCrowdDist);
        PopInfo.Position = Position;         % 根据 Pareto 拥挤度排序
的位置
        PopInfo.pRank = pRank;             % Pareto 等级
        PopInfo.Crowd = totalCrowdDist;       % 拥挤度距离
% 更新 Pareto 集合
        ParetoSet = updateParetoSet (PopInfo, ParetoSet, NewFNum,
MaxPBNum, ChromLenV);
        end
        tChrom=RepairChromUpP (PRoadCell{1, ii}, ProblemData.ND,
ProblemData.CanUpRoad, ProblemData.PotentRoad);
    DebugTime = T;
    % end of main function MOSALB_Up
```

```
function [PopInfo] = initPopUpPo (PopSize, ChromLenV, ProblemData)
% 初始化染色体：染色体对应一种设施选址、道路升级、道路新建的可能
NewFNum = ChromLenV (1); UpRLen = ChromLenV (2);
PoRLen = ChromLenV (3); ChromLen = ChromLenV (4);
for ii = 1: PopSize
    % tFP = randperm (ProblemData.SelNF, NewFNum);
    tFP = randsample (ProblemData.SelNF, NewFNum);
    Chrom_fp = ProblemData.SelFP (tFP);  % 新建设施点
    % Chrom_fp = sort (Chrom_fp, 'ascend');
    Chrom_up = round (rand (1, UpRLen));  % 升级道路
    Chrom_po = round (rand (1, PoRLen));  % 新建潜在道路
    ChromMat (ii,:) = [Chrom_fp, Chrom_up, Chrom_po];
    ChromInfo = calChromObjUpPo (ChromMat (ii,:), ChromLenV, ProblemData);
    % 个体信息赋值
    ChromMat (ii,:) = ChromInfo.Chrom;
    LBEucDist (1, ii) = ChromInfo.LBEucDist;
    BuildCost (1, ii) = ChromInfo.BuildCost;
    ServeCost (1, ii) = ChromInfo.ServeCost;
    NewFCost (1, ii) = ChromInfo.NewFCost;
    UpCost (1, ii) = ChromInfo.UpCost;
    PoCost (1, ii) = ChromInfo.PoCost;
    LinkFP (ii,:) = ChromInfo.LinkFP;
    NearFP (ii,:) = ChromInfo.NearFP;
    NearDist (ii,:) = ChromInfo.NearDist;
    LBEucDistV (ii,:) = ChromInfo.LBEucDistV;
    RoadCell{1, ii} = ChromInfo.RoadCell;
    ServeNode{1, ii} = ChromInfo.ServeNode;
end
ObjFVal = [LBEucDist; BuildCost; ServeCost]';
CompIndex = [-1, 1, 1];
pRank = fastNonDominatedSort (ObjFVal, CompIndex);
totalCrowdDist = crowddist (ObjFVal);
Position = CrowdOperator (pRank, totalCrowdDist);
PopInfo.ChromMat = ChromMat;          % 解个体（染色体）
```

```
PopInfo.LBEucDist = LBEucDist;                    % 最小邻避欧氏距离
PopInfo.BuildCost = BuildCost;                      % 建设成本
PopInfo.ServeCost = ServeCost;                      % 服务成本
PopInfo.Position = Position;                         % 根据 Pareto 拥挤度排
序的位置
PopInfo.NewFCost = NewFCost;                     % 新建设施点的成本
PopInfo.UpCost = UpCost;                         % 道路升级成本
PopInfo.PoCost = PoCost;                          % 潜在道路修建成本
PopInfo.LinkFP = LinkFP;                          % 关联设施点
PopInfo.NearFP = NearFP;                          % 最近设施点
PopInfo.NearDist = NearDist;                         % 最近距离
PopInfo.LBEucDistV = LBEucDistV;                  % 每个需求点的最小邻避欧
氏距离
PopInfo.RoadCell = RoadCell;                        % 服务路径
PopInfo.ServeNode = ServeNode;                     % 设施点服务节点情况
PopInfo.pRank = pRank;                           % Pareto 等级，越小越好
PopInfo.Crowd = totalCrowdDist;                       % 拥挤度距离
% end of function initPopUpPo

function ParetoSet = findParetoSet(PopInfo,MaxPBNum,ChromLenV)
% 在给定群体中根据 Pareto 等级找出 Pareto 集合
ChromMat0 = PopInfo.ChromMat;
pRank = PopInfo.pRank;
pos = find (pRank == 1);                                  % 查找第一前沿的解个
体，即 Paerto 个体
tChromMat = ChromMat0 (pos,:);
Index = findDuplicate (tChromMat, pos, ChromLenV); % 查找标记不
重复的染色体
pSetNum = length (Index);
ChromMat = ChromMat0 (Index,:);
LBEucDist = PopInfo.LBEucDist (1, Index);
BuildCost = PopInfo.BuildCost (1, Index);
ServeCost = PopInfo.ServeCost (1, Index);
NewFCost = PopInfo.NewFCost (1, Index);
UpCost = PopInfo.UpCost (1, Index);
PoCost = PopInfo.PoCost (1, Index);
LinkFP = PopInfo.LinkFP (Index,:);
```

```
NearFP = PopInfo.NearFP (Index,:);
NearDist = PopInfo.NearDist (Index,:);
LBEucDistV = PopInfo.LBEucDistV (Index,:);
RoadCell = PopInfo.RoadCell (1, Index);
ServeNode = PopInfo.ServeNode (1, Index);
if pSetNum <= MaxPBNum
    ParetoSet.pSetNum = pSetNum;
    ParetoSet.ChromMat = ChromMat;
    ParetoSet.LBEucDist = LBEucDist;
    ParetoSet.BuildCost = BuildCost;
    ParetoSet.ServeCost = ServeCost;
    ParetoSet.NewFCost = NewFCost;
    ParetoSet.UpCost = UpCost;
    ParetoSet.PoCost = PoCost;
    ParetoSet.LinkFP = LinkFP;                % 关联设施点
    ParetoSet.NearFP = NearFP;                % 最近设施点
    ParetoSet.NearDist = NearDist;              % 最近距离
    ParetoSet.LBEucDistV = LBEucDistV;          % 每个设施点的最小邻
避欧氏距离
    ParetoSet.RoadCell = RoadCell;              % 服务路径
    ParetoSet.ServeNode = ServeNode;            % 设施点服务节点情况
else
 % 超过给定最多 Pareto 解的个数
    ParetoSet.pSetNum = MaxPBNum;
    objVal = [LBEucDist', BuildCost', ServeCost'];
    Crowd = crowddist (objVal);
    [~, IX] = sort (Crowd, 'descend');
    SelID = IX (1: MaxPBNum);
    ParetoSet.ChromMat = ChromMat (SelID,:);
    ParetoSet.LBEucDist = LBEucDist (1, SelID);
    ParetoSet.BuildCost = BuildCost (1, SelID);
    ParetoSet.ServeCost = ServeCost (1, SelID);
    ParetoSet.NewFCost = NewFCost (1, SelID);
    ParetoSet.UpCost = UpCost (1, SelID);
    ParetoSet.PoCost = PoCost (1, SelID);
    ParetoSet.LinkFP = LinkFP (SelID,:);              % 关联设施点
    ParetoSet.NearFP = NearFP (SelID,:);              % 最近设施点
```

```
        ParetoSet.NearDist = NearDist (SelID,:);                    % 最近距离
        ParetoSet.LBEucDistV = LBEucDistV (SelID,:);                % 每个设施
点的最小邻避欧氏距离
        ParetoSet.RoadCell = RoadCell (1, SelID);                   % 服务路径
        ParetoSet.ServeNode = ServeNode (1, SelID);                 % 设施点服
务节点情况
    end
    % end of function findParetoSet

    function [NewPopInfo] = CrossOperator (PopInfo, ChromLenV,
ProblemData, curT)
    % 交叉算子：单点交叉，利用 Metropolis 准则判断是否接受新的解个体
    ND = ProblemData.ND;                              % 需求点数量
    LBEucDist0 = PopInfo.LBEucDist;
    BuildCost0 = PopInfo.BuildCost;
    ServeCost0 = PopInfo.ServeCost;
    [PopSize, ChromLen] = size (PopInfo.ChromMat);
    ChromMat = zeros (PopSize, ChromLen);  % 新染色体群体
    NewFCost = zeros (1, PopSize);         % 新建设施点的成本
    UpCost = zeros (1, PopSize);           % 道路升级成本
    PoCost = zeros (1, PopSize);           % 潜在道路修建成本
    LBEucDist = zeros (1, PopSize);        % 最小邻避欧式距离
    BuildCost = zeros (1, PopSize);        % 建设成本
    ServeCost = zeros (1, PopSize);        % 服务成本
    LinkFP = zeros (PopSize, ND);          % 关联设施点编号
    NearFP = zeros (PopSize, ND);          % 最近设施点编号
    NearDist = zeros (PopSize, ND);        % 与最近设施点的距离
    LBEucDistV = zeros (PopSize, ND);      % 每个需求点的最小邻避欧式距
离
    RoadCell = cell (1, PopSize);          % 每个需求节点到某设施点接
受服务的最短路径
    ServeNode = cell (1, PopSize);         % 设施点所服务的节点矩阵
     [~, Index] = sort (rand (1, PopSize));    % 随机打乱顺序
    for ii = 1: 2: (PopSize - 1)
        OldObj = [LBEucDist0 (1, Index (ii)), BuildCost0 (1, Index
(ii)), ServeCost0 (1, Index (ii)); ...
            LBEucDist0(1, Index(ii+1)), BuildCost0(1, Index(ii+1)),
```

```
ServeCost0 (1, Index (ii+1)) ];
        Chrom1 = PopInfo.ChromMat (Index (ii),:);
        Chrom2 = PopInfo.ChromMat (Index (ii+1),:);
        % 单点交叉
        pos = randi (ChromLen - 1);
        tV = Chrom1 (1, pos+1: ChromLen);
        Chrom1 (1, pos+1: ChromLen) = Chrom2 (1, pos+1: ChromLen);
        Chrom2 (1, pos+1: ChromLen) = tV;
        tV = Chrom1 (1, 1: ChromLenV (1));
        tV = DelDupNode (tV, ProblemData);
        Chrom1 (1, 1: ChromLenV (1)) = tV;
        tV = Chrom2 (1, 1: ChromLenV (1));
        tV = DelDupNode (tV, ProblemData);
        Chrom2 (1, 1: ChromLenV (1)) = tV;
        ChromInfo1 = calChromObjUpPo (Chrom1, ChromLenV,
ProblemData);
        ChromInfo2 = calChromObjUpPo (Chrom2, ChromLenV,
ProblemData);
        % 找出最小的差额：新目标值 - 旧目标值
        Delta1 = min ([ChromInfo1.LBEucDist - OldObj (1, 1),
ChromInfo1.BuildCost - OldObj (1, 2), ...
            ChromInfo1.ServeCost - OldObj (1, 3),
ChromInfo1.LBEucDist - OldObj (2, 1), ...
            ChromInfo1.BuildCost - OldObj (2, 2),
ChromInfo1.ServeCost - OldObj (2, 3) ]);
        if exp (- Delta1 / curT) >= rand ()
            ChromMat (ii,:) = ChromInfo1.Chrom;
            NewFCost (1, ii) = ChromInfo1.NewFCost;
            UpCost (1, ii) = ChromInfo1.UpCost;
            PoCost (1, ii) = ChromInfo1.PoCost;
            LBEucDist (1, ii) = ChromInfo1.LBEucDist;
            BuildCost (1, ii) = ChromInfo1.BuildCost;
            ServeCost (1, ii) = ChromInfo1.ServeCost;
            LinkFP (ii,:) = ChromInfo1.LinkFP;
            NearFP (ii,:) = ChromInfo1.NearFP;
            NearDist (ii,:) = ChromInfo1.NearDist;
```

```
            LBEucDistV (ii,:) = ChromInfo1.LBEucDistV;
            RoadCell{1, ii} = ChromInfo1.RoadCell;
            ServeNode{1, ii} = ChromInfo1.ServeNode;
        else
            ChromMat (ii,:) = PopInfo.ChromMat (Index (ii),:);
            NewFCost (1, ii) = PopInfo.NewFCost (1, Index (ii));
            UpCost (1, ii) = PopInfo.UpCost (1, Index (ii));
            PoCost (1, ii) = PopInfo.PoCost (1, Index (ii));
            LBEucDist (1, ii) = LBEucDist0 (1, Index (ii));
            BuildCost (1, ii) = BuildCost0 (1, Index (ii));
            ServeCost (1, ii) = ServeCost0 (1, Index (ii));
            LinkFP (ii,:) = PopInfo.LinkFP (Index (ii),:);
            NearFP (ii,:) = PopInfo.NearFP (Index (ii),:);
            NearDist (ii,:) = PopInfo.NearDist (Index (ii),:);
            LBEucDistV (ii,:) = PopInfo.LBEucDistV (Index (ii),:);
            RoadCell{1, ii} = PopInfo.RoadCell (1, Index (ii));
            ServeNode{1, ii} = PopInfo.ServeNode (1, Index (ii));
        end
        % 找出最小的差额：新目标值 - 旧目标值
        Delta2 = min ([ChromInfo2.LBEucDist - OldObj (1, 1),
ChromInfo2.BuildCost - OldObj (1, 2), ...
            ChromInfo2.ServeCost - OldObj (1, 3),
ChromInfo2.LBEucDist - OldObj (2, 1), ...
            ChromInfo2.BuildCost - OldObj (2, 2),
ChromInfo2.ServeCost - OldObj (2, 3) ]);
        if exp (- Delta2 / curT) >= rand ()
            ChromMat (ii+1,:) = ChromInfo2.Chrom;
            NewFCost (1, ii+1) = ChromInfo2.NewFCost;
            UpCost (1, ii+1) = ChromInfo2.UpCost;
            PoCost (1, ii+1) = ChromInfo2.PoCost;
            LBEucDist (1, ii+1) = ChromInfo2.LBEucDist;
            BuildCost (1, ii+1) = ChromInfo2.BuildCost;
            ServeCost (1, ii+1) = ChromInfo2.ServeCost;
            LinkFP (ii+1,:) = ChromInfo2.LinkFP;
            NearFP (ii+1,:) = ChromInfo2.NearFP;
            NearDist (ii+1,:) = ChromInfo2.NearDist;
            LBEucDistV (ii+1,:) = ChromInfo2.LBEucDistV;
```

```
            RoadCell{1, ii+1} = ChromInfo2.RoadCell;
            ServeNode{1, ii+1} = ChromInfo2.ServeNode;
        else
            ChromMat (ii+1,:) = PopInfo.ChromMat (Index (ii+1),:);
            NewFCost (1, ii+1) = PopInfo.NewFCost (1, Index (ii+1));
            UpCost (1, ii+1) = PopInfo.UpCost (1, Index (ii+1));
            PoCost (1, ii+1) = PopInfo.PoCost (1, Index (ii+1));
            LBEucDist (1, ii+1) = LBEucDist0 (1, Index (ii+1));
            BuildCost (1, ii+1) = BuildCost0 (1, Index (ii+1));
            ServeCost (1, ii+1) = ServeCost0 (1, Index (ii+1));
            LinkFP (ii+1,:) = PopInfo.LinkFP (Index (ii+1),:);
            NearFP (ii+1,:) = PopInfo.NearFP (Index (ii+1),:);
            NearDist (ii+1,:) = PopInfo.NearDist (Index (ii+1),:);
            LBEucDistV(ii+1,:)=PopInfo.LBEucDistV(Index(ii+1),:);
            RoadCell{1, ii+1} = PopInfo.RoadCell (1, Index (ii+1));
            ServeNode{1, ii+1} = PopInfo.ServeNode (1, Index (ii+1));
        end
    end
    ObjFVal = [LBEucDist; BuildCost; ServeCost]';
    CompIndex = [-1, 1, 1];
    pRank = fastNonDominatedSort (ObjFVal, CompIndex);
    totalCrowdDist = crowddist (ObjFVal);
    Position = CrowdOperator (pRank, totalCrowdDist);

    NewPopInfo.ChromMat = ChromMat;          % 解个体（染色体）
    NewPopInfo.LBEucDist = LBEucDist;          % 最小邻避欧氏距离
    NewPopInfo.BuildCost = BuildCost;            % 建设成本
    NewPopInfo.ServeCost = ServeCost;            % 服务成本
    NewPopInfo.Position = Position;              % 根据 Pareto 拥挤度排
序的位置
    NewPopInfo.NewFCost = NewFCost;          % 新建设施点的成本
    NewPopInfo.UpCost = UpCost;              % 道路升级成本
    NewPopInfo.PoCost = PoCost;               % 潜在道路修建成本
    NewPopInfo.LinkFP = LinkFP;
    NewPopInfo.NearFP = NearFP;
    NewPopInfo.NearDist = NearDist;
    NewPopInfo.LBEucDistV = LBEucDistV;
```

```
    NewPopInfo.RoadCell = RoadCell;
    NewPopInfo.ServeNode = ServeNode;
    NewPopInfo.pRank = pRank;                 % Pareto 等级，越小越好
    NewPopInfo.Crowd = totalCrowdDist;          %  拥挤度距离
    % end of function CrossOperator

    function [ChromInfo] = calChromObjUpPo（Chrom， ChromLenV，
ProblemData）
    % 计算解个体（单个染色体）的目标函数值
    NewFNum = ChromLenV（1）;
    UpRLen = ChromLenV（2）;
    PoRLen = ChromLenV（3）;
    Demand = ProblemData.Demand;
    FixCost = ProblemData.FixCost;             % 新建设施的固定成本
    CanUpRoad = ProblemData.CanUpRoad;       % 所有能升级的道路信息
    PotentRoad = ProblemData.PotentRoad;       % 所有潜在道路的信息
    TourMat = ProblemData.ExistTour;
    NewFCost = 0;                           % 计算新建设施固定成本
    FPID = ProblemData.FPID;                  % 所有设施点（固有和潜在）
的编号
    for jj = 1: NewFNum
       FPIDj = Chrom（1， jj）;
       index = find（FPID == FPIDj）;
       NewFCost = NewFCost + FixCost（index）;
    end
    for jj = 1: UpRLen
       if Chrom（1， NewFNum+jj）== 1
          row = CanUpRoad（jj， 2）;
          col = CanUpRoad（jj， 3）;
          TourMat（row， col）= CanUpRoad（jj， 8）;
          TourMat（col， row）= TourMat（row， col）;
       end
    end

    % PoCost = 0;                             % 计算新建潜在道路成本
    for jj = 1: PoRLen
       if Chrom（1， NewFNum+UpRLen+jj）== 1
```

```
            % PoCost = PoCost + PotentRoad (jj, 4);
            row = PotentRoad (jj, 2);
            col = PotentRoad (jj, 3);
            TourMat (row, col) = PotentRoad (jj, 8);
            TourMat (col, row) = TourMat (row, col);
        end
    end
    [AllTour, PathMat] = Floyd (TourMat);
    [LinkFP,NearDist,RoadCell,ServeNode,NearFP] = NearestAssignLB
(Chrom (1, 1: NewFNum), AllTour, PathMat, ProblemData);
    OpenFP = [Chrom (1, 1: NewFNum), ProblemData.FixFP];  % 原固有设
施 + 新建设施
    LBEucDistVec = zeros (1, ProblemData.ND); % 每个需求点的最小邻避
欧氏距离
    EucNearFPV = zeros (1, ProblemData.ND);  % 每个需求点的邻避设施点
(欧氏距离)
    for ii = 1: ProblemData.ND
        tDistV = ProblemData.EucDist (ii, OpenFP);
        [minDi, minIX] = min (tDistV);
        EucNearFPV (1, ii) = OpenFP (minIX);
        LBEucDistVec (1, ii) = minDi;
    end
    LBEucDist = min (LBEucDistVec);          % 所有需求点的最小邻避欧式
距离
    [tChrom , UpCost , PoCost] = RepairChromUpP ( RoadCell ,
ProblemData.ND, CanUpRoad, PotentRoad);
    BuildCost = NewFCost + UpCost + PoCost; % 建设总成本
    Chrom (1, NewFNum+1: end) = tChrom;
    NearDist = NearDist .* Demand;           % 网络最近距离，修改为与需
求量有关的运输成本
    ServeCost = sum (NearDist);              % 设施点服务需求点的服务总
成本
    % ServeCost = NearDist * Demand';        % 设施点服务需求点的服务总
成本
    % 整合成结构体方便输出调用
    ChromInfo.Chrom = Chrom;                % 解的染色体表示
    ChromInfo.LBEucDist = LBEucDist;          % 最小邻避欧式距离
```

```
    ChromInfo.BuildCost = BuildCost;              % 建设成本
    ChromInfo.ServeCost = ServeCost;              % 服务成本
    ChromInfo.NewFCost = NewFCost;             % 新建设施成本
    ChromInfo.UpCost = UpCost;                 % 道路升级成本
    ChromInfo.PoCost = PoCost;                  % 道路新建成本
    % 避免输出最优解时重复计算（修正染色体）
    ChromInfo.LinkFP = LinkFP;               % 关联设施点
    ChromInfo.NearFP = NearFP;               % 最近设施点
    ChromInfo.NearDist = NearDist;              % 网络最近距离，修改为与需
求量有关的运输成本
    ChromInfo.LBEucDistV = LBEucDistVec;  % 每个需求点的最小邻避欧氏
距离
    % ChromInfo.EucNearFPV = EucNearFPV; % 每个需求点的邻避设施点（欧
氏距离）
    ChromInfo.RoadCell = RoadCell;              % 服务路径
    ChromInfo.ServeNode = ServeNode;            % 设施点服务节点情况
    % end of function calChromObj

    function ChromInfo = MutateChromUpP (Chrom, ChromLenV,
ProblemData)
    % 变异生成新的染色体（道路升级及新建指示变量）
    NewFNum = ChromLenV (1);
    ChromLen = length (Chrom);
    NewChrom = Chrom;
    mpos = randi (ChromLen);
    if mpos <= NewFNum
        % 查找没有开放的潜在设施
        NodePool = setdiff(ProblemData.SelFP,NewChrom(1:NewFNum));
        % 没有开放的潜在设施数量
        n = length (NodePool);
        % 随机选择一个没有开放的设施替换已经开放的设施
        NewChrom (1, mpos) = NodePool (randi (n));
    else                      % 0-1 变异
        NewChrom (1, mpos) = ~ NewChrom (1, mpos);
    end
    ChromInfo = calChromObjUpPo (NewChrom, ChromLenV, ProblemData);
    % end of function MutateChromUpP
```

```
function EuclidDist = calEuclidDist (XY)
% 计算欧氏距离
N = size (XY, 1);
EuclidDist = inf (N, N);
for ii = 1 : (N - 1)
   for jj = (ii + 1): N
      dd2 = sum ((XY (ii,:) - XY (jj,:)) .^ 2);
      EuclidDist (ii, jj) = sqrt (dd2);
      EuclidDist (jj, ii) = EuclidDist (ii, jj);
   end
end
```

附录Ⅳ　考虑不确定性的设施区位设计问题核心代码

```
function ExecuteROSACP_UpP ()
% 调用函数 ROSACP_UpP 求解优化升级道路的多目标多设施布局问题
rand ('twister', mod (floor (now*8640000), 2^31-1));

% 第一步：读取问题数据：已有道路及潜在道路数据
GraphFName = 'CPUpPoData.xlsx';
Sheet = {'NodeInfo' , 'RoadInfo' , 'OtherData' , 'SAPara' ,
'RobustData'};
[ProblemData, SAPara, ROPara] = ReadCPUpPoData (GraphFName,
Sheet);

% 第二步：各情景单目标计算
Vs = ROPara.Vs;
BestSObjSc = zeros (ROPara.nS, 3);
for sc = 1: ROPara.nS
% 给情景数据单独赋值处理
    tProblemData = ProblemData;
    CanUpRoad = ProblemData.CanUpRoad;       % 所有能升级的道路信息
    CanUpRoad (:, 8) = CanUpRoad (:, 8) / Vs (sc);
    PotentRoad = ProblemData.PotentRoad;    % 所有潜在道路的信息
    PotentRoad (:, 8) = PotentRoad (:, 8) / Vs (sc);
    TourMat = ProblemData.ExistTour;
    TourMat = TourMat / Vs (sc);
    tProblemData.CanUpRoad = CanUpRoad;
    tProblemData.PotentRoad = PotentRoad;
    tProblemData.ExistTour = TourMat;
% 情景数据单目标计算
    ObjIndex = 2;
    BestChrom2 = SACPSObj_UpP (tProblemData, SAPara, ObjIndex);
    ObjIndex = 3;
    BestChrom3 = SACPSObj_UpP (tProblemData, SAPara, ObjIndex);
    ObjIndex = 1;
    BestChrom1 = SACPSObj_UpP (tProblemData, SAPara, ObjIndex);
```

```
      BestSObjSc (sc, 1) = BestChrom2.SObjVal;  % 建设成本
     BestSObjSc (sc, 2) = BestChrom3.SObjVal;   % 服务成本：旅行时间
     BestSObjSc (sc, 3) = BestChrom1.SObjVal;   % 惩罚成本
   end
   MatName = 'ROSACP_UpPoSc.mat';
   if exist (MatName, 'file')
     delete (MatName);
   end
   save ROSACP_UpPoSc ProblemData BestSObjSc SAPara ROPara
   % 第二步：调用函数 ROSACP_UpP 求解优化
   BestSol = ROSACP_UpP (ProblemData, BestSObjSc, SAPara, ROPara);
   OutFName = 'ROSACP_UpPo_Result.xlsx';
   if exist (OutFName, 'file')
     delete (OutFName);
   end
   % 输出可升级道路和潜在道路的信息
   UpPoInfo2Xls (ProblemData.CanUpRoad, ProblemData.PotentRoad, OutFName)
   MatName = 'ROSACP_UpPo_Result.mat';
   if exist (MatName, 'file')
     delete (MatName);
   end
   save ROSACP_UpPo_Result BestSol ProblemData BestSObjSc SAPara ROPara
   % end of function ExecuteROSACP_UpP

   function [BestChrom, DebugTime] = ROSACP_UpP (ProblemData, BestSObjSc, SAPara, ROPara)
   % 改进多目标模拟退火算法 SA 求解覆盖模型
   PopSize = SAPara (1);
   MaxTemp = SAPara (2);
   MinTemp = SAPara (3);
   Markov = SAPara (4);
   alpha = SAPara (5);
   % 染色体长度
   NewFNum = ProblemData.NewFNum;          % 新建设施数量
```

```
    UpRLen = ProblemData.CanUpRNum;           % 所有能升级的道路数量
    PoRLen = ProblemData.PotentRNum;           % 所有潜在道路数量
    ChromLen = NewFNum + UpRLen + PoRLen;
    ChromLenV = [NewFNum, UpRLen, PoRLen, ChromLen];
    % 初始化染色体
    PopInfo = initPopUpPo ( PopSize , ChromLenV , ProblemData , 
BestSObjSc, ROPara);
    BestChrom = findBestChrom (PopInfo);
    curT = MaxTemp;                           % 设置当前温度为初始温度
    while curT >= MinTemp                      % 模拟退火过程
% 交叉操作：单点交叉
        PopInfo = CrossOperator (PopInfo, ChromLenV, ProblemData, 
BestSObjSc, ROPara, curT);
        tBestChrom = findBestChrom (PopInfo);
        if tBestChrom.SObjVal < BestChrom.SObjVal
           BestChrom = tBestChrom;
        end
% 变异操作
        for ii = 1: PopSize
           for L = 1: Markov
              Chrom = PopInfo.ChromMat (ii,:);
              ChromInfo = MutateChromUpP ( Chrom , ChromLenV , 
ProblemData, BestSObjSc, ROPara);
              % 找出最小的差额：新目标值 - 旧目标值
              Delta = ChromInfo.SObjVal - PopInfo.SObjVal (1, ii);
              if exp (- Delta / curT) >= rand ()
                 PopInfo.SObjVal (1, ii) = ChromInfo.SObjVal;
                 PopInfo.ChromMat (ii,:) = ChromInfo.Chrom;
                 PopInfo.NewFCost (1, ii) = ChromInfo.NewFCost;
                 PopInfo.UpCost (1, ii) = ChromInfo.UpCost;
                 PopInfo.PoCost (1, ii) = ChromInfo.PoCost;
                 PopInfo.PunishCost(1,ii)= ChromInfo.PunishCost;
                 PopInfo.BuildCost (1, ii) = ChromInfo.BuildCost;
                 PopInfo.ServeCost (1, ii) = ChromInfo.ServeCost;
                 PopInfo.LinkFP (ii,:) = ChromInfo.LinkFP;
                 PopInfo.NearFP (ii,:) = ChromInfo.NearFP;
                 PopInfo.NearDist (ii,:) = ChromInfo.NearDist;
```

```
                PopInfo.RoadCell{1, ii} = ChromInfo.RoadCell;
                PopInfo.ServeNode{1, ii} = ChromInfo.ServeNode;

                PopInfo.NodeTime (ii,:) = ChromInfo.NodeTime;
                PopInfo.NodePunish(ii,:)=ChromInfo.NodePunish;
            end
            % curT = curT * alpha;
        end
    end
    tBestChrom = findBestChrom (PopInfo);
    if tBestChrom.SObjVal < BestChrom.SObjVal
        BestChrom = tBestChrom;
    end
    curT = curT * alpha;
end
% end of main function ROSACP_Up

function [ChromInfo]= calChromObjUpPo ( Chrom , ChromLenV ,
ProblemData, BestSObjSc, ROPara)
% 计算解个体（单个染色体）的目标函数值
NewFNum = ChromLenV (1); UpRLen = ChromLenV (2);
PoRLen = ChromLenV (3);
FixFP = ProblemData.FixFP;
Demand = ProblemData.Demand;
FixCost = ProblemData.FixCost;             % 新建设施的固定成本
NodeNum = ProblemData.NNode;
Radius = ProblemData.Radius;
Beta = ProblemData.Beta;                   % 惩罚系数
NewFP = Chrom (1, 1: NewFNum);
CanUpRoad = ProblemData.CanUpRoad;         % 所有能升级的道路信息
PotentRoad = ProblemData.PotentRoad;       % 所有潜在道路的信息
TourMat = ProblemData.ExistTour;
NewFCost = 0;                              % 计算新建设施固定成本
for jj = 1: NewFNum
    NewFCost = NewFCost + FixCost (Chrom (1, jj));
end
% 更新旅行时间矩阵
for jj = 1: UpRLen
```

```
        if Chrom (1, NewFNum+jj) == 1
            row = CanUpRoad (jj, 2);
            col = CanUpRoad (jj, 3);
            TourMat (row, col) = CanUpRoad (jj, 8);
            TourMat (col, row) = TourMat (row, col);
        end
    end
    for jj = 1: PoRLen
        if Chrom (1, NewFNum+UpRLen+jj) == 1
            row = PotentRoad (jj, 2);
            col = PotentRoad (jj, 3);
            TourMat (row, col) = PotentRoad (jj, 8);
            TourMat (col, row) = TourMat (row, col);
        end
    end
    [AllTour, PathMat] = Floyd (TourMat);
    [LinkFP,NearDist,RoadCell,ServeNode,NearFP]=NearestAssignCP
(NewFP, FixFP, Radius, AllTour, PathMat);
    [tChrom, UpCost, PoCost] = RepairChromUpP (RoadCell, NodeNum,
CanUpRoad, PotentRoad);
    Chrom (1, NewFNum+1: end) = tChrom;
    BuildCost = NewFCost + UpCost + PoCost; % 建设总成本
    % 每个需求点分情景计算服务成本(旅行时间)
    % 用于计算加权时间从而计算惩罚成本
    AllNodeSCostSc = zeros (NodeNum, ROPara.nS);
    AllNodeSCost = zeros (1, NodeNum);
    AllNodePunish = zeros (1, NodeNum);
    AllNodeTimeSc = zeros (NodeNum, ROPara.nS);
    AllNodeTime = zeros (1, NodeNum);
    Weight = ProblemData.Weight;                % 加权目标权重
    Qs = ROPara.Qs;                             % 情景概率
    % 分情景数据单独赋值处理
    Vs = ROPara.Vs;
    for sc = 1: ROPara.nS
        TourMat = ProblemData.ExistTour;
        TourMat = TourMat / Vs (sc);
        [AllTour, PathMat] = Floyd (TourMat);
```

```
        [~, tNearDist] = NearestAssignCP (NewFP, FixFP, Radius,
AllTour, PathMat);
            for ii = 1: NodeNum
            AllNodeTimeSc (ii, sc) = tNearDist (ii);
            AllNodeSCostSc (ii, sc) = tNearDist (ii) * Demand (ii);
        end
    end
    for ii = 1: NodeNum
        AllNodeSCost (1, ii) = 0;
        AllNodeTime (1, ii) = 0;
        for sc = 1: ROPara.nS
            AllNodeSCost(1,ii)=AllNodeSCost(1,ii)+AllNodeSCostSc
(ii, sc) * Qs (sc);
            AllNodeTime (1, ii) =AllNodeTime (1, ii) +AllNodeTimeSc
(ii, sc) * Qs (sc);
        end
            if AllNodeTime (1, ii) > ProblemData.Radius
            AllNodePunish (1, ii) = Beta * Demand (ii);
        else
            AllNodePunish (1, ii) = 0;
        end
    end
    ServeCost = sum (AllNodeSCost);          % 设施点服务需求点的服务总成本
    PunishCost = sum (AllNodePunish);        % 未被设施点覆盖的惩罚总成本
    tRObj = Weight (1) * BuildCost / min (BestSObjSc (:, 1)) ...
          + Weight (2) * ServeCost / min (BestSObjSc (:, 2)) ...
          + Weight (3) * PunishCost / min (BestSObjSc (:, 3));
    % p-鲁棒条件检验处理
    if tRObj <= (1 + ROPara.pR) * 1
        SObjVal = tRObj;
    else
        SObjVal = tRObj * 10;
    end
    % 整合成结构体方便输出调用
    ChromInfo.Chrom = Chrom;
    ChromInfo.SObjVal = SObjVal;
    ChromInfo.BuildCost = BuildCost;
```

```
ChromInfo.ServeCost = ServeCost;
ChromInfo.PunishCost = PunishCost;
ChromInfo.NewFCost = NewFCost;          % 新建设施成本
ChromInfo.UpCost = UpCost;              % 道路升级成本
ChromInfo.PoCost = PoCost;              % 道路新建成本
ChromInfo.LinkFP = LinkFP;              % 关联设施点
ChromInfo.NearFP = NearFP;              % 最近设施点
ChromInfo.NearDist = NearDist;          % 最近距离
ChromInfo.RoadCell = RoadCell;          % 服务路径
ChromInfo.ServeNode = ServeNode;        % 设施点服务节点情况
ChromInfo.NodeTime = AllNodeTime;
ChromInfo.NodePunish = AllNodePunish;
% end of function calChromObjUpPo

function ChromInfo = MutateChromUpP ( Chrom , ChromLenV ,
ProblemData, BestSObjSc, ROPara)
% 变异生成新的染色体(道路升级及新建指示变量)
NewFNum = ChromLenV (1);
ChromLen = length (Chrom);
NewChrom = Chrom;
mpos = randi (ChromLen);
if mpos <= NewFNum
    NodePool = setdiff(ProblemData.SelFP, NewChrom(1:NewFNum));
    n = length (NodePool);
    NewChrom (1, mpos) = NodePool (randi (n));
else
    NewChrom (1, mpos) = ~ NewChrom (1, mpos);
end
ChromInfo = calChromObjUpPo (NewChrom, ChromLenV, ProblemData,
BestSObjSc, ROPara);
% end of function MutateChromUp
```